CO-OPs

Interterritoriale verkenningen in kunst en wetenschap /
Exploring new territories in art and science

Redactie / *Editors*: Kitty Zijlmans, Robert Zwijnenberg, Krien Clevis

Uitgeverij De Buitenkant
Amsterdam 2007

Inhoud / Content

On view to the public!

– *Edwin Jacobs*
  directeur Stedelijk Museum De Lakenhal

TOELICHTING

> *For English see p. 9*

De Lakenhal bood de afgelopen twee jaar in Scheltema ruimte voor bijzonder experiment. Verschillende generaties kunstenaars en wetenschappers kregen de kans om kennis en verbeelding met elkaar in dialoog te brengen.

Uitgaand van het idee dat conventionele musea gesloten '*white cubes*' zijn, dan vormt De Lakenhal in Scheltema een open platform waar het stimuleren en het presenteren van kwalitatief hoogwaardig nieuw werk binnen onze visuele cultuur in alle mogelijke media en in alle fasen van het maakproces wordt gestimuleerd. Het is een plek waar de presentatie van beelden verbonden wordt met hun bronnen en achtergronden. Op deze locatie willen we het publiek graag in contact brengen met de essentie van de hedendaagse visuele cultuur. De bijzondere locatie functioneert daarbij als een historische binnenstedelijke 'campus', waar het museumteam structureel samenwerkt met tijdelijke collega's: kunstenaars, wetenschappers, studenten en bezoekers.

Het project CO-OPs past geheel in deze uitgangspunten en vormt in die zin een *policy moment* die onze missie contouren geeft, die een basis legt om nader te onderzoeken en te evalueren en die een mogelijkheid biedt om te ontwikkelen.

CO-OPs is mijn inziens een belangrijk project en biedt ons bijzondere perspectieven, omdat het ruimte en tijd overschrijdende activiteiten betreft die eigenlijk in de meeste musea niet gerealiseerd zouden kunnen worden.

Deze catalogus bij de gelijknamige tentoonstelling vormt een zekere eindfase van een lang en intensief samenwerkingsproject tussen gerenommeerde kunstenaars en wetenschappers. Tegelijkertijd is het slechts een momentopname, omdat diverse trajecten nog niet zijn afgesloten en andere wellicht een nu nog onbekend vervolg zullen krijgen.

Vanuit De Lakenhal achten wij het van belang dat projecten en activiteiten die musea en presentatieruimten voortbrengen verder reiken dan alleen een tentoonstelling of presentatie. CO-OPs is ook in dit licht interessant: op een zeer breed – wetenschappelijk, maatschappelijk, sociaal, cultureel, globaal en interactief – gebied hebben wetenschappers en kunstenaars hun kennis, kunde, verbeelding en vaardigheden gedeeld met betrokkenen en publiek.

Daarnaast wijst het project evengoed nadrukkelijk op het verlangen naar een beter inzicht in de rol en legitimatie van presentatieruimten en musea.

Oud-museumdirecteur en nog steeds productief vormgever Wim Crouwel vertrouwde me kortgeleden toe, dat veel hedendaagse museumarchitectuur geen antwoord kan geven op ondernemende beeldend kunstenaars als Joep van Lieshout of René van Engelenburg met zijn Pleinmuseum. Beiden, elk op hun eigen manier, neutraliseren feitelijk de rol van het museum en in het bijzonder die van de museumarchitectuur. Immers, het inflatoire proces van de groei van aldoor nieuw bijkomende museumarchitectuur in met name oud-industriegebieden verspreid over heel Europa – en gepresenteerd als cultuurindustrie – roept in elk geval de vraag op wat de rol van musea is. Is het wel de moeite waard steeds af te reizen naar deze presentatieruimten? En wat is er dan zo bijzonder om er iedere keer opnieuw naar toe te gaan? En waarom reist men zo gescheiden; publiek voor oude kunst zie je zelden bij nieuwe kunst en vice versa, of waarom reist men zo weinig af?

Het gehele CO-OPs-project is een uitmuntende reden om de reis naar De Lakenhal in Scheltema wel degelijk te maken. Want hoe banaal het ook klinkt, het gaat hier werkelijk ergens over. CO-OPs is een gedurfd, experimenteel, vele disciplines overschrijdend project waarvan de schokgolven nog lang zullen nadeinen. Wij zijn er dan ook trots op deze eindpresentatie in Scheltema te kunnen presenteren en aan deze publicatie bij te dragen. Hier ligt, in een notendop, de richting voor de nieuwe definitie van de rol van musea en presentatieruimten. En daarin zit meteen ook het publiek belang.

On View to the Public!

– *Edwin Jacobs*
Director Stedelijk Museum De Lakenhal

Over the past two years De Lakenhal Museum provided space for unusual artistic experimenting in its Scheltema location. Various artists, scholars, and scientists were given the opportunity to develop a dialog between knowledge and imagination.

Starting from the notion that conventional museums are too much like closed 'white cubes', De Lakenhal in Scheltema is set up as an open platform geared toward stimulating and presenting high-quality new work that reflects contemporary visual culture in different media and all stages of the creative process. As such it serves as a venue for exhibiting images linked to their sources or contexts and bringing the public into contact with the essence and dynamic of today's visual culture. This location functions as a historical inner city campus for structural collaborative efforts between members of the museum team and artists, scientists, students, and visitors as their temporary colleagues.

The CO-OPs-project fits in nicely with these assumptions. It perfectly matches our mission in fact, while as a basis for closer study, evaluation, and further development this project is also full of potential. As an experimental venture, CO-OPs involves activities that transcend time and space and that could not be realized in most museums.

The catalog accompanying the exhibition contains the preliminary results of the various sustained collaborative projects between well-known artists, scholars, and scientists. These results are all but final results, however, because several of the CO-OPs-projects have not yet been concluded while others will be followed up on in as of yet unknown ways.

One of our museum's basic premises is that projects and activities generated by museums and exhibition spaces should reach beyond mere exhibition or presentation. CO-OPs is also interesting from this particular angle. Artists and scientists have shared their knowledge, skills, imagination, and practices with the public by covering and integrating a variety of scientific, social, cultural, global and interactive dimensions of their work. Furthermore, CO-OPs equally emphasizes the desire for more insight into the role and legitimization of exhibition spaces and museums.

As the former museum director and still active designer Wim Crouwel confided to me a little while ago, much contemporary museum architecture has no way of responding to innovative visual artists such as Joep van Lieshout or René van Engelenburg (cf. his 'Pleinmuseum'). Both of them, each in his own way, seek to neutralize the role of museums, and in particular that of museum architecture. If anything the inflationary growth of ever more new museum architecture, notably in the old industrial regions of Europe (and presented as culture industry), calls into question the very role of museums. Is it really worth it to travel to these exhibition spaces? Why would you want to go back there time and again? Or why does there seem to be a division between the public for conventional art and that for new art events? And why do many others find their way to a museum hardly ever?

In fact, CO-OPs offers an excellent reason for finding your way to De Lakenhal in Scheltema. At the risk of sounding trite, this project addresses genuine concerns. CO-OPs is a bold, experimental project that leaves few boundaries uncrossed, and therefore its shockwaves are bound to be felt for some time to come. We are proud, then, to present its preliminary final results in Scheltema and also to contribute to this publication. We believe that CO-OPs represents a new direction when it comes to the role of museums and exhibition spaces in our society. It is a direction we should all be headed for in our various ways, and this is also what constitutes the public significance of CO-OPs.

Samenwerking kunst en wetenschap

– *Annemarie Bos*
Directeur NWO Geesteswetenschappen

TOELICHTING

> For English see p. 13

Het programma Transformaties in Kunst en Cultuur is een belangrijk onderzoeksprogramma van de Nederlandse Organisatie voor Wetenschappelijk Onderzoek (NWO). Het richt zich niet op kunst en cultuur als objecten, maar op transformaties in culturele praktijken. Transformaties die plaatsvinden ten gevolge van een veranderende samenleving. Drie ingrijpende veranderingsprocessen vormen het uitgangspunt voor het programma: technologisering, mondialisering en commercialisering. In het onderzoeksprogramma is nadrukkelijk uitgegaan van maatschappelijk geïnspireerde vraagstellingen. Daarmee past het programma uitstekend in de huidige strategielijn van NWO, wetenschap voor de samenleving. In het programma Transformaties werken onderzoekers bovendien daadwerkelijk samen met het culturele veld.

Binnen het programma Transformaties in Kunst en Cultuur vormen de CO-OPs, de interterritoriale verkenningen in kunst en wetenschap, een uniek project. In een zevental projecten werken kunstenaars en wetenschappers samen. Eén van de projecten wordt georganiseerd door de Rijksakademie van beeldende kunsten. Het onderzoek van elk van de teams is interdisciplinair, multimediaal en grensverleggend. Kunstenaars en wetenschappers onderzoeken in dialoog, uitwisseling en samenwerking een thema of onderwerp dat beide partijen bezighoudt maar dat gewoonlijk binnen het eigen paradigma wordt onderzocht. De meerwaarde ligt in de nieuwe, onverwachte kijk op transformaties die zich in de huidige maatschappij voltrekken. Doordat de onderzoeksteams hun ontwikkelingen en ideeënvorming steeds in publieksmanifestaties hebben getoetst aan zeer uiteenlopend publiek, is het maatschappelijk veld ook betrokken in dit project.

Niet eerder werd in het door NWO-gesubsidieerde onderzoek op dergelijke wijze samengewerkt met kunstenaars. In Engeland is dit bijvoorbeeld al langere tijd gemeengoed. Dit heeft ook alles te maken met de wijze waarop de subsidiëring van zowel het geesteswetenschappelijke onderzoek als de kunstensector aldaar is georganiseerd. In Engeland valt binnen de Arts and Humanities Research Council zowel het geesteswetenschappelijke onderzoek, als de kunsten. In Nederland zijn dit twee gescheiden werelden. Daarom is het des te unieker dat het in Nederland is gelukt deze samenwerking tot stand te brengen. Niet alleen een samenwerking tussen wetenschappers en kunstenaars, maar ook tussen de diverse fondsen voor de kunsten, talloze betrokken culturele instellingen en de Nederlandse Organisatie voor Wetenschappelijk Onderzoek.

Primair zijn de CO-OPs geïnitieerd als een inhoudelijk experiment, gericht op het stimuleren van nieuwe theorievorming binnen de geesteswetenschappen. De CO-OPs zijn echter ook in praktische zin een experiment gebleken, waarin geleerd moest worden de verschillende culturen van wetenschap en kunst met elkaar te verenigen. Het tot stand brengen van de CO-OPs was niet mogelijk geweest zonder de inzet van een groot aantal personen, van wie ik er twee speciaal wil danken: Professor Rob Zwijnenberg, de wetenschappelijk coördinator van het project en Krien Clevis, kunstenares die de fondsenwerving en praktische organisatie voor haar rekening heeft genomen.

De resultaten van de CO-OPs treft u aan in de expositie in de Lakenhal in Scheltema en de voorliggende catalogus. De wetenschappelijke inzichten die de projecten hebben voortgebracht en de kunstwerken die uit de samenwerkingen zijn voortgekomen, maken nieuwsgierig.

Collaboration Art and Science

– *Annemarie Bos*
Director of NWO Humanities

COMMENTARY

> *Voor Nederlands zie p. 11*

Transformations in Art and Culture is one of the major research programs of the Netherlands Organisation for Scientific Research (NWO). This program is geared toward transformations in cultural practices, rather than art and culture as objects. These transformations occur on account of the accelerated changes in many social realms. Three such comprehensive processes of change constitute the program's starting point: technologization, globalization, and commercialization. Its research effort also seeks to emphasize issues and concerns that have social relevancy as well. Thus the program perfectly suits NWO's current strategy: science for society. Moreover, researchers who participate in the Transformations program actually collaborate with the cultural domain as such.

Within Transformations in Art and Culture, CO-OPs – or interterritorial explorations in art and science – constitutes a unique project. Artists and scholars/scientists team up in seven collaborative projects. One of the projects is organized by the Rijksakademie van beeldende kunsten in Amsterdam. The research effort of each of the teams is interdisciplinary, multi-medial, and boundary-transgressing. In mutual dialog, exchange, and collaboration artists and scientists explore a theme or subject that preoccupies them both but that they usually study only from a mono-disciplinary perspective. The surplus value lies in the new and potentially surprising perspectives on ongoing transformations in our society. Because several times the research teams have tested the results of their work-in-progress in public events with quite divergent audiences, this project has also benefited from direct social input.

This is the first time that in the context of NWO-funded scientific or humanities research this kind of collaboration with artists has taken place. Elsewhere, notably in England, this kind of joint project has a longer tradition, which in this case is closely tied to how the funding of arts and humanities research is organized. The British Arts and

Humanities Research Council promotes research projects in both the arts and the humanities. In the Netherlands these domains have always been two distinct worlds. This renders it all the more unique that the CO-OPs organizers succeeded in realizing such a collaborative project in our country. The project does not only involve collaboration between scientists and artists, but also between various arts foundations, cultural institutions, and the Netherlands Organisation for Scientific Research.

CO-OPs is primarily initiated as a experiment, aimed at stimulating new views and theorizing within the humanities. This project, however, also proved to be an experiment in a quite literal sense, inasmuch as participants had to learn how to combine views and practices from the cultures of science and art with each other. The realization of the CO-OPs-project would not have been possible without the input of a large number of individuals, two of whom I would like to thank in particular: Professor Rob Zwijnenberg, the project's coordinator, and artist Krien Clevis, who was in charge of fundraising and management.

The various results of the CO-OPs-project are presented to the public in the exhibition in the Lakenhal in Scheltema as well as in the catalog at hand. The works of art and the scientific insights engendered by the collaborative efforts arouse one's curiosity indeed.

Interterritoriale verkenningen in kunst en wetenschap

– Prof. dr. Robert Zwijnenberg

TOELICHTING

> *For English see p. 26*

ROBERT ZWIJNENBERG is hoogleraar hedendaagse kunstgeschiedenis, in het bijzonder in relatie
tot de ontwikkeling van natuurwetenschap en techniek aan de
Universiteit Leiden en bijzonder hoogleraar kunstgeschiedenis in relatie tot de ontwikkeling van natuurwetenschap
en techniek aan de Universiteit
Maastricht.

De Nederlandse Organisatie voor Wetenschappelijk Onderzoek (NWO) heeft tot taak het bevorderen van de kwaliteit en vernieuwing van wetenschappelijk onderzoek, alsmede het initiëren en stimuleren van nieuwe ontwikkelingen in het wetenschappelijk onderzoek door het toewijzen van financiële middelen aan met name universitaire onderzoekers. Bovendien beoogt NWO een intensiever maatschappelijk gebruik van de resultaten van wetenschappelijk onderzoek, zodat de bijdrage van wetenschappelijk onderzoek aan welvaart en welzijn verder kan worden vergroot.*

NOOT 1
> Zie voor het officiële *mission statement*: www.nwo.nl.

In het door NWO gesubsidieerde onderzoekprogramma *Transformaties in Kunst en Cultuur* is een uitwerking van deze missie goed zichtbaar. Maatschappelijke en culturele veranderingen doen zich sinds enkele decennia, onder meer door de introductie van internet, sneller voor dan ooit tevoren. Ze raken aan meer aspecten van ons bestaan en hebben invloed op het leven van steeds meer mensen. Het onderzoeksprogramma *Transformaties in Kunst en Cultuur* stelt deze processen van cultuurverandering centraal. Het gaat in het bijzonder om contemporaine veranderingen, dat wil zeggen veranderingen van de laatste vijftig jaar. Drie ingrijpende veranderingsprocessen vormen het uitgangspunt voor dit programma: mondialisering, commercialisering en technologisering. Daarnaast is het onderzoek gericht op theorievorming in het kader van interdisciplinair onderzoek. Binnen dit onderzoeksprogramma zijn sinds 2004 zeven onderzoeksgroepen aan verschillende universiteiten aan het werk. Zij doen onderzoek naar fenomenen die samenhangen met belangrijke transformaties in kunst en cultuur om zo recente praktijken en producten van kunst en cultuur beter te begrijpen en er theoretisch greep op te krijgen.

NOOT 2
> Zie voor een overzicht van de onderzoeksgroepen: http://www.nwo.nl/ nwohome.nsf/pages/ NWOP_63WHXD.

Een belangrijke doelstelling van het onderzoeksprogramma TKC is behalve om de grenzen tussen wetenschappelijke disciplines te overschrijden (zoals tussen geestes- en natuurwetenschappen) ook om de geijkte grenzen van academisch onderzoek te overstijgen. Het programma wil buitenuniversitaire instellingen (musea, culturele centra en instituten, maatschappelijke instanties, bedrijven) en personen (kunstenaars, fotografen, musici, architecten, etc.) bij het academisch onderzoek betrekken. Om deze uitwisseling te stimuleren is besloten om CO-OPs op te zetten. In CO-OPs werken beeldende kunstenaars, geestes-, sociale en natuurwetenschappers samen met als doel om te achterhalen hoe theorieën en praktijken in kunst en wetenschap elkaar kunnen beïnvloeden.

Doel CO-OPs

CO-OPs heeft niet tot doel om te onderzoeken wat de verschillen en overeenkomsten zijn tussen de kunst en de wetenschap, of om te streven naar een gemeenschappelijke taal of een 'derde weg' waarop kunst en wetenschap samenkomen of tot eenheid worden gebracht. Een dergelijk project zou de praktijk van kunst en wetenschap miskennen. CO-OPs beoogt nieuwe theorievorming binnen de geesteswetenschappen te stimuleren, niet alleen door onderzoek *inter* de verschillende wetenschappelijke disciplines te bevorderen, maar ook door onderzoek *inter* de verschillende domeinen of territoriums van praktijken van kunst en wetenschap in gang te zetten. De samenwerking is derhalve ook van belang voor de kunstenaar, de ontwikkeling van zijn kunstenaarschap en de reflectie daarop.

Het gaat dus om de (reflectie op de) processen van kennisproductie die ontstaan als kunstenaars en wetenschappers met elkaar samenwerken om een onderzoeksvraag op te lossen. Dat wil zeggen: nieuwe theorievorming gegenereerd door onderzoeksteams van kunstenaars en wetenschappers, met een focus op de drie ingrijpende veranderingsprocessen die het uitgangspunt vormen voor het onderzoeksprogramma TKC: mondialisering, commercialisering en technologisering. Het uitgangspunt van de samenwerking tussen de kunstenaars en wetenschappers is elkaars concepten, referentiekaders en methoden van onderzoek te leren kennen, te doorgronden en voor elkaar vruchtbaar te maken. Kunstenaar en wetenschapper gaan een discursieve en beeldende relatie aan met elkaar: in dialoog, uitwisseling en samenwerking onderzoeken ze een thema of onderwerp dat beide partijen bezighoudt maar dat gewoonlijk individueel, binnen het eigen paradigma wordt onderzocht. De samenwerkingsverbanden tussen kunstenaar en wetenschapper onderzoeken wat de mogelijkheidsvoorwaarden zijn om te komen tot een nieuw gezamenlijk paradigma.

De verwachte meerwaarde van CO-OPs ligt in een nieuwe en onverwachte kijk die de samenwerkingsprojecten kunnen genereren op de transformaties die zich in de huidige maatschappij aan het voltrekken zijn. Mondialisering, commercialisering en technologisering worden weliswaar vanuit tal van gezichtspunten (wetenschap, sociale sector) onderzocht maar zelden of nooit vanuit samenwerkingsverbanden waarin de kunsten en de wetenschappen op voet van gelijkheid maar wel vanuit totaal verschillende uitgangspunten opereren. Ze zijn niet, zoals gebruikelijk, elkaars object van onderzoek; in de CO-OPs-onderzoeksteams wordt een belangwekkend thema gezamenlijk en in onderlinge uitwisseling en reflectie onderzocht.

Het uiteindelijke doel van het CO-OPs-project is om het artistieke en wetenschappelijke denken aan elkaar te toetsen en wederzijds vruchtbaar te maken. De achterliggende gedachte is dat kunst en wetenschap, ieder op hun eigen wijze, de *gedeelde* waarden van een gemeenschappelijke moderne cultuur belichamen. Ze hebben elk wel hun eigen processen, theorieën en praktijken maar deze zijn geen autonome aangelegenheid die losstaan van maatschappelijke, politieke en culturele ontwikkelingen. De onderzoeksteams beogen de wederzijdse input theoretisch en beeldend in greep te krijgen en zo bij te dragen aan de ontwikkeling van een denken waarin het artistiek-reflectieve en wetenschappelijk-analytische worden verbonden. In die zin kunnen de resultaten van het project CO-OPs het empirische en theoretische materiaal zijn van nieuw wetenschappelijk onderzoek en nieuwe geesteswetenschappelijke theorievorming naar de relatie tussen de kunsten en de wetenschappen en naar onderzoek in de kunsten.

Achtergrond

In het buitenland zijn sinds decennia uitwisselingsprojecten tussen kunstenaars en wetenschappers, bijvoorbeeld in de vorm artist-in-residence-projecten gemeengoed geworden. In toenemende mate vin-

NOOT 3
> Zie voor recente onderzoeks-
programma's: http://www.ei-
kones.ch/start.html,
http://www.ahrc.ac.uk/
awards/casestudies/mosace.
asp, http://www.lse.ac.uk/
collections/BIOS.

den ook aan buitenlandse universitaire instellingen uitwisselingen plaats tussen kunstenaars en (natuur)wetenschappers en worden onderzoeksprogramma's gestart waarin de interactie tussen kunst en wetenschap wordt onderzocht.[3] Deze uitwisselingen en onderzoeken vinden in het bijzonder plaats op het terrein van de medische visualisering, het hersenonderzoek en genomics. Dat juist deze wetenschappen zo in de belangstelling staan van de kunsten heeft uiteraard te maken met het feit dat deze wetenschappen in belangrijke mate vorm (gaan) geven aan onze opvattingen over wat wij zijn (willen blijven of worden) als mens, d.i. deze wetenschappen dragen bij aan belangrijke culturele transformaties. Daarbij blijkt niet zelden dat de vragen die deze wetenschappen trachten te beantwoorden te groot zijn voor of ontstijgen aan het natuurwetenschappelijk domein (vragen over emoties, individualiteit, identiteit, menselijk bewustzijn en 'how does meat become mind?'). Kunst en literatuur kunnen een ander en nieuw perspectief geven op deze vragen en juist in samenwerking met de wetenschappen antwoorden formuleren die in het domein van de wetenschappen niet gevonden (kunnen) worden.

Wetenschappelijk onderzoek naar en reflectie op de uitwisseling tussen kunst en wetenschap als belangrijk cultureel verschijnsel vindt in het bijzonder in de US en de UK, dat heeft onder meer te maken met de sterke *Science and Literature Studies* traditie in die landen. In Nederland vindt dit onderzoek nog maar op zeer beperkte schaal plaats en ook zijn uitwisselingen in de vorm van artist-in-residence-projecten zijn niet weid verbreid.[4] Dergelijke uitwisselingen en dergelijk onderzoek passen echter wel in de opzet en doelstellingen van het onderzoeksprogramma TKC omdat het daarin draait om transformaties in kunst en cultuur, d.i. verschuivingen in opvattingen over wat kunst en wetenschap zijn, wat hun maatschappelijke en culturele functies zijn en de (hiërarchische) relatie die zij tot elkaar hebben.

NOOT 4
> Zie bijvoorbeeld
www.artsgenomics.org.

De toenemende belangstelling voor de relatie tussen de kunsten en wetenschappen heeft ook te maken met het feit dat de relatie tussen de kunsten en de wetenschappen in de afgelopen 200 jaar voortdurend is veranderd en nog steeds aan het veranderen. Kunstenaars lijken onafgebroken op zoek te zijn naar het bepalen van hun houding ten opzichte van nieuwe wetenschappelijke en technologische ontwikkelingen. Niet zelden klinkt daarbij de roep om het herstellen van een mythische eenheid van kunst en wetenschap die ooit bestaan zou hebben maar die helaas verloren is gegaan. Een eenduidige positie van kunst ten opzichte van de wetenschap is nog steeds niet uitgekristalliseerd; van een eenheid van kunst en wetenschap is nog veel minder sprake.

De onzekere en wisselende relatie van kunst ten opzichte van wetenschap heeft te maken met het feit dat pas in de negentiende eeuw kunst en wetenschap definitief uit elkaar zijn gegroeid en tot de min of meer autonome domeinen die wij nu kennen, zijn geworden. Voor die tijd waren kunst en wetenschap, voor de vroeg-moderne periode is het beter om te spreken over natuurfilosofie, weliswaar van elkaar onderscheiden activiteiten, maar het waren geen sterk gescheiden praktijken van kennis zoals dat in onze tijd het geval is. Vroeg-moderne kunst en natuurfilosofie bewogen zich binnen een zelfde systeem van kennis en hadden de zelfde filosofische en theologische uitgangspunten. Vroeg-moderne kunst en natuurfilosofie deelden de zelfde *ways of knowing.* Deze verhouding is sinds de tweede helft van de negentiende eeuw dramatisch gewijzigd hetgeen grote gevolgen had voor de wijze waarop kunstenaars zich zijn gaan verhouden tot wetenschap en technologie. Daarbij komt dat er hiërarchische relatie is ontstaan tussen kunst en wetenschap. Kunst wordt weliswaar beschouwd als een onmisbare en noodzakelijke culturele activiteit maar effectieve antwoorden op prangende maatschappelijke, sociale en politieke kwesties worden toch van vooral wetenschap en technologie verwacht. Hoewel hier een kentering zichtbaar is: kunst en kunstenaars worden meer en meer bij maatschappelijke en sociale processen van verandering betrokken.

Kunst versus wetenschap

De toenemende scheiding tussen kunst en wetenschap hangt ongetwijfeld samen met de enorme explosie van kennis in de negentiende en twintigste eeuw op alle terreinen van wetenschap en de daarmee samenhangende technologische innovaties. Vanaf het einde van de negentiende eeuw tot in de tweede helft van de twintigste eeuw streefden zowel de kunsten als de wetenschappen naar autonomie. De we-

NOOT 5
> Pickstone, J. *Ways of Knowing: a New History of Modern Science, Technology and Medicine.* Manchester: Manchester University Press, 2000.

NOOT 6
> Misa ,Thomas J., Philip Brey & Andrew Feenberg (eds.). *Modernity and Technology.* Cambridge (Mass.): The MIT Press, 2003.

tenschappen ondergingen ingrijpende veranderingprocessen van institutionalisering en professionalisering binnen de context van de universiteit. Dit voedde de overtuiging dat 'wetenschappelijke' theorievorming immuun diende te zijn voor invloeden van maatschappelijke, politieke, religieuze of esthetische aard.

Voor veel kunstenaars (onder wie John Ruskin, Charles Baudelaire, T.H. Huxley en Thomas Carlyle) was het uit elkaar groeien van wetenschap en kunst een reden om voor kunst geheel eigen doelen en methoden te formuleren, die in alle opzichten tegengesteld waren aan die van wetenschap en techniek. Onder het motto van *l'art pour l'art* cultiveerden de kunsten radicale originaliteit. Tegelijkertijd heeft er tegen het uit elkaar groeien van kunst en wetenschap altijd veel weerstand bestaan. Er zijn diverse pogingen vanuit de kunsten ondernomen om de kloof te overbruggen of te dichten, waarbij opvallend is dat in deze pogingen aan technologie vaak een beslissende of in ieder geval bemiddelende rol wordt toegekend, zoals dat met name zichtbaar is in de avant-gardebewegingen tijdens het Interbellum. In de jaren vijftig en zestig van de twintigste eeuw bestond er eveneens grote belangstelling vanuit de kunsten voor techniek als middel van expressie. Ook op meer ideologisch niveau werd technologie beschouwd als een middel om een totaal nieuwe vorm van kunst te creëren, zoals dat gebeurt in het neo-avant-gardistische project *New Babylon* van Constant Nieuwenhuys (vanaf 1956).

In de hedendaagse kunst is de invloed van de technologie en het gebruik van allerlei moderne (vaak digitale) technieken een onontkoombaar gegeven. Een groot deel van de hedendaagse kunst, zoals allerlei multimediale kunstvormen, is zelfs ondenkbaar zonder moderne technologie.

Hiermee stuiten we op een belangrijke consequentie van het uit elkaar groeien van kunst en wetenschap. Net als vóór de negentiende eeuw houden kunstenaars zich in hun werk nog steeds bezig met de consequenties (van morele, ethische, politieke of esthetische aard) van bepaalde wetenschappelijke ideeën en technologieën. Dat zien we op dit moment bijvoorbeeld met betrekking tot het genenonderzoek. De wetenschappelijke vragen die in dit onderzoek een rol spelen, zoals vragen met betrekking tot identiteit en uniekheid van het individu, menselijke vrijheid en ethiek, spelen ook een rol in veel contemporaine kunst die zich op de een of andere manier bezighoudt met het genenonderzoek. Alle denkbare kwesties worden in kunstprojecten aan de orde gesteld, zoals erfelijkheid, identiteit, ouder worden, 'designer-babies', klonen, overbevolking, oorlogvoering en commercie (de biotechmarkt).

NOOT 7
> Zie: Anker, Suzanne and Dorothy Nelkin. *The Molecular Gaze: Art in the Genetic Age.* New York: Cold Spring Harbor Laboratory Press, 2004.

De toenemende complexiteit en ontoegankelijkheid van wetenschap en technologie maken het echter steeds moeilijker voor een kunstenaar om in haar of zijn reactie op de wetenschappen uit te stijgen boven de reactie van de gemiddelde burger. Dat maakt de reactie van kunstenaars op wetenschappelijke ideeën anders dan in de tijd van bijvoorbeeld Leonardo da Vinci (1452-1519), het bekendste voorbeeld van een persoon bij wie het maken van kunst en natuurfilosofische onderzoekingen naar mens en natuur samenvielen. Kunstenaars moeten veel explicieter gaan nadenken over hun positie ten opzichte van de wetenschap, en over de rol en status van kunst in vergelijking tot de wetenschap. Daarbij komt dat de artistieke appropriatie van technologie en wetenschappelijke ideeën en kennis geen pendant lijkt te hebben in een wetenschappelijke appropriatie van artistieke praktijken. Of om het wat platter uit te drukken: wetenschappelijke en technologische vooruitgang lijken niet afhankelijk van ontwikkelingen binnen de kunsten, terwijl ontwikkelingen binnen de wetenschap en technologie het aanzien van de hedendaagse kunsten ingrijpend heeft veranderd en doet veranderen.

NOOT 8
> Zwijnenberg, Robert. *The Manuscripts of Leonardo da Vinci: Order and Chaos in Early Modern Thought.* Cambridge University Press, 1999.

Het autonomisme van de wetenschappen is inmiddels over zijn hoogtepunt heen. Ontwikkelingen zoals de roep om 'geëngageerde' wetenschap en kunst, de toenemende waardering voor interdisciplinariteit, de uitbreiding van wetenschapspopularisering en de transformaties van de kunsten door de nieuwe media hebben de grenzen tussen de 'drie culturen' vervaagd. Sociologische en historische wetenschapsstudies hebben de hechte culturele inbedding van wetenschappelijke praktijken blootgelegd. De Angelsaksische *literature and science studies* bestuderen hoe literatuur en wetenschap ieder op hun eigen wijze de gedeelde waarden van een gemeenschappelijke moderne cultuur belichamen. Dat wil echter allemaal niet zeggen dat daarmee het hiërarchische onderscheid tussen de kunsten en de we-

NOOT 9
> Lepenies, Wolf. *Die drei Kulturen: Soziologie zwischen Literatur und Wissenschaft.* München: Carl Hanser Verlag, 1985.

NOOT 10
> Cf. Beer, Gillian. *Open Fields: Science in Cultural Encounter.* London: Clarendon Press, 1996.

NOOT 11
> Cf. Wesseling, Lies. 'Van idee-engeschiedenis naar cultuurgeschiedenis: Over de ontwikkelingsgang van een interdisciplinaire onderzoekspraktijk,' *TvL Tijdschrift voor Literatuurwetenschap* 3 (1998), 1: 49-66.

tenschappen is verdwenen. Er is weliswaar sprake van een gedeelde culturele grond, maar als praktijken van kennis lijken kunst en wetenschap steeds verder uit elkaar te groeien. De potentieel oeverloze jacht op analogieën waarbij zowel kunsten als wetenschappen als uitingen van een *Zeitgeist* worden begrepen blijkt een valkuil te zijn, het zoeken naar overeenkomsten tussen kunst en wetenschap met behulp van concepten als creativiteit of originaliteit verzandt al snel in algemeenheden. In plaats van te spreken over een scheiding tussen kunst en wetenschappen vanaf de negentiende eeuw met de wens om die scheiding ooit te herstellen, ligt het meer voor de hand om te spreken over het ontstaan van nieuwe praktijken van kennis, die wij aanduiden met de termen kunst en wetenschap. Door het zo te formuleren is aan de ene kant te begrijpen dat ze een gedeelde culturele grond hebben, dat zij dezelfde culturele waarden en normen delen als basis van hun handelen. Aan de andere kant is dan te begrijpen waarom ze min of meer gescheiden domeinen zijn met hun eigen *ways of knowing* en hun eigen instituten en producten. De algemene constatering dat dit zo is, beantwoordt echter niet de vraag naar wat de specifieke *way of knowing* van respectievelijk kunst en wetenschap is. Dat is tevens de

NOOT 12
> Zie voor een antwoord op deze vraag wat betreft wetenschap bijvoorbeeld de special issue Technoscientific productivity (Part 1) van *Perspectives on Science*. vol. 13 (2005), number 2, Summer.

vraag naar de specificiteit van de praktijk van kunst en de praktijk van wetenschap. Deze vraag is zo belangrijk omdat door de overheersende culturele rol van de natuurwetenschappen ten opzichte van de kunsten, vooral kunstenaars op zoek zijn naar hun houding ten opzichte van de natuurwetenschappen, en niet andersom. De vraag naar de specificiteit van de artistieke praktijk is ook een vraag naar de culturele relevantie van die praktijk.

Mogelijkheden van een relatie

Er zijn twee principiële posities mogelijk die een kunstenaar kan innemen ten opzichte van wetenschap en technologie. Een kunstenaar kan wetenschap en technologie negeren. Dat wil zeggen dat hij of zij in zijn of haar werk geen aandacht besteedt aan wetenschap; het kunstwerk laat zich bekijken en overtuigend interpreteren zonder dat een beroep hoeft te worden gedaan op wetenschappelijke kennis en ideeën. De kunstenaar schept zo te zeggen een universum waarin eigen wetten gelden; het kunstwerk moet alleen op zijn eigen merites worden be-

oordeeld. Een dergelijke positie is in meer of mindere mate van radicaliteit een *l'art pour l'art* standpunt, dat zoals we in elk museum kunnen
constateren, indrukwekkende kunst kan opleveren. Daartegenover
staat de kunstenaar die in zijn of haar kunst juist niet om wetenschap
en technologie heen kan of die zich expliciet confronteert met wetenschappelijke ideeën en resultaten. Ook in deze positie zijn verschillende vormen van radicaliteit mogelijk: de kunstenaar als buitenstander,
bezoeker en deelnemer.

De kunstenaar als buitenstaander is een kunstenaar gefascineerd
door wetenschap en technologie. Hij of zij is kritisch of enthousiast
over bepaalde wetenschappelijke ontwikkelingen en mogelijkheden,
en niet zelden heeft hij of zij uitgebreide kennis verworven over een
bepaald wetenschappelijk gebied of ontwikkeling. De kunstenaar rea-
geert daarop echter in zijn of haar werk vanuit een nadrukkelijk artistiek perspectief en vocabulaire. Wetenschappelijke kennis of producten (bijvoorbeeld wetenschappelijke beelden of technische appara-
tuur) worden geïncorporeerd in het kunstwerk op zo'n wijze dat hun
oorspronkelijke betekenis wordt getransformeerd tot een puur artistieke betekenis waaronder de wetenschappelijke betekenis bedolven
raakt.

Met de kunstenaar als bezoeker doel ik op een kunstenaar die de
praktijk van de wetenschap bezoekt en dat bezoek tot uitgangspunt
maakt voor het maken van een kunstwerk. Dat bezoek krijgt in het
algemeen vorm in samenwerkingsprojecten tussen kunstenaars en
wetenschappers, die zeer verschillend van aard en intensiteit kunnen
zijn. In ieder geval raakt de kunstenaar bij de wetenschappelijke praktijk zo betrokken dat het kunstwerk dat hieruit voorkomt ook duidelijke sporen draagt van dat bezoek. Dat wil zeggen dat de artistieke appropriatie van wetenschappelijke ideeën en beelden nooit zo volledig
zal zijn als in kunstwerken van de kunstenaar als buitenstaander.

De kunstenaar als deelnemer aan de wetenschappelijke praktijk
vinden we op dit moment vooral in de bio-medische wetenschappen,
zoals in het genomicsonderzoek. Zoals gezegd, dat juist deze wetenschappen zo in de belangstelling staan van de kunsten heeft uiteraard
te maken met het feit dat deze wetenschappen in steeds belangrijkere
mate onze ideeën over wat wij zijn (willen blijven of worden) als mens

sturen. Bovendien biedt met name het genomicsonderzoek de mogelijkheid tot een werkelijke fysieke transformatie van het menselijk lichaam en het natuurlijk leven in het algemeen. De wetenschappelijke praktijk van het genomicsonderzoek biedt de kunstenaar daarenboven de mogelijkheid te werken met nieuwe materialen, d.i. levende materialen die traditioneel niet tot de kunstenaarsmaterialen behoren. De kunstenaar als deelnemer aan de wetenschappelijke praktijk gebruikt deze levende ('wetenschappelijke') materialen daadwerkelijk in haar of zijn artistieke praktijk. Dat is echter alleen mogelijk als de kunstenaar zich de wetenschappelijke en technologische kennis heeft eigen gemaakt om met deze materialen te werken als kunstenaar. De kunstenaar als deelnemer zal zich zo onderscheiden van de kunstenaar als bezoeker. Waarbij tegelijkertijd opgemerkt moet worden dat er verschillende varianten van de kunstenaar als deelnemer denkbaar zijn. De kunstenaar als deelnemer aan de wetenschappelijke praktijk is in ieder geval een kunstenaar die zoveel wetenschappelijke en technologische kennis heeft dat hij of zij in staat is tot zelfstandig wetenschappelijk onderzoek en/of deelname aan een technologische praktijk en tegelijkertijd dat onderzoek en die praktijk – en (materiële) resultaten ervan – tot manifest onderdeel kan maken van een artistiek project.

CO-OPs-tentoonstelling

In de tentoonstelling in de Lakenhal in Scheltema wordt nu het eindresultaat gepresenteerd van de samenwerking van de CO-OPs- teams bestaand uit wetenschappers en kunstenaars uit verschillende disciplines. Uit dit resultaat moet nu duidelijk worden óf en hóe in het bezoek of in de deelname kunst wetenschap en wetenschap kunst uitbreidt en verdiept met cultureel relevante vragen, inzichten en producten, die niet zonder meer tot het wetenschappelijke óf het artistieke domein behoren. De tentoonstelling spiegelt de mogelijke vormen van samenwerking tussen kunstenaars en wetenschappers die ik heb geschetst. De tentoonstelling laat ook zien dat de praktijk van deze samenwerkingen zich niet éénduidig in categorieën laat dwingen. Er zijn positieve, negatieve en twijfelende stemmen aanwezig. Er zijn kunstenaars en wetenschappers die hun opvattingen over (de relatie tussen) kunst en wetenschap bevestigd hebben gekregen en er zijn er die hun opvattingen hebben bijgesteld. Wat dat betreft laat de tentoonstelling zien hoe verschillend van aard kunst en wetenschap van elkaar zijn en hoe ook de aanpak en methoden van kunstenaars en wetenschappers verschillend van elkaar zijn. De tentoonstelling toont ook hoe juist door deze verschillen een vruchtbare samenwerking kan ontstaan, maar ook waarom dat soms niet geval kan zijn. In ieder geval is het eindresultaat van CO-OPs interessant en complex genoeg als het empirische en theoretische materiaal voor nader onderzoek en nieuwe geesteswetenschappelijke theorievorming naar de relatie tussen de kunsten en de wetenschappen en naar onderzoek in de kunsten.

Kunst en wetenschap kunnen niet zonder publiek. Ook voor de CO-OPs-teams was het noodzakelijk hun ontwikkelingen en ideeënvorming te toetsen aan en input te krijgen van publiek, variërend van groepen scholieren, studenten, de *peers* van zowel kunstenaars als wetenschappers, tot 'het grote publiek'. De teams hebben daarom in de afgelopen periode op tal van voor het publiek toegankelijke plekken (musea, podia, openbare instellingen, internet) en in tal van vormen (debat, manifestatie, performance, theater, symposium, tentoonstelling) presentaties gegeven, waarin voorlopige resultaten, vragen en discussiepunten zijn uitgewisseld met het publiek. Het publiek kan (en moet!) nu bepalen of wetenschap en kunst niet zonder elkaar kunnen, of anders geformuleerd of wij niet kunnen zonder de gezamenlijke inspanning van wetenschap en kunst om de prangende kwesties van onze tijd te lijf te gaan.

COMMENTARY

> Voor Nederlands zie p. 15

ROBERT ZWIJNENBERG is professor of art history in relation to the development of science and technology at Universiteit Leiden and Universiteit Maastricht.

Interterritorial Explorations in Art and Science

– *Prof. Dr. Robert Zwijnenberg*

The formal mission of the Netherlands Organisation for Scientific Research (NWO) is to improve the quality and innovation of Dutch scientific research, and to initiate and stimulate new developments in the humanities and scientific research by allocating financial means to academic researchers. Moreover, NWO seeks to promote a broader social functioning of the results of scientific research, as a way to further enlarge the contribution of science to overall social welfare and prosperity.[*]

NOTE 1

> See for the official *mission statement*: www.nwo.nl.

The NWO-funded research program Transformations in Art and Culture (Transformaties in Kunst en Cultuur, TKC) provides a good example of this mission. Over the past few decades, social and cultural changes have occurred more rapidly than ever, in part because of the introduction of the internet. These changes also touch on more aspects of life and directly influence the lives of evermore groups of people. As a research program, TKC puts these processes of cultural change center-stage. Particularly contemporary changes are emphasized, meaning changes pertaining to the past fifty years. Moreover, TKC's overall concern starts from three major ongoing processes of cultural change: globalization, commercialization, and technologization. Its research effort is geared toward theorization in the context of interdisciplinary research as well. Within this general program, seven research groups have been at work at various Dutch universities since 2004.[*] These groups conduct research of phenomena that are linked up with major transformations in art and culture, so as to get a better grasp and more theoretical understanding of recent practices and products of art and culture.

NOTE 2

> See for an overview of the research groups: http://www.nwo.nl/ nwohome.nsf/pages/ NWOP_63WHXD

A major objective of TKC, aside from crossing boundaries *between* academic disciplines (such as between the humanities and natural sciences), is to transcend the conventional boundaries of academic research. As such the program seeks to involve outside institutions (museums, cultural centers and institutes, social agencies, businesses) and individuals (artists, photographers, musicians, architects, etc.) in academic research. One of the efforts to stimulate this exchange is the CO-OPs project. In CO-OPs visual artists and academics from the humanities, social sciences, and natural sciences work together with the aim of tracing how theories and practices in art and science can mutually influence each other.

The Aim of CO-OPs

CO-OPs does not so much aim to study the differences and similarities between art and science, or pursue a shared language or some 'third way', in order to bring about convergence or the unification of art and science. Such project would fail to appreciate art and science as individual practices. Rather, CO-OPs seeks to stimulate new theorizing in the humanities, not only through promoting research *inter* the various scientific disciplines, but also by starting up research *inter* the various domains or territories of practices of art and science. Such collaboration, then, is also of significance to artists, the development of their artistry, and our reflection on it.

The CO-OPs project's main concern is with (reflection on the) processes of knowledge production that emerge when artists and scientists cooperate with each other to solve a specific research question. This means that the CO-OPs teams, each one consisting of an artist and a scholar or scientist, aim to generate new theories on their practice, with a focus on the three radical processes of change that constitute the center of TKC as a research program: globalization, commercialization, and technologization. The collaboration within the CO-OPs teams starts from learning and understanding each other's concepts, frames of reference, and methods of research, and make them productive to both partners. The team members enter into a discursive and inventive relationship with each other: through dialog, exchange, and collaboration they examine a theme or topic that preoccupies both of them but that commonly is explored individually, within one's own paradigm. In this way these units investigate the conditions for the possibility of arriving at shared and new paradigms.

The anticipated surplus value of CO-OPs lies in the new and unexpected perspectives that the collaborative projects may generate based on the transformations that are ongoing in today's society. Although globalization, commercialization, and technologization are studied from various angles (the sciences, social sectors), they are rarely considered, if at all, from a collaborative context in which the arts and sciences operate on an equal footing even though working from different starting points. These two domains do not function, as is commonly the case, as each other's object of research; the CO-OPs members investigate a major theme jointly and in mutual interaction and reflection.

The ultimate goal of the CO-OPs project is to combine artistic and academic thought, whereby the two modes or approaches test each other, so to speak, as a way to enrich the output of both. The underlying assumption is that art and science embody each in its own way the *shared* values of a common modern culture. Although they work with their own theories and practices, these are hardly autonomous simply because they do not exist in isolation of social, political and cultural developments. The research teams seek to get a handle, both theoretically and imaginatively, on the mutual input, thus to contribute to the development of a mode of thinking in which the artistic-reflective and scientific-analytical are connected. In this sense, the results of the CO-OPs project can serve as empirical and theoretical materials for new scientific research and new theorizing in the humanities on the relationship between the arts and the sciences and on the particular role of research in the arts.

Background

In an international context, exchange projects between artists and scientists, as in the format of artist-in-residence projects, have been a common practice for decades now. Increasingly, universities are also initiating exchange projects in which artists and (natural) scientists participate, while new research programs are set up to study the interaction between art and science.[·] These exchanges and studies take place in particular in such fields as medical imaging, brain research, and genomics. That precisely these fields have attracted attention from the arts has to do with the fact that these sciences are re-concep-

NOTE 3
> See for recent research programs: http://www.eikones.ch/start.html, http://www.ahrc.ac.uk/awards/casestudies/mosace.asp, http://www.lse.ac.uk/collections/BIOS.

tualizing who we are (or want to become) as human beings. In other words, these sciences contribute to major cultural transformations. Frequently, these fields address issues that transcend the domain of the natural sciences as such (questions on emotions, individuality, identity, consciousness, or on 'how meat becomes mind'). Art and literature may provide new angles on these issues and in collaboration with the sciences they may formulate answers that the sciences themselves will not or cannot articulate.

One will find a focus on research and reflection regarding the exchange between art and science as major cultural phenomena in particular in the US and the UK, which in part can be explained with reference to the strong Science and Literature Studies tradition in these countries. So far in the Netherlands this kind of research has only been done on a marginal scale, while exchanges in the format of artist-in-residence projects are still not common. Such exchanges and research, however, fit in quite well with the structure and research objectives of TKC, given its focus on transformations in art and culture, on shifting views on the nature of art and science, their social and cultural functions, and their mutual (hierarchical) relationship.

NOTE 4
> See for example:
   www.artsgenomics.org.

The growing interest for the arts/sciences relationship should not obscure the fact that this relationship has been subject to change over the past two centuries. And today it is again or, for that matter, still changing. Artists always seem to have been in search of determining their attitude vis-à-vis new scientific and technological developments. This was frequently accompanied by the call for restoring some mythical unity of art and science that would have been there at one point but that got lost along the way. However, an unambiguous position of the arts regarding science has not crystallized as of yet, while it is even less realistic to speak of the unity of art and science.

The uncertain and changing relation of the arts vis-à-vis science is partly tied to the fact that only in the nineteenth century did art and science evolve into the more or less autonomous domains we are familiar with today. Beforehand, art and science (or, rather, when dealing with the early-modern period: philosophy of nature) may have involved distinct activities, but they did not function as strictly separate practices of knowledge, as is the case in our own era. Early-modern art and philosophy of nature operated within a single system of knowledge and started from the same philosophical and theological tenets. Early-modern art and philosophy of nature, in other words, shared the same *ways of knowing*. Since the second half of the nineteenth century this relationship has dramatically changed, and this had major consequences as to how artists began to relate to science and technology. Furthermore, the relationship between art and science clearly developed into a hierarchical one. Even if art is considered an indispensable and much-needed cultural activity, effective answers to urgent social and political problems are expected to be supplied by science and technology in particular. Still, the situation appears to be shifting in recent years: art and artists are more and more actively involved in social processes of change.

Art versus Science

The increasing dichotomy between art and science that started off in the nineteenth century was undoubtedly linked to the explosion of knowledge in all areas of science and the interrelated technological innovations. From the end of the nineteenth century until the second half of the twentieth century both the arts and the sciences pursued autonomy. The sciences underwent drastic changes associated with institutionalization and professionalization within the context of the university. This nurtured the conviction that 'scientific' theorizing ought to be immune to influences of a social, political, religious, or aesthetic nature.

Many artists (such as John Ruskin, Charles Baudelaire, T.H. Huxley and Thomas Carlyle) have used the drifting apart of science and art to articulate a whole set of goals and methods for art, which in all respects contrasted with those of science and technology. Embracing *l'art pour l'art* as the proper standard, the arts cultivated radical originality. At the same time, the division has always met with much resistance. From the arts, various attempts to close the gap were undertaken whereby, strikingly, technology was always attributed a decisive or at least intermediate role, as visible in particular in the avant-garde

NOTE 5
> Pickstone, J. *Ways of Knowing: A New History of Modern Science, Technology and Medicine.* Manchester: Manchester University Press, 2000.

NOTE 6
> Misa, Thomas J., Philip Brey & Andrew Feenberg (eds). *Modernity and Technology.* Cambridge (Mass.): The MIT Press, 2003.

movements of the 1920s and 1930s. Also, in the 1950s and 1960s the arts demonstrated great interest in technology as means of expression. At a more ideological level, technology was also considered a means for creating entirely new forms of art, as in the neo-avant-garde project *New Babylon* by Constant Nieuwenhuys (from 1956).

In contemporary art, the influence of technology and the use of all sorts of modern (often digital) techniques is an inescapable fact. Much of today's art, such as all kinds of multi-medial art forms, is even unthinkable without modern technology.

Here we run into a major effect of the rift between art and science. Just like before the nineteenth century, artists are still concerned in their works with the consequences (of a moral, ethical, political, or aesthetic nature) of certain scientific ideas and technologies. Today we can see this for instance with respect to genetic research. The scientific questions tied to this research, such as questions on identity and the uniqueness of the individual, or on human freedom and ethics, also play a role in much contemporary art that somehow deals with the study of genes. All conceivable issues are treated in art projects, such as heredity, identity, aging, 'designer-babies,' cloning, overpopulation, warfare, and commerce (the biotech market).

NOTE 7
> See: Anker, Suzanne and Dorothy Nelkin. *The Molecular Gaze: Art in the Genetic Age.* New York: Cold Spring Harbor Laboratory Press, 2004.

The growing complexity and inaccessibility of science and technology, however, have made it increasingly difficult for artists to respond to science in ways that transcend the ways in which the general public responds to it. This renders today's artists' reaction to scientific ideas different from that of, say, the era of Leonardo da Vinci (1452-1519), the best-known example of an individual to whom making art and philosophical study of man and nature coincided. It seems important, then, that today's artists start reflecting much more explicitly on their position vis-à-vis science, as well as on the role and status of art in relation to science. Moreover, artistic appropriations of knowledge, technology, and scientific ideas seem to have no counterpart in scientific appropriations of artistic practices. Or, in slightly more direct terms: scientific or technological progress hardly appears dependent on developments in the arts, while developments in science and technology have drastically changed – and are still changing – the status of contemporary art.

NOTE 8
> Zwijnenberg, Robert. *The Manuscripts of Leonardo da Vinci: Order and Chaos in Early Modern Thought.* Cambridge: Cambridge University Press, 1999.

NOTE 9
> Lepenies, Wolf. *Die drei Kulturen: Soziologie zwischen Literatur und Wissenschaft.* München: Carl Hanser Verlag, 1985.

NOTE 10
> Cf. Beer, Gillian. *Open Fields: Science in Cultural Encounter.* London: Clarendon Press, 1996.

NOTE 11
> Cf. Wesseling, Lies. 'Van ideeëngeschiedenis naar cultuurgeschiedenis: Over de ontwikkelingsgang van een interdisciplinaire onderzoekspraktijk,' *TvL Tijdschrift voor Literatuurwetenschap.* 3 (1998), 1: 49-66.

NOTE 12
> For an answer to this question with regard to science, see, for example, the special issue on Technoscientific productivity (Part 1) of *Perspectives on Science.* vol. 13 (2005), number 2, Summer.

But the autonomy of the sciences is meanwhile past its peak. Various developments, such as the call for socially committed science and art, the growing valuation of interdisciplinarity, the expansion of science popularization, and the transformations of the arts through the new media have blurred the boundaries between the 'three cultures'. Sociological and historical science studies have uncovered how tightly scientific practices are culturally embedded. The Anglo-Saxon tradition of Literature and Science Studies examines how literature and science embody each in their own ways the shared values of a common modern culture. All this is not to say that the hierarchical distinction between the arts and the sciences has vanished. Despite their shared cultural ground, art and science appear to be drifting even further apart as practices of knowledge. However, the potentially boundless pursuit of analogies, whereby both the arts and sciences are understood as expressions of a *Zeitgeist*, proves to be a pitfall, while the search for similarities between art and science based on concepts such as creativity or originality tends to get bogged down in generalities. Instead of speaking of a dichotomy between art and science from the angle of the desire to restore their harmony at one point, it is more productive to speak of the emergence of new practices of knowledge that we may well refer to by using the idiom of art and science. While this formulation allows one to grasp their shared cultural ground, or their reliance on the same cultural values and norms as basis for action, it also allows one to see why they are more or less separate domains with their own *ways of knowing* and their own institutions and products. The general observation that claims this much, however, does not yet answer the question of what the specific way of knowing of, respectively, art and science *is*. This also involves the concern with the specificity of the practice of art and the practice of science. This is such an important issue because within the prevailing cultural role of the sciences, it is mainly artists who search for articulating their attitude vis-à-vis the sciences, but not vice versa, scientists who articulate their attitude vis-à-vis the arts. The problem of the specificity of artistic practice coincides with the problem of its cultural relevancy.

Possibilities of a Relationship

Essentially, there are two basic positions artists can take regarding science and technology. Artists can ignore them, and this implies that they do not pay attention to science or technology in their art. Their works can be viewed and convincingly interpreted without recourse to scientific knowledge and ideas. Artists create, as it were, a universe in which individual laws apply; the artwork should be judged only on its own merits. This position is to a smaller or larger extent a *l'art pour l'art* stance – one that has resulted in impressive works of art, as can be seen in museums throughout the world. Artists who come from the opposite direction, however, produce art that does all but hide its ties to science and technology or that explicitly interrogates scientific ideas or results. This stance equally comes in more or less radical guises, whereby the artist can be said to perform the role of outsider, visitor, or participant.

The artist as outsider is fascinated by science and technology. These artists are critical or enthusiast about specific scientific developments and possibilities, and it is not uncommon for them to have acquired extensive knowledge about a certain scientific field or development. In their work they respond to it from an emphatically artistic perspective and with vocabulary of their own. Scientific knowledge or products (such as scientific images or technical equipment) are incorporated into the artwork in such way that their original meaning is transformed into a purely artistic meaning which altogether buries the scientific meaning.

The artist as visitor refers to artists who visit the practice of science and who use this visit as starting point for making an artwork. Such visit generally takes shape in cooperative projects between artists and scientists, which can be quite different in nature and intensity. Yet artists grow so involved in the scientific practice that the resulting works still reflect clear traces of their visit. In this case, however, the artistic appropriation of scientific ideas and images will never be as complete as in artworks by the artist as outsider.

The artist as participant we encounter especially in the practice of the biomedical sciences, such as genomics research. As said, that precisely these sciences receive so much attention from the arts is tied to the fact that these sciences increasingly guide our notions of what we are as human beings (or what we want to become). Furthermore, notably genomics research provides the opportunity for a genuinely physical transformation of the human body and natural life in general. The scientific practice of genomics research, moreover, offers the artist the possibility of working with the new materials, that is, living materials that traditionally do not belong to the artists' materials. The artist as participant in scientific practice actually employs these living ('scientific') materials in her or his artistic practice. This is only possible however if the artist has managed to appropriate the scientific and technological knowledge involved and is able to deploy it as artist. This sets the artist as participant apart from the artist as visitor. It should be pointed out, though, that there are various versions conceivable of the artist as participant. The artist as participant in science is someone who has so much scientific and technological knowledge that he or she is capable of autonomous scientific research and/or participation in a technological practice and at the same time can turn that research and practice – and its (material) results – into a tangible dimension of a concrete artistic project.

CO-OPs Exhibition

The current exhibition in Museum Lakenhal (Scheltema) presents the final results of the collaboration of the CO-OPs teams, in which scholars, scientists, and artists from various disciplines have participated. These results should make clear now, be it from a visitor or participant perspective, how or whether art can contribute to expanding and deepening science (and vice versa) with culturally relevant questions, insights, and products that do not unequivocally belong to either the scientific or the artistic domain. Although the exhibition represents the possible forms of collaboration between artists and academics sketched above, it also shows that the practice of these collaborations cannot be simply relegated to either one of these domains. A range of voices can be heard, including positive, negative, and hesitant ones. There are artists and scientists among the participants who saw their views on (the relationship between) art and science corroborated and there are those who felt they needed to adapt their views. In this respect, the exhibition reveals how much the arts and sciences are distinct in nature, and also how much their approaches and methods can vary. The exhibition also shows how precisely because of these differences a productive collaboration can emerge, but also why this cannot always be the case. Anyway, the end result of CO-OPs is interesting and sufficiently complex as empirical and theoretical material for closer study and new theorizing in the humanities, not only on the relationship between the arts and the sciences, but also on the role of research in the arts.

Finally, art and science cannot do without the public of course. For the CO-OPs team members, too, it was indispensable to have an audience, not only to receive input but also to test their theories and developments. This audience specifically consisted of groups of pupils, students, fellow-artists, scholars, and scientists, as well as the general public. This is also why over the past period the teams – in various sorts of publicly accessible venues (museums, podiums, public facilities, internet) and in various formats (debate, performance, theater, symposium, exhibition) – have given presentations in which preliminary results, questions, and subjects of discussion were exchanged with the public. It is now up to the public to determine whether science and art have a need for each other indeed, or, put differently, whether or not we will benefit from the shared effort of science and art when it comes to tackling the urgent issues of our time.

Kunst als poiēsis

– Janneke Wesseling

COMMENTARY

> *For English see p. 40*

JANNEKE WESSELING is publicist
en kunstcriticus bij NRC
Handelsblad en Lector kunst-
theorie aan de Hogeschool voor
Beeldende Kunsten, Muziek en
Dans in Den Haag.

De tweedeling van kunst en wetenschap is in het postmoderne tijdperk niet meer zo vanzelfsprekend als die lange tijd was. Enerzijds is
wetenschappelijk onderzoek vaak minder objectief en verifieerbaar
dan het pretendeert te zijn, anderzijds wordt de kunstpraktijk, zowel
door kunstenaars als door kunsttheoretici, in toenemende mate opgevat als onderzoek. Sinds kort kunnen kunstenaars promoveren aan de
universiteit. In Nederland is dit een novum, maar in de Angelsaksische
landen gebeurt het al langer. Niet iedereen is blij met deze ontwikkeling. In het kunstkamp vreest men, kort gezegd, dat de kunst haar autonomie verliest; in het wetenschapskamp vreest men dat standaard
en eigenheid van wetenschappelijk onderzoek ondermijnd worden.
De discussie concentreert zich veelal rond de vraag of kunst kennis
produceert, en zo ja, wat voor soort kennis dit zou zijn.

Een kort uitstapje naar de geschiedenis aan de hand van een hoofdstuk uit het boek van Gerard Visser, *Nietzsche en Heidegger. Een confrontatie.* Ooit bestond er geen fundamenteel verschil tussen kunst en
wetenschap. Van oorsprong betekent het woord *technē* niet alleen ambachtelijke vervaardiging, of de praktische of functionele productie
van iets, maar ook kunst. *Technē* was in de eerste plaats een *weten*, in de
breedste zin van het woord. Het was het weet hebben van een grond:
van oorzaak, waarheid.

NOOT 1
> Visser, G. Nietzsche en
Heidegger. *Een confrontatie.*
Nijmegen: SUN. Deel II: Kunst
en waarheid, 1987.

Volgens Plato (en, veel later, ook volgens Heidegger) is alle activiteit
waardoor iets transformeert van niet-zijn tot zijn *poiēsis.* Ook techniek
is iets poëtisch: '*technē* is die bijzondere wijze van *poiēsis* die het door
haar voortgebrachte voortbrengt *met het oog op een grond*' (Visser).
Kunst is in deze zienswijze een vorm van techniek, niet omdat de kunstenaar een ambachtsman of technicus is, maar omdat zijn werk *essentieel* is: hij brengt iets tevoorschijn, hij maakt iets uit niets.

Al bij Plato ontstond een breuk in deze eenheid van techniek en
kunst. Kunst en techniek werden door hem geëdentificeerd met de
twee elkaar uitsluitende sferen van schijn en waarheid, van het ir-

rationele en rationele. Weten en denken hoorden volgens hem niet bij de kunst. Gaandeweg werd denken het exclusieve domein van de wetenschap.

Volgens het klassieke wetenschapsmodel is het doel van onderzoek een objectiveerbare en bewijsbare waarheid. Wetenschappelijk onderzoek steunt op een expliceerbare methodiek en is gericht op de overdracht van informatie, op de productie en consolidering van expertise en van autoriteit, en op de evaluatie en standaardisering van kennis. Dit model wordt nog steeds gehanteerd om 'echt' wetenschappelijk onderzoek te onderscheiden van andere activiteiten.

Het is vanwege dit standaardmodel dat veel kunstenaars, kunstprofessionals en kunstinstellingen de wederzijdse toenadering van kunst en wetenschap afwijzen. Standaardisering en objectivering zijn immers onverenigbaar met de kunstpraktijk, in al zijn facetten. Het is dan ook belangrijk om onderscheid te maken tussen klassiek wetenschappelijk onderzoek en *artistic research* of *practice-based research,* zoals het wordt genoemd. Artistiek onderzoek kent geen vooropgesteld doel of resultaat, evenmin als bij voorbaat vastgestelde procedures. Zoals de kunstenaar Joëlle Tuerlinkxc het zei in een interview: 'Natuurlijk doet de kunstenaar onderzoek. Hij onderneemt zoekacties.'De uitkomst van deze zoekacties is volkomen open, er hoeft zelfs geen uitkomst te zijn. Deze openheid is een voorwaarde voor artistiek onderzoek.

Voor zover kunst kennis produceert is deze kennis vloeiend. Zij functioneert op basis van consensus, van samenwerking en van context, niet op basis van bewijs en objectiviteit. Het is kennis die niet per se discursief of in de taal mededeelbaar is, maar in beelden (in de breedste zin van het woord). In artistiek onderzoek zijn de begrippen kennis, betekenis en zin nauw met elkaar verweven.

De toenadering tussen kunst en wetenschap, of de verschuiving van hun posities ten opzichte van elkaar, is in gang gezet door de kunst zelf, alsook door veranderende noties van wetenschappelijk onderzoek binnen de universiteit. In de postmoderne tijd zijn reflectie en onderzoek nauw verweven met de artistieke praktijk. In sommige gevallen is het onderzoek het kunstwerk zelf geworden; materie en medium functioneren als instrument in het onderzoek of 'denkproces'.

De theoretische reflectie speelt in deze ontwikkeling een belangrijke rol, te beginnen bij het werk van conceptuele kunstenaars in de jaren zeventig en tachtig. Zij verzetten zich tegen de opvatting dat kunst los gezien kan worden van geschiedenis en politiek, en zij claimden dat alle kunst noodzakelijkerwijs cognitief is. Zoals Fiona Candlin, lector in Museum Studies and Lifelong Education aan de universiteit van Londen het recent formuleerde: 'Om kunst te produceren was het onontkoombaar om zich te engageren met een ideologisch en intellectueel proces … In deze context speelde de taal een sleutelrol en kunstenaars produceerden tal van kunstwerken en teksten, en kunstwerken die teksten waren, die de aandacht richtten op het problematische onderscheid tussen woorden en beelden.'

NOOT 2
> In haar paper 'Doctors of invention. A proper anxiety? Practice-based PhDs and academic unease', t.b.v. een symposium in Leuven, 10 september 2004, over een Vlaams doctoraat in de kunsten.

Een andere gangmaker is de feministische kunstpraktijk die gericht is op het onderzoek naar de relatie tussen vrouwen en geschiedenis en op een kritische benadering van een westerse traditie die 'de ander' marginaliseert. Een feministische kunstpraktijk wil machtsstructuren en hiërarchieën in het denken blootleggen.

Kunst en wetenschap kunnen veel van elkaar leren. Het onderzoek in de kunst stelt kritische vragen naar onze opvattingen van het begrip kennis en kan daarmee een inspirerende verruiming van de wetenschappelijke kaders blijken te zijn. Ook betekent het een verruiming van het kunstdiscours en biedt het kunstenaars nieuwe instrumenten om uitspraken over de werkelijkheid te doen. Misschien is de tijd rijp voor een actualisering van de oude betekenis van het woord *poiēsis*: maken als weten.

> Voor Nederlands zie p. 37

JANNEKE WESSELING is a writer, art critic of NRC Handelsblad, and lecturer in art theory at the College of Visual Arts, Music, and Dance in The Hague.

Art as Poiēsis

– Janneke Wesseling

In our postmodern era the dichotomy between art and science is no longer taken for granted anymore. Much scientific research has grown less objective and verifiable than its practitioners believe it to be, while, at the same time, artists and art theorists increasingly view art practice as a form of research. Moreover, a new development in the Netherlands is that artists can earn a doctorate at the university, something which in Anglo-Saxon countries has been possible for years. It seems that not everyone is happy with this development, however. In artistic circles one is afraid that art will lose its autonomy, and in science it is feared that scientific standards and the individual character of scientific research will be undermined. The discussion involved concentrates largely on the issue whether art produces knowledge, and if so, what kind of knowledge it would be.

Let us take a brief detour to the past based on a chapter from a study by Dutch scholar Gerard Visser on Nietzsche and Heidegger. At one point in time there was no fundamental difference between art and science. Originally, the word *technē* not only meant artisanal production, or the practical or functional production of something, but also art. *Technē* was first and foremost a form of *knowing*, in the widest sense of the term. It involved having knowledge of grounds – of causes, truth.

According to Plato (and, much later, Heidegger as well) all activity through which something transforms from not-being into being is *poiēsis*. Also, technique itself is poetic: '*technē* is that special mode of *poiēsis* that generates what is being generated *with a view to a ground*' (Visser). Art is thus a form of technique, not because the artist is a craftsman or technician, but because his work is *essential*: the artist causes something to appear; he creates something out of nothing.

Already with Plato a break emerged in this perceived unity of art and technique. He identified art and technique with the two mutually exclusive spheres of truth and appearance, or the rational and the irrational. Knowledge and thought, he felt, did not belong to art.

NOTE 1
> Visser, G. *Nietzsche en Heidegger. Een confrontatie.* Nijmegen: SUN. Part II: Kunst en waarheid, 1987.

Gradually thought became the exclusive domain of science. In the classic model of science, the goal of research is a truth that can be objectified and proven. Scientific research is not only founded on a methodology that can be elucidated, but also geared toward the transfer of information, toward the production and consolidation of expertise and authority, and toward the evaluation and standardization of knowledge. This model is still employed in order to distinguish 'genuine' scientific research from other activities.

Because of this standard model, many artists, art professionals, and art institutions reject the mutual rapprochement of art and science. Standardization and objectification, after all, are irreconcilable with art practice in all its various facets. It is therefore important to distinguish between classic scientific research and *artistic research* or *practice-based research,* as it is called. Artistic research has no preconceived goal or result, nor does it have procedures defined in advance. As artist Joëlle Tuerlinkxc put it in an interview: 'The artist obviously conducts research. He undertakes search activities.' However, the outcome of these search activities is completely open-ended; there even does not have to be a specific outcome. This openness is a precondition of artistic research.

Inasmuch art produces knowledge, this knowledge is fluid. It functions on the basis of consensus, of cooperation and of context, not on the basis of evidence and objectivity. It involves knowledge that is not discursive or communicable in language as such, but in images (in the widest sense of the term). In artistic research the notions of knowledge, meaning, and sense are thoroughly interconnected.

The rapprochement between art and science, or the shift of their positions vis-à-vis each other, was set in motion by art itself, as well as by changing notions of scientific research within academia. In this postmodern era, reflection and research are closely entwined with artistic practice. In some cases the research has become the artwork itself; matter and medium function as instruments in the research or 'thought process.'

In this development theoretical reflection plays a major role, to begin with in the work of the conceptual artists of the 1970s and 1980s. They resisted the view art can be considered as distinct from history and politics, and they claimed all art to be cognitive by definition. As Fiona Candlin, lecturer in Museum Studies and Lifelong Education at the University of London, recently put it: 'In order to produce art it was inescapable to engage with an ideological and intellectual process… In this context, language played a key role and artists produced countless artworks and texts – and artworks that were texts – that concentrated on the problematic distinction between words and images.'*

Another driving force is the feminist art practice geared toward the study of the relationship between women and history and toward a critical approach of the Western tradition that marginalizes 'the other'. Specifically, feminist art practice seeks to uncover power structures and hierarchies in thinking.

Evidently, there is many things art and science can learn from each other. Research in art critically questions our views of the notion of knowledge and it may thus prove to be a stimulating expansion of the current scientific frames. This would simultaneously imply a widening of art discourse itself and offer artists new instruments for articulating views on reality. Perhaps the time is ripe for revaluing the classic meaning of the word *poiēsis*: making as knowing.

NOTE 2
> In her paper 'Doctors of invention. A proper anxiety? Practice-based PhDs and academic unease,' delivered at a symposium on a Flemish doctorate in the arts in Leuven, 10 September 2004.

The Observatory Observed

kunstenaar **Jeroen Werner**
wetenschapper **Geert Somsen**

TOELICHTINGEN

> Team 1

> Biografieën, p. 45

> For English see p. 72

The Observatory Observed was (en is nog steeds, op het moment dat wij dit schrijven) een van de meest experimentele CO-OPs-projecten. De belangrijkste reden daarvoor is dat de beide deelnemers, ondergetekenden, elkaar vooraf nog niet kenden. Toen CO-OPs werd voorbereid, en zelfs nog niet CO-OPs heette, was de eerste keuze die van een onderzoeksplaats. Dit werd de oude sterrenwacht 'Sonnenborgh' in Utrecht, tegenwoordig onderdeel van het Utrechts Universiteitsmuseum. Vervolgens zijn daar onderzoekers bij gezocht, van wie bekend was dat ze belangstelling hadden voor een dergelijke werkplek. Dit werden wij: Jeroen Werner, in zijn kunst geïnteresseerd in optische verschijnselen en installaties, en Geert Somsen, als wetenschapshistoricus geïnteresseerd in een instituut als 'Sonnenborgh'. Ons werd vervolgens gevraagd samen te werken; het project was een gearrangeerd huwelijk.

Een gearrangeerd huwelijk is lang niet per definitie een slecht huwelijk, en in ons geval was er ook zeker van vrijwilligheid sprake. We hebben beiden, na enkele verkennende gesprekken, ermee ingestemd om samen verder te werken. Maar dat vervolg is wel in sterke mate een proces van aftasten en verkennen geweest, niet alleen met betrekking tot het object van onderzoek, maar ook wat betreft de samenwerking zelf. Want wat gingen wij precies ondernemen? Hoe verhoudt zich het werk van een kunstenaar tot dat van een wetenschapsonderzoeker? Welke rol zouden wij elk in onze samenwerking spelen? Wat was ons doel, wat is een bevredigend eindproduct? En wie doet wat als er iets geproduceerd moet worden? Dergelijke vragen speelden voortdurend, in het algemeen, maar ook op detailniveau. Moet Geert meebeslissen over het inrichten van en tentoonstelling? Moet Jeroen meedraaien in het waarnemingsonderzoek? Deze kwesties maakten het project ingewikkeld en tegelijk boeiend. Iedere stap vereiste zowel gezamenlijke activiteit als nadenken over die activiteit, en *The Observatory Observed* is daarmee uitermate reflexief geworden, zoals de titel zelf al sugge-

> De oude sterrenwacht
'Sonnenborgh' te Utrecht.

> Coëlostaat

reerde. Wij bekeken niet alleen de sterren en de sterrenwacht, maar ook onszelf.

Nadere reflectie is echter het onderwerp van een andere publicatie. In dit deel willen we vooral verslag doen van hetgeen we feitelijk gedaan hebben. Daarmee wordt het bovenstaande ook tastbaar en concreet. Deze rapportage volgt in grote lijnen de chronologie van onze werkzaamheden, omdat zo het beste de ontvouwing van het project en de samenwerking naar voren komt. Vooraf dient te worden opgemerkt, dat de metafoor van het huwelijk niet te strikt moet worden opgevat, in die zin, dat nog vele andere mensen een belangrijke rol in onze samenwerking hebben gespeeld. Wij hadden, met andere woorden, niet alleen een gearrangeerd, maar ook een open huwelijk.

Bij de Sterren Thuis

Veel vragen stonden nog open aan het begin van het project, maar ons beider fascinaties met de plek van de Utrechtse sterrenwacht werden al gauw versterkt, toen we er door hoofd 'Sonnenborgh', Robert Wielinga, rondgeleid werden. 'Sonnenborgh' bleek een opmerkelijk gelaagd gebouw te zijn, waarvan de opeenvolgende functies duidelijk aan de architectuur zijn af te lezen, met name omdat die functies elk zeer specifieke geometrieën vereist hebben. De onderste helft is de zware structuur van een bastion, dat rond 1550 door Karel V is aangelegd als onderdeel van nieuwe stadsverdedigingswerken, en dat het latere observatorium zijn naam gegeven heeft ('Sonnenborgh', of Zonnenburg). Het is een driehoekig bouwwerk dat via een smalle gang met de stad verbonden is en als een pijlpunt uitsteekt in de singelgracht. Direct achter de punt, en uitkijkend langs de voormalige stadsmuur, bevinden zich de geschutskamers of kazematten, twee aan elke kant, boven elkaar geplaatst. De zicht- en schietlijnen van de zestiende-eeuwse verdedigingsarchitectuur bepalen zo in hoge mate de grondvorm van het hele bolwerk. Deze geometrie wordt nog eens herhaald in twee bastions even verder langs de singel, Manenburg en Sterrenburg, die tegelijk met 'Sonnenborgh' zijn aangelegd, vermoedelijk zelfs met gebruikmaking van dezelfde mallen voor de constructie van gewelven en kozijnen. Jacob Six, de huidige bewoner en huishistoricus van Sterrenburg, heeft ons dit tijdens een bezoek gedemonstreerd.*

NOOT 1
> Zie ook: Six, A.J. *Het Bastion Sterrenburg te Utrecht* Utrecht: Stichting De plantage, 2000.

Wat 'Sonnenborgh' echter van de andere bastions onderscheidt is de bovenbouw, waar een heel andere geometrische orde heerst. Want drie eeuwen na de bouw werd het bolwerk de basis voor een astronomisch observatorium. In 1853 kreeg de Utrechtse hoogleraar Christophorus Buys Ballot toestemming van het rijk om er een sterrenkundig en weerkundig instituut te vestigen (een jaar later KNMI gedoopt), en het was met name de sterrenkunde die de vorm van de gebouwen zou bepalen (de weerkunde vertrok in 1896 naar De Bilt). Dit is niet alleen te zien in de ronde torens met kegelvormige draaidaken, waaronder de telescopen staan opgesteld. Het komt ook tot uiting in het gebouw rond de meridiaankijker: een telescoop die exact op een noord-zuidlijn staat opgesteld, onder een schuifdak in dezelfde richting. Daarnaast komt de kosmische geometrie terug in een opstelling voor zonne-onderzoek die in de jaren dertig in de architectuur geïntegreerd is. Op het waarnemingsdak van het observatorium staat namelijk, onder een afrijdbaar huisje, een zogenaamde coëlostaat: een zwaar stalen apparaat met een tweetal ronde spiegels die precies de baan van de zon volgen. Een daarvan wordt aangedreven door een elektromotortje, waardoor hij meedraait met de zon, of eigenlijk: met de zon stilstaat, terwijl onze aarde eronderdoor draait. Evenzo wordt de hoek van de breedtegraad van Utrecht gecompenseerd door de schuinte van de draai-as van deze spiegel. De positie van de aarde in het zonnestelsel wordt zodoende exact weerspiegeld in dit apparaat.

In het late voorjaar heeft Jeroen zijn fascinatie voor de geometrieën van 'Sonnenborgh' vertaald in een aantal ontwerpen voor 'observatoria'. Maar aanvankelijk werd onze aandacht vooral geleid naar het instrument waar de coëlostaat deel van uitmaakt: de spectro-heliostaat. Daarmee hebben we onze eerste experimenten uitgevoerd.

NOOT 2
> Lunteren, F. van 'De Oprichting van het Koninklijk Nederlands Meteorologisch Instituut: Humboldtiaanse Wetenschap, Internationale Samenwerking en Praktisch Nut', Gewina, 21 (1998), p. 216-243.

MoonzooM

Van begin af aan hebben wij gekozen voor een praktische werkmethode. Het observatorium gaf ons alle ruimte en medewerking, en door gezamenlijk naar een doel te werken bleek een samenwerking tussen zeer uiteenlopende partijen mogelijk (technici, gidsen, kunstenaar, wetenschapper, publiek). Het leek ook het beste meteen aan de slag te gaan en iets te creëren voor ons eerste 'publieksmoment': de

> Regelapparatuur,
zie ook fig. 1.10, p. 65

> Zoomspiegel,
zie ook fig. 1.04, p. 61

NOOT 3
> Zie: Alberdingk Thijm. H. (et al). *Proof of Principle*. Arnhem: Akzo Nobel Art Foundation, 2003.

'Sonnenborgh'-kijkavonden van 2 en 3 maart 2007 waar veel publiek verwacht werd vanwege de maansverduistering op laatstgenoemde datum.

Onze activiteit, al gauw 'MoonzooM' gedoopt, bestond uit het koppelen van werk van Jeroen aan het grootste en belangrijkste instrument van het observatorium: de spectro-heliostaat, ooit ontwikkeld voor onderzoek van de zon. Deze spectro-heliostaat bestaat uit een enorme stalen buis, die het zonlicht van de spiegels op het dak dwars door de drie verdiepingen van het gebouw heen, naar de kelder geleidt. Daar wordt de zon terug omhoog gekaatst tot in de huidige 'zonnezaal', een voormalig laboratorium voor proeven met het universum. Marcel Minnaert, de astronomie-hoogleraar die hier vanaf 1937 de scepter zwaaide, heeft met deze opstelling gerenommeerd onderzoek verricht aan het zonnespectrum. Met de spectro-heliostaat kan namelijk een enorm uitgerekt spectrum gemaakt worden, volgens 'Sonnenborgh' het langste ter wereld. Minnaert heeft dit spectrum uiterst nauwkeurig in kaart gebracht, met name ook de donkere lijnen, die veel over de aard van de zon en van sterren onthullen, en zijn 'Zonneatlas' is een standaardwerk tot op de dag van vandaag. De spectro-heliostaat wordt tegenwoordig echter niet meer voor wetenschappelijk onderzoek gebruikt.

Wij besloten dit instrument nieuw leven in te blazen. Ons idee was om het op de maan te gaan richten, en te combineren met de Zoomspiegel, die Jeroen in de jaren negentig ontwikkelde: een membraanspiegel van op een drum opgespannen mylar-folie, die hol (concaaf) en bol (convex) kan worden geblazen, en zo een variabel brandpunt heeft. Met behulp van een luchtpompinstallatie is het mogelijk optische bewegingstrajecten in te stellen. Wat ons vanaf het eerste moment voor ogen stond was om in de zonnezaal een zwevende maan te creëren door een projectie-opstelling met de Zoomspiegel in de holle stand, waarbij het beeld voor de spiegel geplaatst lijkt. Daarnaast wilden we op het waarnemingsdak een 'levende telescoop' creëren door een tweede Zoomspiegel te combineren met uit te delen loepjes. Wanneer bezoekers door hun loep naar de Zoomspiegel zouden kijken, zouden ze in wezen een Newtontelescoop (holle spiegel en lens) vormen, waarmee ze op de maan kunnen inzoomen.

Dat laatste slaagde schitterend. Op de kijkavonden trachtten honderden bezoekers de maan in hun loep te vangen, en hoewel dat niet altijd meteen lukte, kon met wat kennis, handigheid en geluk wel degelijk een geslaagde MoonzooM gemaakt worden. Het geheel oogde als een speels proces waar de toeschouwers met de loeps dansten voor de spiegel op het dak.

> MoonzooM,
zie ook fig. 1.09, p. 64

De maanprojectie in de zonnezaal bleek meer voeten in aarde te hebben. Omdat hierin de hele heliostaat-buis met lenzen en spiegels betrokken was, alsmede een koppeling via een optische bank, vereiste deze opstelling aanmerkelijk meer tests, handvaardigheid en (ingeroepen) deskundigheid. Met name de kunde van technicus Hans van 't Erve bleek cruciaal, en het lukte om verschillende maanspiegelingen te vangen, soms zelfs tegelijk zichtbaar. Maar voor een overtuigende projectie bleek het maanlicht te zwak – Robert Wielinga's pessimisme daarover werd op de kijkavond van 2 maart inderdaad bewaarheid. Toch werd juist uit deze mislukking een grote vernieuwing geboren. Jeroen tekende hierover later op:

Op een wit vel A4 bleef slechts een kleine projectie van de maan over. Het leek alsof ik in een donkere kamer achter een enorme vergrotingskoker stond, met de maan als ijkpunt, die kon putten uit een oneindige bron van beelden uit het universum. Ik vroeg aan Robert Wielinga of hij geen bolletje had. Toen we inderdaad een wit bolletje onder de heliostaat plaatsten sloeg de verbazing toe. Het maanbeeld ontvouwde zich prachtig. De onderkant van de bol was donker, zoals de achterzijde van de echte maan, en de bovenkant was licht, van echt maanlicht. Alle kraters werden zonder vertekening weergegeven, en het leek wel of de maan zelf in de donkere ruimte hing – dat was ook bijna zo. Het enthousiasme van Geert, Robert en de net arriverende CO-OPs-leden was groot, maar het drong na het dagenlange proefnemen nauwelijks tot me door.

Robert Wielinga merkte later op, dat dit na de Apollovluchten de eerste keer was dat mensen om de maan heen konden bewegen, en haar van verschillende kanten bekijken. En dit was geen model, maar de maan zelf, die via haar eigen licht geprojecteerd werd. Het bolletje kwam al op 2 maart op de locale radio en de volgende nacht werden honderden bezoekers met uitleg erlangs geleid. Het aanvankelijke idee om een driedimensionale zwevende maan te creëren was uiteindelijk geslaagd, maar op een andere manier dan verwacht.

Observation Observed

Parallel aan de maanprojecties verrichtte Geert op dezelfde twee kijkavonden een experiment met observatie. We wilden onderzoeken wat mensen zien door de verschillende instrumenten, de gebruikelijke zowel als de door Jeroen toegevoegde. Hoe stellen waarnemers eigenlijk vast hoe de buitenwereld eruit ziet? In de wetenschapsstudies is hier al enige aandacht aan besteed, met name aan de eerste telescoopwaarnemingen door Galilei en tijdgenoten. Maar wij wilden de waarneming op het moment zelf bekijken, en wel op twee manieren. Allereerst deelde Geert aan bezoekers individuele vragenlijsten uit over heel specifieke, zichtbare zaken, bijvoorbeeld: Is te zien of de maan afwijkt van een perfecte bolvorm? Welke kleuren heeft het maanoppervlak? Is zichtbaar wat de eventuele kleurverschillen veroorzaakt? De antwoorden waren zeer uiteenlopend. Sommige waarnemers zagen afplattingen boven en onder, anderen een zekere puntvorm, weer anderen rafelranden, etc. Blijkbaar leverde waarneming van de buitenwereld allerminst eenduidige kennis op, althans op individueel niveau – een mooie illustratie van de ontoereikendheid van een empiristische wetenschapsopvatting die kennis voorstelt als een ondubbelzinnig product van observatie.

Het tweede experiment was collectief: nu legde Geert de vragen aan groepen waarnemers voor met het verzoek een gezamenlijk antwoord te geven. Dit was een moeilijke opdracht gezien de zojuist geconstateerde variatie, maar vergelijkbaar met het soort van uitdaging waar wetenschappers voortdurend voor staan: uit individuele observaties algemeen geaccepteerde kennis creëren. Wat bleek was dat groepen mensen die elkaar niet kenden nauwelijks tot consensus kwamen: hun antwoorden waren lijsten van losstaande, soms zelfs strijdige, individuele bevindingen. Met elkaar bekenden konden veel beter tot een gezamenlijke conclusie komen: zij waren niet te beleefd om elkaars observaties in twijfel te trekken, en veel meer bedreven om onderlinge meningsverschillen op te lossen. Vooral een groep leerlingen van een

> Zie fig. 1.04, p. 60

Vrije School, die hierin in hun onderwijs al getraind zijn, bleek hierin zeer bekwaam. Ook een groep bevriende scoutingvaders kwam goed tot eenduidige antwoorden. Het experiment bevestigde daarmee een van de uitgangspunten van de sociologie van wetenschappelijke kennis, namelijk dat de sociale orde en de natuurlijke orde (oftewel de opvattingen over de werkelijkheid) innig met elkaar samenhangen. Een coherent natuurbeeld vereist een eendrachtige gemeenschap.

Spin-off

'MoonzooM' was een vliegende start geweest, en bleek al gauw tot meer te leiden. Ten eerste werden we al snel uitgenodigd om tijdens het Nationale Museumweekend iets soortgelijks te ondernemen. Dit werd 'Zonzoom', waarover hieronder meer. Maar het enthousiasme over Jeroens telescoopextensies bracht ook nadere ideeën en plannen. Allereerst suggereerde een technicus van 'Sonnenborgh', Sebastiaan de Vet, dat het bolletje op een houder gezet zou kunnen worden, die aan gangbare lichtsterke telescopen vastgemaakt kan worden. Zo zou iedere amateur-astronoom zijn eigen 'True Moon Projector' kunnen bezitten. Sebastiaan maakte een eerste technisch bouwontwerp, en Jeroen ontwikkelde dit verder tot een aantal prototypes, die in productie genomen zouden kunnen worden. Daarnaast probeert Jeroen de True Moon Projector te koppelen aan een installatie met een camera, display en holle projectiespiegel, die hij in 2004 al ontwikkelde. Hiermee moet het alsnog mogelijk zijn een virtueel zwevend driedimensionaal maanbeeld te creëren. Bovendien rees het idee, om de maan niet alleen op een bol te projecteren, maar ook te fixeren. Op een fotografisch gevoelig boloppervlak zou het maanlicht zichzelf vast kunnen leggen, inclusief alle tekeningen van het maanoppervlak. Jeroen besloot met lichtgevoelige emulsies te gaan experimenteren, wat zoals altijd weer ingewikkelder bleek dan het had geleken, maar ook een paar intrigerende 'opnames' opleverde. Ook dit project loopt nog.

> Zie fig. 1.04, p. 60

Tenslotte ontstond het plan om de opstelling op het observatiedak serieus aan te pakken, en een echte Newton-telescoop te bouwen rond een zoomspiegel. Wij staken ons licht op bij de meest ervaren telescopenbouwer van Nederland, die ons direct wist te adviseren dat dit met de kwaliteit van onze materialen onmogelijk was. Tijdens de Mid-

> Zie fig. 1.10, p. 65

CO-OPs-manifestatie in juni hoorden we echter van een MIT-ingenieur, dat er wel momenteel juist serieus onderzoek gedaan wordt naar membraanspiegeltelescopen. Deze bieden immers vanwege hun lage gewicht ten opzichte van metalen spiegels enorme voordelen, met name bij gebruik in de ruimte. Het is belangrijk dat de spiegel een paraboolvorm aanneemt om optimaal beeld te kunnen krijgen, en hiertoe zullen we proefondervindelijk onderzoek moeten verrichten naar de rek van onze folie en spantechnieken. Als het lukt zijn er twee manieren van toepassing: 'deep sky watching' in holle stand, voor het onderzoek naar sterrennevels (vanwege het grote oppervlak zijn flinke vergrotingen mogelijk), en 'total sky watching' in bolle stand, waarbij het hele zwerk in één blik valt.

Zonzoom

> Hitteproeven met de
Zonzoom,
zie ook fig. 1.10, p. 65

> Zie fig. 1.16, p. 70

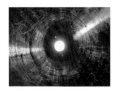

> Zie fig. 1.15, p. 69

'Zonzoom' was, zoals gezegd, het vervolg op 'MoonzooM' in het Nationale Museumweekend in april, met dit jaar als thema 'de kunst van het waarnemen' – zeer toepasselijk dus. We werkten in dezelfde ruimtes als in maart, maar ditmaal overdag, en dus met geheel andere opstellingen. De zoomspiegel op het observatiedak werd nu niet gebruikt voor waarneming (het is gevaarlijk om via loep en spiegel naar de zon te kijken), maar voor hitteproeven. In de holle stand werd het brandpunt zo heet dat we er lucifers mee konden aansteken en een lunch mee bereiden. Uit het publiek kwamen ideeën over warmtevoorziening, en (van een deskundige!) een zoomspiegeltelescoop.

Beneden in de zonnezaal gebruikten we de spectro-heliostaat ditmaal dichter bij het oorspronkelijke doel: het onderzoeken van de zon. Wanneer het 'tralie' (interferentieplaatje) onderin de grote buis in de lichtweg wordt opgenomen, ontstaat het spectrum waar 'Sonnenborgh' als observatorium zo beroemd door geworden is. Om dat zichtbaar te maken ontwikkelde Jeroen een schijf die in het midden van de helio-staat geplaatst kan worden. De schijf bestond uit dun polystyreen met een hemelsblauwe semitransparante beschermlaag, met een gat erin om het zonlicht naar beneden door te laten. Teruggekaatst door de tralie viel het op de rest van de schijf, waar een prachtige regenboog van zeer intensieve kleuren ontstond, de helderste die er bestaan. De intensiteit was zo groot dat de verschillende gevoeligheid van het menselijk oog voor verschillende kleuren aan de dag trad. Met dit zonnepalet kon van alles over het zonnespectrum worden uitgelegd.

De rol van Geert was ditmaal niet die van onderzoeker, maar van onderwijzer. Op het dak zowel als in de zonnezaal nam hij het werk van de museumgidsen tijdelijk over om met de toegevoegde opstellingen uitleg te geven van de natuurverschijnselen waarop de sterrenwacht zich richt: de kracht van het gebundelde zonlicht, de samenstelling van het zonnespectrum, en de informatie die dat geeft over de chemie van de zon als hemellichaam. Het was interessant om te zien hoe goed dit werkte. Onze toevoegingen aan 'Sonnenborgh' bleken naadloos aan te sluiten bij de educatieve functies van een publiekssterrenwacht. De meeste bezoekers merkten niet of nauwelijks dat zij hier met toevoegingen en artistieke producten te maken hadden. De enthousiaste ontvangst van de MoonzooM-projecties door de staf van 'Sonnenborgh' had al in die richting gewezen, en nu bleek eens te meer dat het heel wel mogelijk is kunst aan te laten sluiten bij het soort van wetenschap dat 'Sonnenborgh' vertegenwoordigt: amateur-astronomie en publiekseducatie. Wellicht dat ook de museumfunctie de integratie van artistieke elementen gemakkelijker maakt.

Nieuwe Observatoria

In deze aansluiting zal de kunst echter wel steeds een dienende rol spelen: functioneren ten behoeve van educatie en wetenschapscommunicatie. Voor Jeroen is dit echter niet genoeg, en mede om die reden, is hij naast de activiteiten op 'Sonnenborgh' begonnen werk te ontwikkelen dat ook een zelfstandig bestaan heeft in zijn eigen atelier, hoewel het nog steeds aan ons project gerelateerd is. Vanaf het late voorjaar is hij begonnen ontwerpen te schilderen van kleine 'observatoria', voornamelijk in phtaloblauw: een kleur die wordt gebruikt bij chromokey-filmtechnieken, om een beeld in een beeld te kunnen monteren. Daarnaast bouwt Jeroen aan een reeks perspectief- en zichtlijnmodellen. Dit werk is veel minder ingekaderd en doelgericht als ons werk op 'Sonnenborgh', en kan ook veel meer kanten opgaan. We volstaan hier met een aantal afbeeldingen, en een voorlopige karakterisering door Jeroen zelf:

> Zie fig. 1.02, p. 58

> Zie fig. 1.11, p. 67

Er ontstaan kleine symmetrische schilderijen die op een kruising van optische observatoria en stupas lijken; plaatsen van optische waarneming en geestelijke en gewaarwording.

Ook ontstaan er perspectiefstudies die het verdwijnpunt en het buigen van ruimte onderzoeken.

Het archetype van waarneming.

Dat er door een buis en een gaatje wordt waargenomen.

Of via een schaalvorm en een gaatje.

Volgens biologisch/natuurkundig principe van de bouw van het oog.

Vouwen vanuit de zichtlijnen tot een vorm. Boogpanorama/kruis panorama/bol

De boogvorm de oogvorm/bolvorm.

Het waarnemen van de waarneming?

Slang die in zijn eigen staart bijt.

Een belangrijke inspiratie voor dit recente werk is de karakteristieke geometrie van het observatorium, die we aan het begin van dit artikel beschreven: de zichtlijnen en kosmische oriëntatie die 'Sonnenborgh' zo'n unieke plek maken. Wij zijn van begin af aan gefascineerd geweest door het speciale en specifieke van plaatsen die op het universele gericht zijn. Observatoria zijn immers instellingen die universeel geldige kennis beogen te produceren, kennis van het (alom aanwezige) universum nog wel. Maar tegelijk zijn het heel concrete en heel bijzondere gebouwen. Het zou interessant zijn de specificiteit van 'Sonnenborgh' te gaan vergelijken met een aantal andere observatoria, uit andere tijden en andere culturen. Wij zullen daarom binnenkort, met Robert Wielinga, een bezoek brengen aan de allernieuwste telescoop in opbouw: Lofar in Noord-Nederland. Deze bestaat niet uit buizen en lenzen, maar uit velden met antennes, spiraalvormig verspreid over honderden kilometers land. Ook proberen wij nog naar andere universele plaatsen te gaan: observatoria uit tijden en culturen waarin koningen en keizers zelf observaties verrichten, en hun instrumenten in paleizen werden ingebouwd. Via dergelijke vergelijking hopen we uiteindelijk weer 'Sonnenborgh' in een beter perspectief te kunnen plaatsen, en onze observaties van ook dit observatorium zo scherp en kleurrijk mogelijk te maken.

> Zie fig. 1.05-08, p. 63

Jeroen Werner

Jeroen Werner (Amsterdam 1960). Opleiding: Gerrit Rietveld Academie, Amsterdam 1978-1979; Rijksacademie voor Beeldende Kunsten, Amsterdam 1978-1982.

Jeroen Werner werkt en woont in Amsterdam. Begonnen als schilder, beeldhouwer en fotograaf raakte hij geïnteresseerd in het gedrag van beeld. Met het veranderen van de klassieke beelddragers (linnen, papier, paneel) in transparante of spiegelende dragers: (aluminium platen, perspex platen en glasplaten) ontstonden er ruimtelijke en projecteerbare werken en vanuit het tekenend schilderen een vorm van beeldhouwen.

Bij het gebruik van grotere formaten merkte hij dat wanneer hij de werken ophing de platen onder hun gewicht naar voren bogen en de opgebrachte tekening naar voren leek te projecteren: 'bij nauwkeurig waarnemen zag ik dat er sprake was van een vorm van virtuele beeldvorming, er is *iets* van lenswerking in het beeld.'

Perspex en aluminium platen werden tot cilinders gebogen of vervormd tot koepels. Er ontstonden apparaten en installaties waarbij met behulp van licht en driedimensionale projectie de werking en samenstelling (vorm, lijn, kleur, grootte, beweging) van beeld expliciet van elkaar onderzocht konden worden.

Dit resulteerde in opdrachten en tentoonstellingen waarbij later contact met de wetenschap een rol ging spelen: 'Blijkbaar is de onderzoeksmatige methode van werken die ik hanteer inzichtelijk genoeg en vruchtbaar voor uitwisselingen met de wetenschap. In de kunsten is het echter van het grootste belang dat poëzie en vrijheid van werken de uitkomsten van het werk blijven vormen; dat de verrassing op kan blijven treden zonder te strikte grenzen aan het werk en de werkwijze te stellen.'

De huidige stand en bereikbaarheid van digitale technieken en het alledaagse gebruik ervan, maakt het mogelijk een kruisbestuiving te laten plaatsvinden waarbij beeldverwerking en de vormgeving van 'kunstwerken en apparaten' geïntegreerd kunnen worden. De werken kunnen zowel wetenschappelijk als beeldhouwkundig bekeken worden.

Het element van gestuurd toeval, voor zover dit te sturen valt, speelt een grote rol. Bij samenwerkingsprojecten is daarom de invloed van een ieder die er kennis van neemt en eraan deelneemt van gelijk belang. Verschillende beeldtechnieken worden door elkaar gebruikt. Onderzoek naar eigenschappen van materialen en het zoeken van toepassingsmo-gelijkheden in de kunst maakt deel uit van zijn werk.

Geert Somsen

Geert Somsen (1968) is wetenschapshistoricus, werkzaam bij de univer-siteit van Maastricht. Hij heeft een deel van zijn studie verricht aan de universiteit van Californië, San Diego, is gepromoveerd aan de universi-teit van Utrecht en was als postdoctoraal assistent enige tijd verbonden aan de Chemical Heritage Foundation in Philadelphia. Hij is lid van zowel het Huizinga-instituut voor cultuurgeschiedenis als WTMC, onderzoeks-school voor wetenschap, technologie en moderne cultuur. Hij verzorgt colleges in het kader van diverse bachelor- en masterprogramma's van de Faculteit der Cultuur- en Maatschappijwetenschappen. Vanaf septem-ber 2007 is hij coördinator van de Maastricht Graduate School of Arts and Social Sciences

Somsen werd opgeleid in de fysische chemie (doctoraal, Vrije Univer-siteit, Amsterdam), maar heeft zijn fascinatie voor wetenschap altijd ge-combineerd met een bredere culturele belangstelling. Zijn onderzoek richt zich op structurele wijze op het verbinden van wetenschapsge-schiedenis met cultuurgeschiedenis en met wetenschaps- en technolo-giestudies. Hoewel zijn dissertatie en postdocprojecten op de geschie-denis van de scheikunde waren gericht, houdt hij zich in zijn huidige on-derzoek bezig met ideologische dimensies van wetenschap, vooral in re-latie tot het socialisme en internationale betrekkingen. Daarnaast heeft hij veel belangstelling voor de verhouding tussen kunst en wetenschap. Binnen zijn belangstellingssfeer werkt Somsen momenteel aan diverse projecten, die hij bij elkaar hoopt te brengen in een boekpublicatie over de cultuur van het internationalisme.

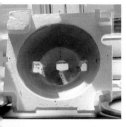

FIG. 1.01
> Diverse atelier experimenten
en bezoek aan bibliotheek
van 'Sonnenborgh' / *Various
studio experiments and visit to
library of 'Sonnenborgh'.*

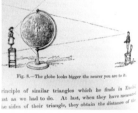

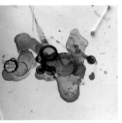

FIG. 1.04

> Diverse atelier experimenten,
  waaronder 'MaanMaken' en
  'True Moon' projector testen/
  Various studio experiments
  among which 'MoonMaking'
  and 'True Moon' projector tests.

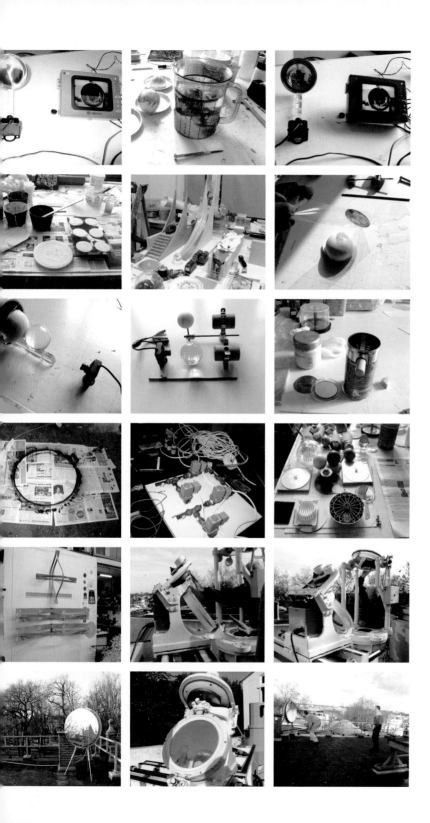

FIG. 1.05-8

> Papiermodellen, onderzoek
naar werking van een lens
en buigen van ruimte, 2007 /
*Paper models, research of the
operation of a lens and the
bending of space, 2007.*

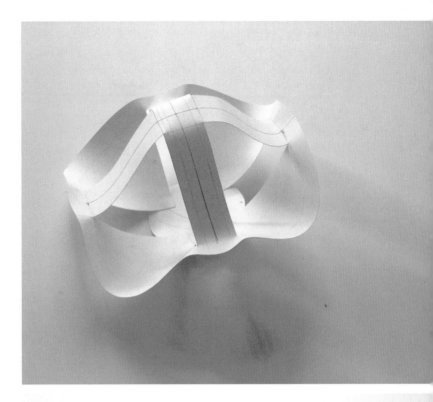

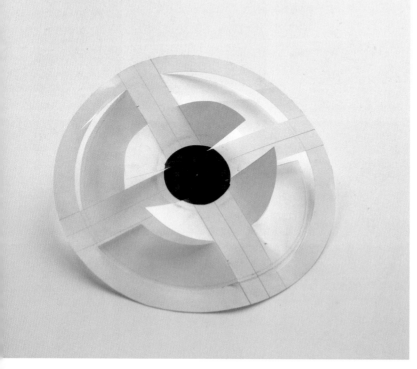

> Fotocompilatie van
  'MoonzooM' tijdens de
  maansverduistering op 2/3
  maart 2007 te 'Sonnenborgh' /
  *Photo compilation of
  'MoonzooM' at the moon
  eclipse on 2/3 March 2007 at
  'Sonnenborgh'.*

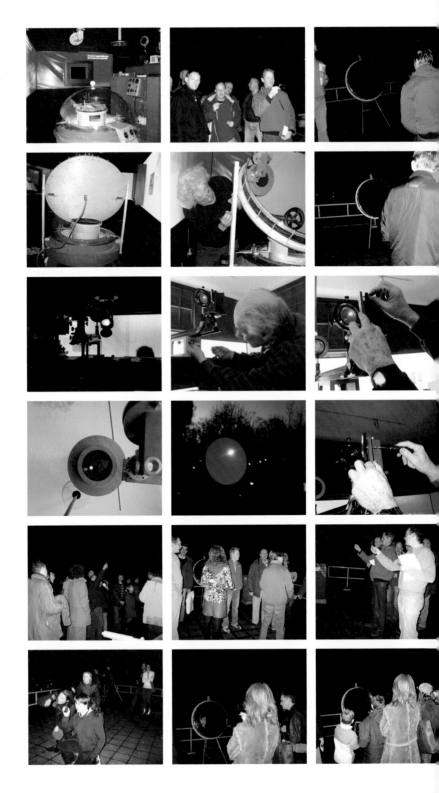

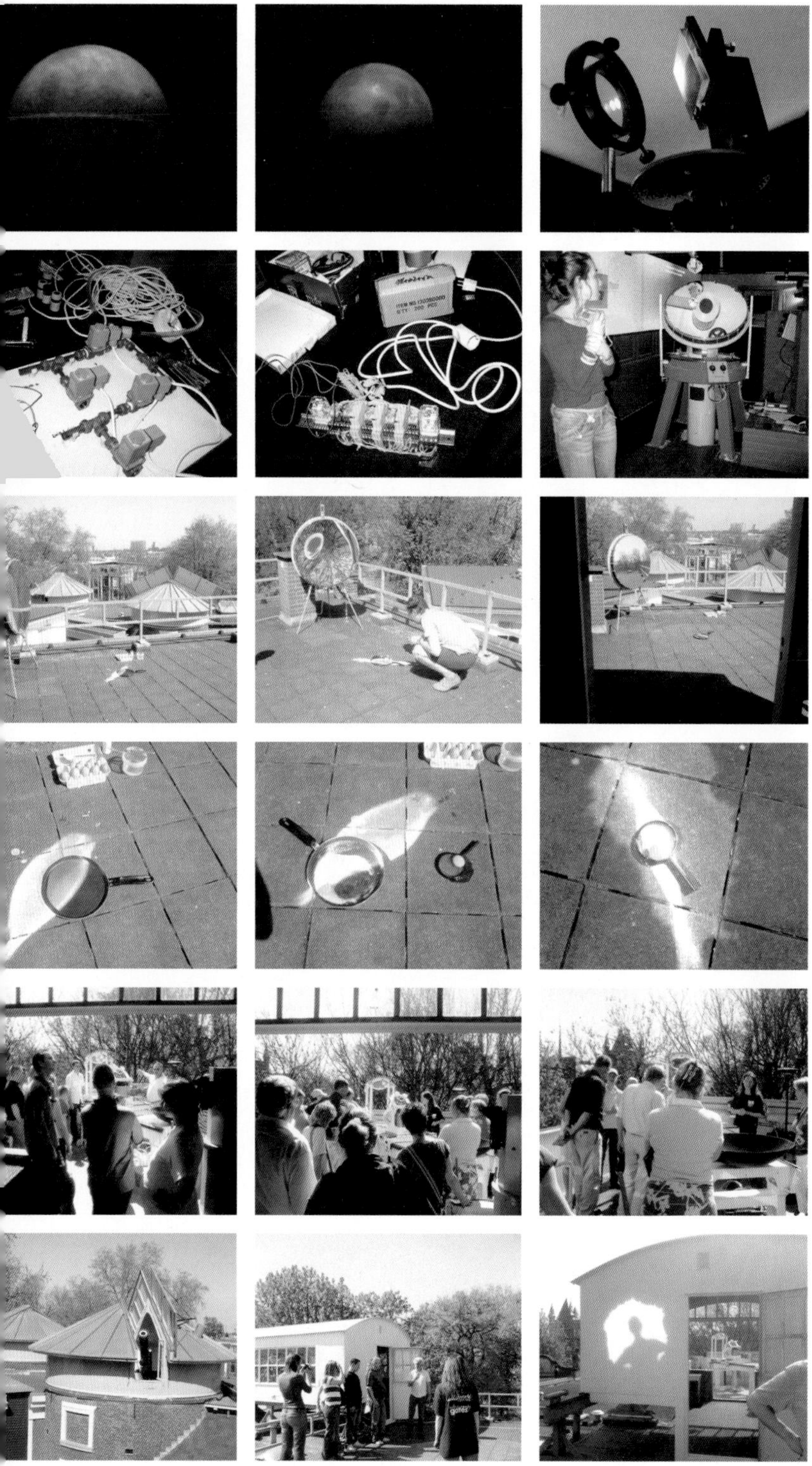

FIG. 1.10
> Fotocompilatie van
'Zonzoom' tijdens Nationaal
Museumweekend, april 2007 /
*Photo compilation of 'Zonzoom'
at the National Museum
Weekend, April 2007.*

FIG. 1.11-12
> 'Observatorim Stupa', studies,
  40 x 40 cm, acryl en stift op
  doek / acrylic paint and felt-pen
  on canvas, 2007.

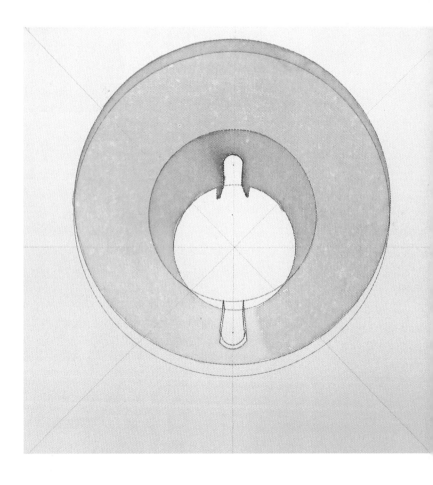

FIG. 1.13
> Fotocompilatie van
tentoonstelling in de Kazemat
ruimte van 'Sonnenborgh'
tijdens de Mid-CO-OPs
manifestatie, juni 2007 / *Photo
compilation of exhibition in the
Kazemat room of 'Sonnenborgh'
at the CO-OPs event in June
2007.*

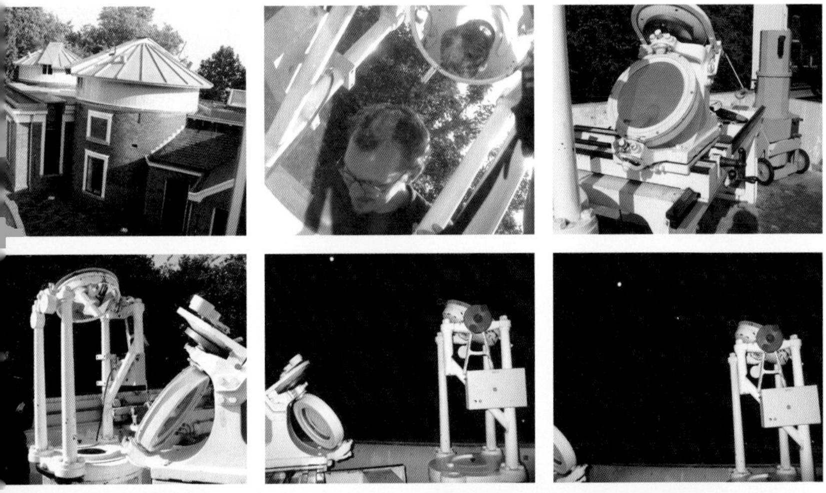

FIG. 1.14
> 'Zonzoom'

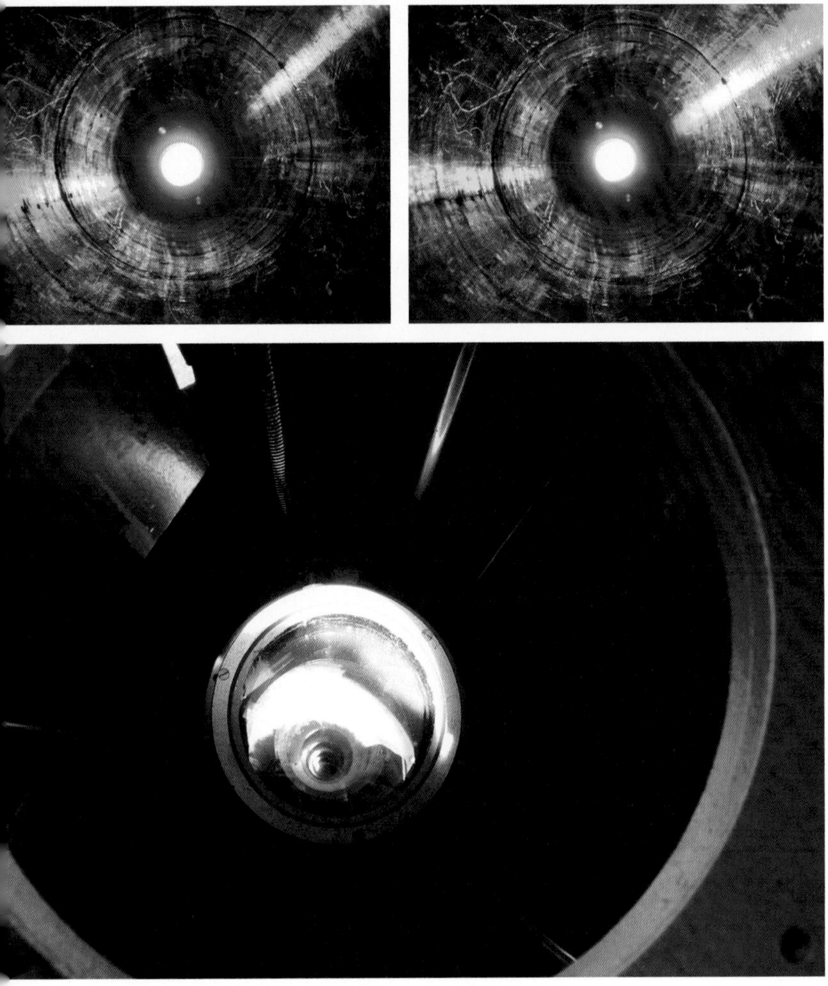

FIG. 1.15
> Heliostaat-test /
  Heliostat-test

FIG. 1.16
> Zonnepaletten tijdens
  'Zonzoom' / *Sun palettes at
  'Zonzoom'*

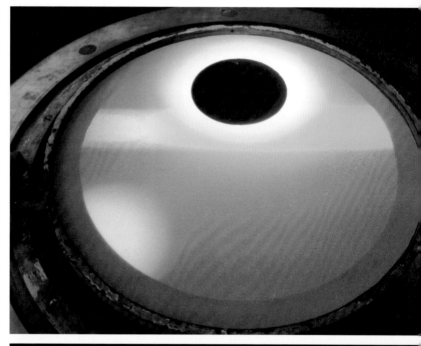

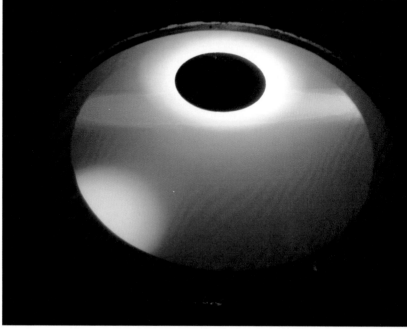

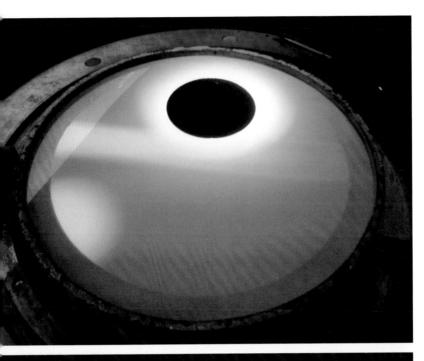

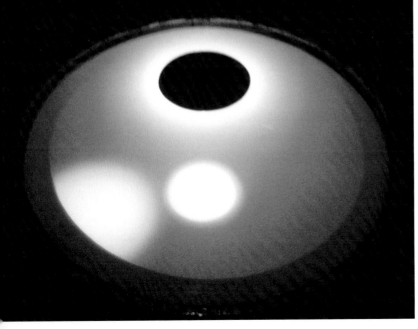

COMMENTARY

> Team 1

> Biographies, p. 82

> Voor Nederlands zie p. 45

The Observatory Observed

artist Jeroen Werner
scholar Geert Somsen

The Observatory Observed is definitely one of the more experimental CO-OPs projects. The main reason is that its two participants, us, did not know each other in advance. In the preparatory stages of CO-OPs, when the project was not even named CO-OPs yet, a first decision to be made involved the selection of a research site. This became the old observatory 'Sonnenborgh' in Utrecht, today part of the local University Museum. Subsequently the search was on for researchers who were known to have an interest in such a site. As it happened, we were the ones to be picked: Jeroen Werner, an artist interested in optical phenomena and installations, and Geert Somsen, a science historian with an interest in institutions such as 'Sonnenborgh'. The next step was that we were simply asked to collaborate with each other. From the outset, then, this project was an arranged marriage.

An arranged marriage is not automatically a bad marriage, and in our case there was certainly a voluntary basis: we both agreed, after some exploratory conversations, to go on collaborating. As it turned out, this project involved a lot of trying out and exploration, not only regarding the object of research, but also regarding the collaboration itself. For what was it that we were going to undertake? How does the work of an artist relate to that of a science history scholar? Which part should each of us play in our collaboration? What was our objective, what a satisfactory end result? And who does what when actual things have to be done? Such questions presented themselves all the time, in general as well as regarding the details. Should Geert also have a say in decisions on the exhibition's design? Should Jeroen also participate in the observation study? Surely, these matters made the project a complex one, but also an exciting one. Every step required shared activity on our part and shared reflection on this activity, and accordingly, and not surprising perhaps, *The Observatory Observed* proved to be a highly reflective exercise, as the title itself also seeks

> The old observatory
'Sonnenborgh', Utrecht.

to express. In our observatory we did not only gaze at stars, but also at ourselves.

> Coelostat

Close reflection, however, is the subject of another publication. In this chapter we merely would like to report on what in fact we have done, also as a way to render the above tangible and concrete. This reporting basically follows the chronology of our activities because this allows us to show the project's unfolding through our collaborative efforts most effectively. Finally, we should caution the reader not to interpret the marriage metaphor too narrowly, because many other individuals also played a major part in our cooperation. Our marriage, in other words, was not only arranged, but also quite open.

At Home with the Stars

At the start of our project, we could still go in many directions, but our joint fascination with the Utrecht observatory received further boost when the head of 'Sonnenborgh', Robert Wielinga, gave as a tour of the site. 'Sonnenborgh' proved a remarkably layered building, its historical functions still being clearly visible in its architecture, especially because these functions each required very specific geometries. The lower half consists of the reinforced structure of the bastion that was built around 1550 by Charles V as part of new urban defenses. This original structure also gave the later observatory its name 'Sonnenborgh', or Zonnenburg. The triangular building, which is linked to the city by means of a narrow passageway, sticks out like an arrow head into the circular canal. Right behind the arrow head and looking out along the former city wall one finds the gun positions or casemates, two on each side and on top of each other. The sightlines and firing lines of the sixteenth-century defensive architecture thus determine to a large extent the layout of the entire bulwark. This geometry is once more repeated in two other bastions slightly further down the circular canal, Manenburg and Sterrenburg, which were built in the same era. Probably the builders even used the same molds for the construction of vaults and posts, as was shown to us on our visit by Jacob Six, the current resident and historian of Sterrenburg.

NOTE 1
> See also: Six, A.J. *Het Bastion Sterrenburg te Utrecht.* Utrecht: Stichting De Plantage, 2000.

What distinguishes 'Sonnenborgh' from the other two bastions, however, is the upper layer that features an entirely different geo-

NOTE 2
> In 1854 the institute was named KNMI (Royal Netherlands Meteorological Institute). The meteorology department moved to De Bilt in 1896. see: Lunteren, F. van. 'De Oprichting van het Koninklijk Nederlands Meteorologisch Instituut: Humboldtiaanse Wetenschap, Internationale Samenwerking en Praktisch Nut', *Gewina* 21 (1998), p. 216-243.

metric order: three centuries after its construction the bulwark was turned into an astronomical observatory. In 1853 the Utrecht professor Christophorus Buys Ballot was granted permission by the state to set up an astronomical and meteorological institute in this bulwark.[2] It was particularly the astronomy department that would determine the shape of the buildings. This can be seen not only in the round towers with conical turning roofs, right under which the telescopes were placed, but also in the building around the meridian circle: a telescope that is placed exactly on a north-south line, under a sliding roof in the same direction. Furthermore, the cosmic geometry is also reflected in an installation for solar research, which was integrated into the architecture in the 1930s. The observatory's observation deck houses a so-called coelostat covered by a removable shell. This is a heavy steel device with two round mirrors that exactly tracks the movement of the sun. One of the mirrors is driven by a motor, which allows it to move along with the sun, or, in fact, to stand still with the sun, as our earth is turning beneath it. Likewise, the angle of Utrecht's degree of latitude is compensated by the incline of this mirror's axis of rotation. The earth's position in the solar system is thus mirrored exactly in this device.

In late spring Jeroen translated his fascination for the geometries of 'Sonnenborgh' into a number of 'observatory' designs. But initially our attention went out in particular to the instrument of which the coelostat is part, the spectro-heliostat, with which we did our first experiments.

MoonzooM

From the start, we opted for a practical approach. The observatory staff left us much room and gave us support, and by collaboratively working toward specific goals cooperation proved possible between quite divergent parties (technicians, guides, an artist, a historian, the public). The best thing to do, it seemed, was simply to get going and create something for our first 'public engagement': the 'Sonnenborgh' observation nights of 2 and 3 March 2007, which were expected to draw in many visitors because of the lunar eclipse on the second night.

Our activity, which was soon dubbed 'MoonzooM', consisted of linking up work by Jeroen to the observatory's largest and most important instrument, the spectro-heliostat, once developed for solar study. This spectro-heliostat consists of a massive steel tube that leads the sunlight of the mirrors on the roof straight through the building's three stories, down to the cellar. From here the sun is reflected back upward into the current 'zonnezaal' (sun hall), a former laboratory for experiments on the universe. Marcel Minnaert, the astronomy professor who took charge in 1937, used this installation to conduct his famous research of the solar spectrum. The spectro-heliostat makes it possible to create an extremely stretched spectrum; 'Sonnenborgh' staff even claims it is the longest in the world. Minnaert has mapped this spectrum very accurately, notably the dark lines, which reveal much about the nature of the sun and stars, and to this day his 'Solar Atlas' is a standard work. Today, however, the spectro-heliostat is no longer used for scientific research.

> Control equipment,
see also fig. 1.10, p. 65

> Zoom mirror,
see also fig. 1.04, p. 61

We decided to breathe new life into this instrument. Our idea was to focus it on the moon, and to combine it with the Zoomspiegel, which Jeroen developed in the 1990s: a membrane mirror of Mylar-foil, stretched on a drum, that can be blown round (convex) or hollowed (concave), thus having a variable focus. With a pneumatic pump it is possible to set optical movement trajectories. From the very first moment we had in mind to create in the zonnezaal a floating moon by means of a projection with the Zoomspiegel in the hollowed position, whereby the image appears to be placed in front of the mirror. Furthermore, on the observation deck we wanted to create a 'living telescope' by combining a second Zoomspiegel with small magnifying glasses that were to be distributed among the visitors. When they would look at the Zoomspiegel through their magnifying glasses, these would actually form a Newton telescope (hollowed mirror and lens), with which they could zoom in on the moon.

NOTE 3
> See: Alberdingk Thijm, H. (et al). *Proof of Principle*. Arnhem: Akzo Nobel Art Foundation, 2003.

This last aspect proved a magnificent success. During the observation nights, hundreds of visitors tried to catch the moon in their magnifying glass, and when they did not manage to do so right away, it was certainly possible – based on a little knowledge, some skill, and a bit of luck – to make a successful MoonzooM. If anything, the experiment gave rise to a merry, playful scene, with visitors dancing with their magnifying glasses in front of the mirror on the observatory's roof.

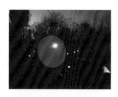

> MoonzooM,
  see also fig. 1.09, p. 64

The moon projection in the zonnezaal turned out to be a more challenging matter, though. Because it involved the entire heliostat-tube with lenses and mirrors, as well as a linking via an optical bank, this installation required substantially more tests, manual skills, and (called in) expertise. In particular the skill of technician Hans van 't Erve proved crucial, and we managed to catch various lunar reflections, some of which were visible at the same time. The moonlight turned out to be too weak, however, for a convincing projection. On the observation night of 2 March, Robert Wielinga's pessimism on this proved right indeed. Still, precisely this failure gave rise to a major innovation, about which later on Jeroen wrote the following notes:

On a blank sheet (size A4) only a small projection of the moon remained. It seemed as if I stood in a darkroom behind a gigantic enlargement tube, with the moon as reference point drawing on an endless source of images from the universe. I asked Robert Wielinga if he had a little ball. When we did put a tiny white ball under the heliostat, amazement hit home. The moon image unfolded beautifully. The ball's lower side was dark, just like the backside of the real moon, and the upper side was light, lit by real moonlight. All craters were represented without any distortion, and it almost seemed as if the moon itself was suspended in dark space – which was in fact nearly the case. Geert, Robert, and the CO-OPs -members that were just arriving expressed their great enthusiasm, but after having done tests for days I was hardly aware of what was going on.

Afterward Robert Wielinga remarked that this had been the first time since the Apollo missions that people could move around the moon, and look at it from various sides. And this was no model, but the moon itself, projected via its own light. On 2 March the ball already ended up on local radio, and the next night it was shown and explained to hundreds of observatory visitors. The initial idea to create a three-dimensional floating moon eventually succeeded, but in a different way than anticipated.

Observation Observed

Parallel to the moon projections, on these same two observation nights Geert conducted an experiment on observation. We wanted to investigate what people see when using the various instruments, the usual ones as well as the ones added by Jeroen. How do observers determine in fact what the outside world looks like? In science studies this concern has been given some attention already, notably with respect to the first telescope observations by Galileo and his contemporaries. But we wanted to look at the act of observation, and we did so in two ways. First, Geert distributed individual questionnaires among the visitors that addressed very specific, visible aspects, like: is it perceivable whether the moon's shape deviates from a perfect spherical shape? Which colors does the moon's surface have? Is it perceivable what causes the potential color differences? The answers proved to be quite divergent. Some observers saw flattened surfaces above and below, others a slightly pointed shape, again others frayed edges, and so on. Apparently, observation of the outside world failed to result in uniform knowledge, or it failed to do so at least at an individual level – a nice illustration of the inadequacy of an empiricist view of science that conceives of knowledge as an unambiguous product of observation.

The second experiment was collective: Geert now put the questions to groups of observers with the request to provide a shared response. This was a difficult task given the above-observed variation, yet it was similar to the kind of challenge constantly faced by scientists: turning individual observations into generally accepted knowledge. It turned out that groups of individuals who did not know each other hardly managed to achieve a consensus: their answers were lists of separate, and sometimes even incompatible, individual findings. Groups whose members knew each other managed to arrive at a shared conclusion much better: they were not too polite to question each other's observations, and much more skilled at solving mutual differences of opinion. This was true especially of a group of students of a so-called Free School, whose curriculum is partly aimed at training them in these skills. Also a group of scouting fathers, who also were friends, did well in articulating univocal responses. The experiment thus confirmed one of the basic rules of the sociology of scientific knowledge,

> See fig. 1.04, p. 60

namely that social order and natural order (or world picture) are closely interrelated. A coherent image of nature, it seems, requires a unified community.

Spin-off

MoonzooM had been off to a flying start, and quickly proved to harbor all sorts of new opportunities. First, we were soon invited to do a similar project during the National Museum Weekend. This became 'Zonzoom' (see below). But the enthusiasm about Jeroen's telescope extensions also resulted in more ideas and plans. First a 'Sonnenborgh' technician, Sebastiaan de Vet, suggested that the tiny ball might be put on a holder, which can be attached to common luminous telescopes. Thus every amateur-astronomer could own his own 'True Moon Projector'. Sebastiaan made a first technical sketch, which Jeroen further developed into a number of prototypes that could be taken into production. In addition, Jeroen tried to link up the True Moon Projector to an installation with a camera, display, and hollowed projection mirror, which he already developed in 2004. This should make it possible to create a virtual floating three-dimensional moon image after all. Moreover, the idea came up not only to project, but also to fix the moon onto a spherical shape. The moon surface might be caught in all its detail by projecting the moonlight onto a photographically sensitive ball. Jeroen decided to start experimenting with photosensitive emulsions, which as always proved harder than it had seemed but which also resulted in a few intriguing 'takes'. This project too is still ongoing.

Finally the plan came up to adapt the observation deck installation more radically, and to build a real Newton telescope around a zoomspiegel. We approached the most experienced telescope builder of the Netherlands, who immediately advised us that this was impossible given the quality of our materials. At the CO-OPs-public event in June, however, a MIT-engineer told us about serious ongoing work on membrane mirror telescopes. This makes perfect sense, for in comparison to metal mirrors they come with major advantages because of their light weight, notably when used in space. It is important that the mirror takes on a parabolic shape to obtain optimal images, and there-

> See fig. 1.04, p. 60

> See fig. 1.10, p. 65

fore we will first need to do tests on the stretch of our foil and mounting techniques. If it proves possible, there are two applications: 'deep sky watching' in a hollowed position, for studying nebulas (because of the large surface substantial enlargements are possible), and 'total sky watching' in a round position, whereby the entire cope is captured at a single glance.

Zonzoom

As said, 'Zonzoom' was our follow-up of 'MoonzooM' in the National Museum Weekend in April. Coincidentally, this year its theme happened to be 'the art of observation'. We worked in the same locations as in March, but this time during the day, and therefore with entirely different installations. This time the zoomspiegel on the observation deck was not used for observation (it is dangerous to look at the sun through magnifying glasses and a mirror), but for heat tests. In hollowed position, the focus became so hot that we could light matches and cook lunch. People in the audience put forward several ideas, such as regarding warmth supply and a zoom mirror telescope, the latter clearly coming from an expert.

> Heat experiments with the Zonzoom,
see also fig. 1.10, p. 65

Downstairs in the zonnezaal we this time used the spectro-heliostat in a way that was closer to its original purpose of studying the sun. When the 'grating' (interference plate) down in the large tube is integrated into the light shaft, this creates the spectrum that made 'Sonnenborgh' such a famous observatory. To render this visible, Jeroen developed a disk that can be placed in the center of the heliostat. This device consisted of a thin polystyrene disc with a sky-blue, semitransparent protection layer, with a hole to let the sunlight pass through. Reflected back through the grating the light fell on the remaining part of the disk, and there formed an awesome rainbow of very intense colors, the brightest around. The intensity was so large that the human eye's divergent sensibility for various colors revealed itself. Based on this solar palette, it became possible to explain all sorts of things about the solar spectrum.

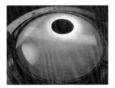

> See fig. 1.16, p. 70

This time Geert's role was to be a teacher rather than a researcher. On the roof and in the zonnezaal he temporarily took over the museum guides' job in order to explain (with the help of the added instal-

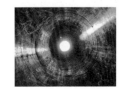

> See fig. 1.15, p. 69

> See fig. 1.02, p. 58

> See fig. 1.11, p. 67

lations) the natural phenomena on which the observatory concentrates: the force of the bundled sunlight, the composition of the solar spectrum, and the information it provides on the chemistry of the sun as celestial body. It was interesting to see how well this worked. The equipment we added proved to tie in seamlessly with the educational functions of a public observatory. Most visitors hardly noticed, if at all, that they were confronted with added extras and artistic products. The excited reception of the MoonzooM projections by the 'Sonnenborgh' staff had already pointed into that direction, and now it turned out once again that it is quite possible to have art link up with the kind of science 'Sonnenborgh' represents: amateur-astronomy and public education. Perhaps the observatory's museum function makes the integration of artistic elements easier as well.

New Observatories

In this integration, however, art will have a limited role to play at best, as it will merely function at the service of education and science communication. As it happens, this is not enough for Jeroen, and in part for this reason he has already begun to develop work, apart from his activities at 'Sonnenborgh', that has an autonomous life in his own studio, even though it is connected to our project. Since late spring he has begun to paint designs of small 'observatories', mainly in phtalo blue: a color used in chromokey-film techniques for editing an image into an image. Besides, Jeroen is building a series of perspective and sightline models. Compared to our work at 'Sonnenborgh', this work is much less framed and focused, and it may also move into miscellaneous directions. Therefore we limit ourselves here to several illustrations, and a preliminary characterization by Jeroen:

Small symmetric paintings come into being that look like a cross between optical observatories and stupas; sites of optical observation and spiritual sensation.

Likewise, perspective studies are done that study the vanishing point and the bending of space.

The archetype of observation.

That one can observe through a tube and a hole.

Or via a dish-shape and a hole.

According to the biological/physical principle of the structure of the eye.

Folding from the sightlines into a form. Arch panorama/cross panorama/ball

Arch-shape, eye-shape/ball-shape.

The observing of the observation?

Snake that bites its own tail.

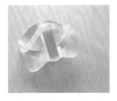

> See fig. 1.05-08, p. 62

A major inspiration for this recent work is the characteristic geometry of the observatory, as described at the beginning of this article: the sightlines and cosmic orientation that render 'Sonnenborgh' such a unique place. From the outset, we have been enthralled by the special and specific nature of sites that are geared toward the universal. Observatories, after all, are institutions that seek to produce universally valid knowledge, or even knowledge of the (all-pervasive) universe. But at the same time their buildings are very concrete and special. It would be interesting to compare the specificity of 'Sonnenborgh' with a number of other observatories, from other times and other cultures. We therefore will soon pay a visit, together with Robert Wielinga, to a telescope that is still under construction: Lofar in de northern part of the Netherlands. This telescope does consist not of tubes and lenses, but of fields of antennas, spread in a spiral across hundreds of kilometers of land. Also, we try to go to other universal sites: observatories from other eras and cultures, when kings and emperors still performed observations and their instruments were built in into their palaces. Via such comparison we hope ultimately to put 'Sonnenborgh' in yet a better perspective again, so as to make our observations of this observatory, too, as intelligent and colorful as possible.

Jeroen Werner

Jeroen Werner (Amsterdam 1960). Education: Gerrit Rietveld Academy, Amsterdam 1978-1979; Rijksacademie for Visual Arts, Amsterdam 1978-1982.

Jeroen Werner works and lives in Amsterdam. Starting out as a painter, sculptor, and photographer, he grew interested in the behavior of images. By replacing the classic vehicles of visual representation (canvas, paper, board) with transparent or reflecting ones (plates made of glass, aluminum, and Perspex), this gave rise to spatial works and works that could be projected, while a mode of painting based on drawing produced sculptural forms. Moreover, in using larger formats Werner discovered that when hanging the works, the plates – because of their weight – would bend forward while the mounted drawing seemed to protrude: 'through minute observation I noticed the occurrence of a kind of virtual image formation, whereby the image suggested the effect of a lens.'

The molding of Perspex and aluminum plates into cylinders or cupolas has resulted in special devices and installations. With the help of light and three-dimensional projection, the effect and composition of images (their form, lines, color, size, and movement) could be studied independently. This resulted in assignments and exhibitions that gradually were marked by a more pronounced or explicit role of science: 'Apparently the research-like method of working I use is sufficiently comprehensible and productive in exchanges with science. In the arts, however, it is of utmost importance that poetry and freedom of approach continue to shape the outcomes of a work. There ought to be room for surprising effects, while one should refrain from imposing too strict limitations on either the work or the approach.'

The current state and availability of digital technologies and their everyday use make it possible to bring about cross-fertilization, which in turn allows for the integration of image processing and the design of 'artworks and devices'. The works can be viewed scientifically as well as sculpturally.

Furthermore, the element of 'directed coincidence', inasmuch this is possible at all, plays a large role in Werner's work. This also explains why in collaborative projects the influence of all those who participate or show an interest in them is of equal importance. His work relies on mixing various image technologies, while research of the qualities of materials and the search for applications in art are crucial elements as well.

Geert Somsen

TEAM 1
> Biography scholar

Geert Somsen (1968) is an historian of science at the University of Maastricht. He was a visiting student at the University of California, San Diego, received his PhD from the University of Utrecht, and was a postdoctoral fellow at the Chemical Heritage Foundation in Philadelphia. He is a member of both the Huizinga Instituut for cultural history and the WTMC research school for science and technology studies, and teaches in several bachelor and master programs at the Faculty of Arts and Social Sciences. As of September 2007, he is coordinator of the Maastricht Graduate School of Arts and Social Sciences

Somsen was trained in physical chemistry (MA, Free University, Amsterdam), and has always combined a fascination for science with wider cultural interests. In his research he systematically pursues ways of interconnecting the history of science with cultural history, as well as with science and technology studies. While his PhD and postdoc projects were in the history of chemistry, his current research addresses ideological dimensions of science, particularly with respect to socialism and international relations. In addition, he takes a great interest in the relationship between the arts and the sciences. Somsen is currently working on several projects tied to his various concerns, and he intends to draw them together in a book publication on the culture of internationalism.

In Principio Erat Verbum

kunstenaar **Krien Clevis**
wetenschapper **Peter Hagoort, Roel Willems**

TOELICHTINGEN

> Team 2

> Biografieën, p. 98

> For English see p. 118

In de geest van angst

Een onderzoek vanuit kunst en wetenschap naar de ervaring en
manifestatie van angst
– Krien Clevis

Het CO-OPs-project 'In Principio Erat Verbum' onderzoekt hoe taal en beeld in relatie tot het fenomeen angst op elkaar inwerken, en waar en hoe dat in ons brein wordt gereguleerd.

Binnen het proces van onderzoek ontspint zich langzaam een tweede laag, die voor mij als kunstenaar een belangrijke leidraad vormt voor verder onderzoek. Enerzijds was ik op zoek naar wat existentiële angst is en hoe die aan de oppervlakte komt door onderzoek. Anderzijds onderzocht ik de manifestatie van angst en hoe die wordt opgeroepen en beïnvloed door beeld en tekst. De tweede laag komt tot uitdrukking in de samenwerking met de wetenschapper waar de twee blikvelden van kunst en wetenschap met elkaar worden geconfronteerd: de blik van verwondering ontmoet de meetbare blik.

Voorgeschiedenis

De afgelopen jaren heb ik als kunstenaar onderzoek gedaan naar dat deel van de hersenen waar emotionele gewaarwordingen worden gereguleerd. Ik was met behulp van fMRI-scans op zoek gegaan naar emotionele reacties van mijn eigen brein, maar ook al kunnen we inmiddels afwijkingen in hersenen signaleren en diagnosticeren, ons brein blijft een eeuwig raadsel. Ik wil graag het binnenste van het binnenste doorgronden en op een Cousteaudiaanse wijze op ontdekkingstocht gaan naar de geheimen van de menselijke diepwater zee.

In 2004 ontstond de fotografische installatie 'Sanctuarium' naar aanleiding van een onderzoek naar de geschiedenis van het gesticht St. Anna in Venray. In het plaatselijke mortuarium trof ik een grote col-

> 'Sanctuarium', Krien Clevis,
2004, Cybachrome lichtkast,
125x165x35 cm., *Het eeuwige*
lichaam, Rome/Utrecht, 2004.

NOOT 1
> *Het eeuwige lichaam*, tentoon-
stelling en publieksmanifes-
tatie in samenwerking met
het Koninklijk Nederlands
Instituut Rome in het
kader van haar eeuwfeest,
De Duitse Academie 'Villa
Massimo' in Rome, het
'Istituto Italiano per i Paesi
Bassi' in Amsterdam en het
Universiteitsmuseum en
Museum Catharijneconvent
in Utrecht. Op basis van
de collectie van haar
Catharijneconvent was in
2004 een samenwerking
bewerkstelligd tussen twaalf
beeldend kunstenaars en
elf wetenschappers uit
Nederland, Duitsland en
Italië. Zie: Clevis, K. & Santing,
C. (eds.) *Het eeuwige lichaam*.
Budel: Damon (catalogus bij
de tentoonstelling), 2004.
www.heteeuwigelichaam.nl.

> Reliekbuste Ursula, Museum
Catharijneconvent, Utrecht.

NOOT 2
> Dit project was in samenwer-
king met José van Dijck. Haar
boek diende mede als lei-
draad: Dijck, J. van. *Het transparante lichaam*. Amsterdam:
Amsterdam University Press,
2001.

NOOT 3
> Tollebeek, J. en T. Verschaffel.
'De papagaai van Flaubert'.
in: *De vreugden van Houssaye.
Apologie van de histori-
sche interesse*. Amsterdam:
Wereldbibliotheek, 1992. Over
het fenomeen *Historische
Sensatie* naar Johan Huizinga.

lectie hersencoupes aan van de aldaar gestorven geesteszieken. Met deze 'relieken van de wetenschap' wilde ik de voormalige patiënten van het gesticht rehabiliteren. Dit alles kwam voort uit mijn fascinatie voor het menselijk zijn (bewust of onbewust), waarvan ik geloof dat de diepere zin en ziel huist in de hersenen. Omdat de hersenen aan voortdurende exploratie onderhevig zijn, zie ik het menselijk brein als een waar 'sanctuarium', een heiligdom dat niet al zijn geheimen prijsgeeft.

Een tweede aanzet gaf het project *Het eeuwige lichaam* (2004), waarin ik geboeid raakte door de vraag naar emotionele reacties bij (historische) personen in hun laatste levensuren, met name angst, een van de primaire gevoelens opgeslagen in de oudste hersenstructuren.

De sobere reliekbuste van de Heilige Ursula in het Museum Catharijneconvent, die een open te klappen hoofddeksel heeft, legde voor mij de associatie met 'een kijkje in het brein'. Ik raakte geïntrigeerd door haar vita die vertelt, dat Ursula na terugkeer van haar pelgrimstocht uit Rome (5de eeuw na Chr.) in Keulen met haar maagden de dood vond door onthoofding. (Het aantal maagden waarvan sprake is, varieert in de overlevering van 11 tot 11.000.) Nieuwsgierig naar de allerlaatste levensmomenten van de Heilige Ursula stuitte ik tijdens mijn onderzoek op een reconstructie van haar angstgevoelens.

Toen ik mij drie jaar geleden aanmeldde als proefpersoon bij het F.C. Donders Centre for Cognitive Neuroimaging in Nijmegen om een fMRI-scan van mijzelf te laten maken op het moment dat ik een angstervaring zou ondergaan, kon ik niet bevroeden wat deze schijnbaar onschuldige vraag voor impact zou hebben. Wat me bezighield was, wat er in het hoofd van Ursula omgegaan zou zijn gedurende de laatste momenten van achtervolging tot haar uiteindelijke dood. Vittore Carpaccio schilderde in de 15de eeuw gruwelijke taferelen: Ursula's gezellinnen werden onthoofd door de Hunnen, terwijl de prinses zelf knielend een onderhandelingspoging waagde met de aanvoerder, de prins der Hunnen, die een oogje op haar had. Wat er werkelijk in haar hoofd is omgegaan weten we niet. De beleving van haar angst wilde ik als het ware reconstrueren in een proefondervindelijke angstervaring, door mijzelf, door middel van mijn eigen brein, in historisch contact te brengen met Ursula.

De projectie 'Ursula's Hoogte' (2004) is een gecompileerde animatie van de fMRI- sessie, die ik met neurowetenschapper Jenz Schwarzbach voorbereidde en zelf onderging in het F.C. Donders Centre. In een fractie van nog geen seconde zag ik de amygdala – daar waar de emotie wordt gelokaliseerd – 'samenklonteren' met het gedeelte in de hersenen waar de gedachte en analyse tot stand komen, de hippocampus. Deze maakte weer contact met de visuele cortex, de directe waarneming.

Voor mij was het interessante van het onderzoek, dat door middel van mijn eigen brein mij duidelijk werd, hoe de hersenen van de historische Ursula in haar laatste momenten gewerkt zouden kúnnen hebben – en hoe Ursula, onder zware psychische en emotionele druk, gehandeld zou kunnen hebben. De zogenaamde *fight or flight*-reactie was ook voor haar van toepassing. Met andere woorden: de echte (emotionele) ervaring gaat altijd gepaard met een overweging, bijvoorbeeld de keuze om weg te lopen. De emotionele lichamelijke reactie is nog sneller dan de feitelijke observatie en herkenning, dus voordat enige beredenering plaats kan vinden.

Toch ervoer ik de poging om via een gesimuleerd moment in het heden in de historisch emotionele voetsporen van Ursula te treden niet meer als het lichten van een tipje van de sluier. De werkelijke innerlijke motieven rondom emoties en angsten bleken tot nog toe niet te doorgronden en bleven voor mij een waar sanctuarium.

Angst

'Kun je een angstervaring ondergaan door middel van stimuli die grenzen aan de werkelijkheid?', vroeg ik aan 'de wetenschap'. Het antwoord was 'ja', maar wel vroeg ik me af of dat mogelijk was wanneer je bijvoorbeeld naar een enge film kijkt of een ernstig ongeluk ziet gebeuren…?

Vooral de visualisaties die een proefpersoon in de fMRI-scan ondergaat, boeiden me en ik wilde als kunstenaar deze mede tot stand kunnen brengen. Door het 'Ursula-onderzoek' was ik nieuwsgierig geworden naar hoe je deze processen 'beeldend' kunt beïnvloeden: welke ervaringen kun je mensen door middel van visualisaties laten onder-

> 'Martelaarsschap van de bedevaartgangers', Vittore Carpaccio, 1460-1526, Gallaria dell' Academia, Venetië.

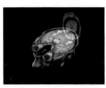

> 'Ursula's Hoogte', Krien Clevis, 2004, Still naar aanleiding van filmloop, techniek en bewerking J. Scwarzbach en P. Devens.

NOOT 4
> 'The mental aspect of our emotion, the feeling, is a slave to the physiology, not vice versa: we do not tremble because we are afraid or cry because we are sad; we are afraid because we tremble and sad because we cry'; uit: LeDoux, J. *The Emotional Brain*. New York: Simon & Schuster, 1996.

gaan om een innerlijke (emotionele) reactie te weeg te brengen? Waar leidt dit toe en in hoeverre kun je de persoonlijke/individuele ervaring scheiden van de algemene? Of gaan we naar een nieuwe vorm van standaardisering? Het fenomeen 'angst' in al zijn diversiteit en cultuurhistorische gedaante vormde en vormt daarbij leidraad voor mijn onderzoek. Ik hoopte hiermee 'het nut' van angst te kunnen onderzoeken. Want, welke waarde heeft angst? Mijn prangende vraag is, wat de zingeving is van angst. Is ze een fundamentele overlevingsstrategie of geldt angst als belangrijke invloed op ons cognitieve handelen? ˙ Dus, in hoeverre is angst (onderdeel van emotie) een fenomeen dat onze rationele huishouding opschudt en aanstuurt en ons (rationeel) anders doet beslissen? Behalve de technische wetenswaardigheden, die ons haarfijn vertellen hoe ons brein de weg afloopt via de amygdala, visuele cortex en hippocampus, lijkt het mij zeker zo zinvol te onderzoeken wat het belang is van angst in onze emotionele huishouding en hoe die emoties onze rationele overwegingen kunnen overreden.

Zo klopte ik ruim een jaar geleden wederom aan bij het F.C. Donders Centre en raakte in gesprek met Peter Hagoort. Hagoort is binnen de neuropsychologie gefascineerd door het menselijk taalvermogen.'Wie het geheim van de mens wil ontraadselen', zegt hij,'moet bij de taal te rade gaan. Wie het geheim van de taal wil doorgronden, zal ook naar het menselijk brein moeten kijken˙ Zijn onderzoek richt zich op de complexe cognitieve architectuur van het spreken, luisteren en lezen en hoe deze processen in de hersenen zijn verankerd. Hij stelt echter dat datgene wat proefondervindelijk wordt voorgelegd niet zo eenduidig te definiëren is. Ook andere zintuigen worden tegelijkertijd geprikkeld. Daardoor is het lastiger te achterhalen wat van de gemeten hersenactiviteit samenhangt met taal en wat met andere cognitieve processen, zoals denken of visuele waarneming. Hoe gaan taal en beeld samen en hoe is dat te meten?

In ons gezamenlijk onderzoek, dat wij onder de titel 'In Principio Erat Verbum' uitvoeren binnen het CO-OPs-project, zetten Peter Hagoort en ik onze fascinaties empirisch in. Wij zijn beiden geïntrigeerd door deze spanning tussen woord en beeld. Anders dan het beeld is taal voor de mens het medium dat eerder indirect dan direct ervaring en verbeelding oproept. Taal maakt beelden in ons wakker.

NOOT 5
> Zie vooral de slotconclusie van Bourke, J. *Fear. A Cultural History.* London: Virago Press, 2005.
Over de geschiedenis van de angst vanaf de 19de eeuw tot heden, waarin beide lijnen – de collectieve angst en gecultiveerde angst – bijeenkomen in de stelling die Bourke verkondigt: is de maatschappelijke angst voor terrorisme, technologieën, rampen en ziekten niet een vorm van gecultiveerde angst, angst die we bewust opzoeken en cultiveren, haast koesteren, omdat deze angst ook een zeker doel/ nut/ waarde heeft?

NOOT 6
> NWO-Spinozaprijs 2005. In 2005 werd de prestigieuze Spinozaprijs aan Peter Hagoort toegekend.

Samen met het beeld kan taal een krachtige alliantie vormen, maar ook is het mogelijk dat taal en beeld niet met elkaar sporen. Daarom ontwikkelden wij een plan om via taal- en beeldstimuli (op elkaar afgestemd, elkaar versterkend óf juist confronterend) het angstgebied in de hersenen te onderzoeken en te lokaliseren.

Uit mijn fotoarchief selecteerde ik beeldmateriaal. Twintig personen voegden teksten toe aan de circa honderd beelden. Op basis hiervan stelde ik een PowerPoint-presentatie samen, die een aantal proefpersonen zouden moeten ondergaan in de scan.

De verwonderende blik en de meetbare blik

Dat kunst en wetenschap ook of misschien wel juist 180° van elkaar kunnen verschillen leek die bewuste dinsdag in september 2006 emblematisch voor mijn samenwerking met Peter Hagoort. Onze denkbeelden schitterden tegenover elkaar: helder en meetbaar vanuit de wetenschap (en met name het neurocognitieve denken) en multi-interpretabel vanuit de kunst met haar associatieve beelden. We hadden elkaar niet verkeerd begrepen. Neen, we hadden het onderzoek, ieder vanuit zijn of haar eigen domein, geheel verschillend geïnterpreteerd. Peter Hagoort vond mijn beelden te soft en te 'ambigu' om daar maar enig resultaat uit te kunnen destilleren. Hij had de harde, banale 'plaatjes' nodig die immers direct meetbaar zijn. Ik wilde juist niet die harde lijn, maar wilde de genuanceerde, emotieve lijn volgen en ik was vooral benieuwd naar wat die associatieve beelden in combinatie met (versterkende of confronterende) teksten zouden opleveren. Het beeld- en tekstmateriaal is verwerkt in een serie placemats, waarop bezoekers tijdens een aantal publieksmomenten van CO-OPs een hapje konden nuttigen.

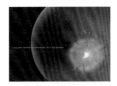

> Zie fig. 2.01-12, p. 101-6

Ik ben mij bewust van de eenduidige en strikte benaderingswijze in de neurocognitieve wetenschap. Dit is voorwaarde om te kunnen meten, locaties op te sporen, bevindingen in kaart te brengen, etc. Ik ben mij terdege bewust van de tegenovergestelde benaderingswijze in de kunst: het associatieve kijken, de blik van verwondering ('curious wonder') die interpretaties toelaat en combinaties mogelijk maakt.[7] Vanuit mijn beeldende visie zou ik mij willen hoeden voor een standaardisering in het meten om bevindingen te verkrijgen. Zou dat geen mooie bijdrage van een kunstenaar aan de wetenschap kunnen zijn?

NOOT 7
> Whitaker, Kathie. 'Curious Wonder, the Culture of Curiosity'. in: N. Jardine, J.A. Secord & E.C. Spary (eds.) *Cultures of Natural History.* Cambridge, 1996. p. 75-90.

Echter, in hoeverre kun je de uiteenlopende zienswijzen in kunst en wetenschap combineren of anders gesteld: heeft de zienswijze vanuit de kunst een waarde voor wetenschap en vice versa? Hoever kunnen twee uiteenlopende disciplines zich in eigen territoriale wateren terugtrekken om van daaruit ook weer naar elkaar toe te kunnen zwemmen? De samenwerkingsverbanden tussen een kunstenaar en wetenschapper onderzoeken immers welke de mogelijke voorwaarden zijn voor een nieuw gezamenlijk paradigma.

Door de tegenstellingen te aanvaarden kon ik mijn kernvraag helder stellen. Is het mogelijk gebruik te maken van een meer 'beeldende' wijze van kijken – en hiermee bedoel ik: een artistiek beeldende wijze – die het eenduidig resultaatgericht hersenonderzoek naar angst in de hersenen kan stimuleren? Ik wilde, hoe voorbarig het misschien ook klinkt, indringen in het onderzoek, waarin die angstprikkels worden blootgelegd. Ik stelde mij ten doel, samen met de wetenschapper, nieuw materiaal te ontwikkelen – variërend van 'mooi', 'beeldend', 'afgrijselijk' tot 'nietszeggend' – waar vooral de wetenschap iets aan heeft. Echter, hier ligt meteen ook mijn scepsis, want is dat eigenlijk wel mogelijk?[*]

NOOT 8
> Ede, S. *Art & Science*. London/ New York: I.B.Taurus, 2005. Zie vooral de 'Introduction: Ambiguities and Singularities', en hoofdstuk 1 'The problem with Beauty'. Hierin stelt Ede verschillende realiteiten en ervaringen in esthetiek binnen kunst en wetenschap aan de orde.

Rob Zwijnenberg karakteriseert in de inleiding van dit boek 'mijn soort' kunstenaars als 'de kunstenaar als bezoeker'. Deze kunstenaar bezoekt de praktijk van de wetenschap, raakt hierbij zodanig betrokken, dat de kunstwerken die uit de samenwerking met de wetenschap(per) voortkomen, sporen dragen van dat bezoek. Het intrinsieke 'binnendringen' in de wetenschap is emblematisch voor mijn soort samenwerking en toont vooral aan 'hoe', aldus Zwijnenberg, 'op wetenschappelijke vragen een artistiek antwoord gegeven kan worden; hoe kunst door de wetenschappelijke praktijk te bezoeken, aanwezig en zichtbaar kan zijn in het wetenschappelijke debat en in het bijzonder hoe kunst op deze wijze aanwezig kan zijn in het culturele debat over wetenschap'.[*]

NOOT 9
> Zie Rob Zwijnenberg in de inleiding van dit boek, p. 15

Dit alles overwegend, ontwikkelden Roel Willems, promovendus van Peter Hagoort, en ik een nieuw plan van aanpak, waarin we de taal- en beeldstimuli onafhankelijk van elkaar dienst lieten doen. Een 'beeldteam' en een 'tekstteam' van zeven personen werden in het leven geroepen, die afzonderlijk beeld en tekst zouden aanleveren. Dit om de invalshoek van angstgevoelens en de soorten angst zo divers mogelijk te maken.

Tezamen zou het door de teams en mijzelf verzamelde materiaal voor de interessante combinaties van tekst- en beeldstimuli zorgen. Er waren diverse combinaties mogelijk: ofwel beeld en tekst werden geïsoleerd gepresenteerd (heftige, angstige beelden afgewisseld met neutrale beelden, alsook angstopwekkende teksten, afgewisseld met neutrale teksten), ofwel beeld en tekst gezamenlijk. Deze laatste combinatie was de 'meester-combinatie', waarin beeld en tekst versterkend of confronterend gecombineerd worden in vier condities:

1. angstig beeld – angstopwekkende tekst
2. angstig beeld – neutrale tekst
3. neutraal beeld – neutrale tekst
4. neutraal beeld – angstopwekkende tekst

Beeld en woord kunnen bijvoorbeeld beide angst oproepen, zoals het beeld van een motorongeluk gecombineerd met het woord *dood*. Ook kan er een spanning tussen die twee bestaan, zoals bijvoorbeeld tussen de foto van een boom in voorjaarsbloesem en het woord *verkrachting*. Hiermee zou de vanzelfsprekende associatie tussen woord en beeld verbroken moeten worden. Wij waren vooral geïnteresseerd in hoe het brein met dit conflict omgaat.

Al het materiaal werd door een vormgever en mij gescreend en vervolgens met behulp van het F.C. Donders Centre verwerkt tot scanmateriaal. Het geheel van visuele stimuli werd in de scan in een gelijke ritmiek vertoond. De proefpersoon zou in de scan als het ware een doorlopende diashow ondergaan.

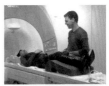

In een eendaagse sessie op het F.C. Donders Centre in februari 2007 ondergingen vier proefpersonen het vervaardigde proefmateriaal in de fMRI-scan. In de meetresultaten was een grote uitslag zichtbaar bij de geïsoleerde angstbeelden en een iets mindere bij de geïsoleerde teksten, maar uitgerekend waar tekst en beeld samenkwamen, was er geen enkele 'uitslag' in de scanresultaten zichtbaar. De hamvraag hoe de gecombineerde tekst- en beeldstimuli op de proefpersonen zouden uitwerken (wat de uitslag was van versterkende of confronterende

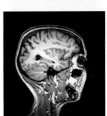

> Eerste 'FEAR' test fMRI-scans met vier proefpersonen, F.C. Donders Centre, Nijmegen (19 februari 2007).

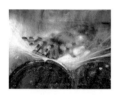

> Zie fig. 2.23-38, p. 108-15

woordbeeldcombinaties), bleef dus onbeantwoord. Of het de *at random* keuze van beeld- en tekstcombinaties is geweest, of de gestandaardiseerde instelling in het scanprogramma die tekst en beeld *at random* heeft gecombineerd en daardoor diffuse meetresultaten heeft opgeleverd, is een kwestie die ik in het vervolgtraject wil onderzoeken.

Hier ligt ook de kernvraag: wat doet een angstig beeld gecombineerd met een neutrale tekst en omgekeerd, méér dan de bevestigende combinaties: een angstig beeld met een angstopwekkende tekst en een neutraal beeld met een neutrale tekst? De nadruk ligt op de tekstbeeldstimuli, die elkaar confronteren en elkaar daardoor juist versterken. Hierin ligt de ontmoeting tussen de suspenseachtige beelden, die meer associaties oproepen, en de 'banale' angstige beelden, die beide in een serie woord-beeldcombinaties hun werk doen. Juist hier ontmoeten beide blikvelden vanuit kunst en wetenschap elkaar en worden we in toenemende mate geïntrigeerd door wat beelden eenduidig of minder eenduidig doen met confronterende of versterkende teksten en vice versa. Het blijkt nu juist te gaan om de zorgvuldige samengestelde combinatie, die handmatig en niet *at random* is uitgevoerd, maar wel uiteindelijk *at random* wordt getoond. In het nieuwe onderzoek zijn alle vier besproken condities uitgewerkt.

Een pretest is uitgevoerd op het publiek tijdens de 'Mid-manifestatie' van CO-OPs eind juni 2007 in Utrecht. Uit de scorelijsten kwam een duidelijke trend naar voren. Algemeen kan geconstateerd worden dat het publiek de angstbeelden, gecombineerd met angstteksten (op den duur) vervelend, flauw, stom en voor de hand liggend vond. Banaal versus banaal, oftewel de conditie 1: angstig beeld – angstopwekkende tekst, sloeg dood. Een enkeling reageerde zelfs verbolgen of geëmotioneerd. Er zou bij deze beelden en teksten weinig ruimte zijn voor eigen (persoonlijke) associaties. Wat veel meer angst inboezemde bij het publiek waren de neutrale (soms associatieve) beelden, die door een confronterende tekst uit hun context getrokken werden (conditie 4), of de semi-angstige beelden gecombineerd met een 'niets aan de hand' tekst (conditie 2). Uit de pretest scoorden op het eerste gezicht deze beide condities het hoogst. Dit resultaat is van belang voor de voortgang van het onderzoek, waarin een twintigtal proefpersonen een fMRI-scan zal ondergaan in het najaar 2007 in Nijmegen. Evenzeer echter is het van belang voor de ontwikkeling van mijn eigen beeldend werk als kunstenaar.

Anders denken

Volgens Rob Zwijnenberg ontwerpt 'de kunstenaar als bezoeker van de wetenschappelijke praktijk een nieuwe rol voor de kunsten, waarin wetenschappelijke vragen tot artistieke vragen worden getransformeerd en waarin de wetenschappelijke praktijk en materialen geïncorporeerd worden in een kunstwerk. In deze incorporering blijft aan de ene kant de wetenschappelijke betekenis en waarde aanwezig, aan de andere kant ondervinden de geïncorporeerde wetenschappelijke praktijk en materialen een verdieping van hun culturele betekenis.'

Echter, ook mijn blik als *kunstenaar* is veranderd. Verschool ik me van te voren achter het kunstjargon met zijn eigen esthetische codes en hield ik daarbij de andere taal en criteria ver weg van mijzelf, steeds meer heb ik de barrières van mijn eigen denken en vooral het gangbare kijken (dat wil zeggen volgens de kunstpraktijk en -opleiding en de daarmee gepaard gaande clichés) moeten doorbreken. In feite ben ik door mijn eigen angst, namelijk het veilige 'kunstpad' te moeten verlaten, gaan handelen en ben ik fundamenteel anders gaan nadenken over kunst. Ik moet bekennen dat ik de laatste tijd de opvatting over wat een kunstenaar is, een kunstwerk of hieraan inherente materiaalhantering sterk ter discussie heb gesteld. Ik heb dan wel de confrontatie met de meetbare blik verworpen, maar het heeft mijn eigen blik als kunstenaar doen veranderen.

In mijn zoektocht naar de zingeving van angst stuitte ik op de methodische aanpak van het onderzoek. Dat laat zien hoe angst onder invloed van welke en in wat voor mate van toegediende tekst- en beeldstimuli kán en mág functioneren. Hierin raakte ik de grenzen van de wetenschap en de kunst, vertaald in de muzen van de taal en het beeld, belichaamd in de ratio en het gevoel. Op het snijvlak vond ik de ruimte die overblijft voor de persoonlijke ervaring van diegene die angst ondergaat. Mijn onderzoek gaat vooral over mensen en hun angstervaringen. Het is een kwetsbare en delicate materie. Zelf werd ik vooral geconfronteerd met mijn eigen angstgevoelens voortgekomen uit ingeslopen dogma's vanuit de kunst. Ik heb geleerd dat ik

NOOT 10
> Zie noot 5

daar juist doorheen moet breken om werkelijke nieuwe paradigma's te bereiken.

DANKWOORD
> Krien Clevis

Ik zou graag de volgende personen willen bedanken voor hun inzet en ondersteuning:

– Nina Kwakman, Sjef Kwakman, Antje Melissen, Femke Stokkel ('tekstacteurs' voor de fotobeelden eindtentoonstelling in Scheltema/Stedelijk Museum de Lakenhal Leiden 29 november 2007-21 januari 2008)

– Rafael Rozendaal, Tim Rutten en Imro Moonen (technische ondersteuning beeld en geluid)

– Anke Bakker, Mart Clevis, Kitty van Loo, Antje Melissen (tekstredacteurs FEAR) en Sjef Kwakman, Rafael Rozendaal, Tim Rutten (beeldredacteurs FEAR; ter voorbereiding van de eerste publiekelijke pretest tijdens de Mid-Manifestatie, BAK/'Sonnenborgh' Utrecht, 29 juni 2007)

– LUX Nijmegen: Koen Dortmans, Piet-Hein Peeters (Manifestatie en live-hersenexperiment 'In de Geest van Angst', LUX Nijmegen, 10 en 11 maart 2007)

– Annejet Riedijk, Femke Stokkel en Sjef Kwakman ('proefpersonen' fMRI-scan F.C. Donders Centre Nijmegen, 19 februari 2007)

– F.C. Donders Centre Nijmegen: Peter Hagoort, Roel Willems en Tildie Stijns

– De Nieuwe School te Edam: Theo, André, Marja, Max & Nina en kinderen Midden- en Bovenbouw (Workshop 'Vrijdag de dertiende', Edam, 13 oktober 2006)

– En verder Karin Bartelet, Mia de Bijl, Rinie Cauberg, Folkert de Jong, Jennifer Kanary, Arnoud Meyer, Ulrike Möntmann, Eelco de Neef, Tanja Ritterbex, Ben Schot, Ine Sijben, Daan van Speybroeck, Mirjam van Tilburg, Ellen de Wolf, Jean-Paul Schrijver en Karin Weening voor hun geleverd tekstcommentaar bij de placemats.

Kunst en wetenschap:
een kritische noot

– Peter Hagoort

Wetenschap en kunst vereisen beoefenaren met creativiteit, volhardendheid en wellicht een zekere monomanie. Daar houdt echter de overeenkomst ook wel ongeveer op. Voor het overige gaat het om heel verschillende domeinen met elke hun eigen tradities en spelregels; en als het om natuurwetenschappelijk onderzoek gaat, zoals in dit geval, een lange methodologische training. Je zult geen goede beeldhouwer kunnen zijn, als je de techniek van het vak niet beheerst. Hetzelfde geldt in de wetenschap.

Heeft de wetenschapper iets speciaals aan de kunstenaar in het oplossen van zijn wetenschappelijke vraag, in het doen van zijn experiment? Het antwoord is: nee. Zeker, een idee kan ontstaan door met een kunstenaar of met iemand anders te praten. In dit project was dit al niet anders. Ongetwijfeld, Krien Clevis en ik deelden een zeker belangstelling voor de interactie tussen taal en beeld. Zeker, we hebben interessante gesprekken gevoerd over de relatie kunst-wetenschap. Absoluut, ik ben als privépersoon in kunst geïnteresseerd. Vandaar dat ons samenspel een intellectueel bevredigende ervaring is geweest. Maar de kernvraag is of ons experiment beter geworden is door deze samenwerking dan zonder dat mogelijk was. Het antwoord is wederom: nee. Uiteindelijk zijn in de wetenschap de spelregels onpersoonlijk. Een experiment moet onder goed gecontroleerde omstandigheden verlopen, zodat iedereen met enige kennis van zaken het waar ook ter wereld precies zo moet kunnen herhalen, met als het goed is dezelfde uitkomsten. Wat ook de persoonlijke motieven, doelstellingen en fascinaties van kunstenaars zijn of waren, het doet er niets meer toe op het moment dat de kunst van het natuurwetenschappelijk experimenteren aan de orde is. Deze kunst is een ambacht waarvoor men geschoold moet zijn en jaren van ervaring hebben opgedaan. De kunstenaar die deze vaardigheden niet meebrengt, heeft in het laboratorium weinig te zoeken.

> Peter Hagoort tijdens de CO-OPs Mid-Manifestatie in 'Sonnenborgh' Utrecht, juni 2007

De kernvraag in ons experiment was of schokkende, emotioneel geladen beelden een reactie oproepen in de amandelkern, een hersenstructuur die bij sterke emotie betrokken is. En of diezelfde amandelkern eveneens wordt geactiveerd bij talige uitingen die naar emotionele situaties verwijzen. Dit onderzochten we met behulp van functionele magnetische resonantie imaging (fMRI). Dit is een zeer complexe techniek waarvan je vele *ins* en *outs* moet weten om iets zinnigs uit je experiment te krijgen. Het antwoord dat wij in ons experiment vonden was niet heel verrassend. Inderdaad leiden emotionele beelden tot een sterkere activiteit van de amandelkern dan vredige plaatjes van in het zonlicht badende stranden. Eveneens leiden zinnen als 'Het kootje viel in de sla' tot een sterkere activiteit van de amandelkern dan zoiets als 'Het glas stond op het aanrecht'. Wel was de taalgerelateerde activiteit geringer dan het effect van de schokkende beelden. Beelden laten niets te raden over. Taal roept beelden op, maar dat moet je brein dan eerst nog wel zelf doen.

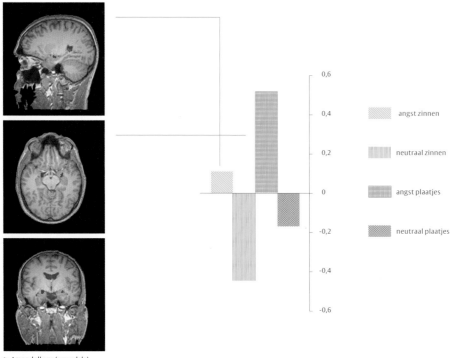

> Amandelkern (amygdala)

In de bijgaande afbeeldingen zien we waar in ons brein de amandel-kern gelokaliseerd is, diep weggeborgen in de slaapkwab. Tevens zien we op een dwarsdoorsnede door het hoofd hoe die geactiveerd wordt. Tenslotte laten de staafdiagrammen zien dat die activiteit sterker is bij beelden dan bij woorden. Dit experiment bevestigde de betrok-kenheid van de amandelkern bij emotie, zoals dat gevonden is in vele experimenten in laboratoria over de hele wereld. Een nuttige herha-lingsoefening dus, iets wat onderdeel is van gangbaar werk in de we-tenschap. De onderzoeker wil de waarheid weten, liefst ontdekt hij die zelf als hij ijdel genoeg is, maar uiteindelijk wordt hij gedreven door de wil de wereld te begrijpen. De kunstenaar wil, althans dat neem ik aan, een product maken, iets aan de wereld toevoegen. Over dit soort zaken kunnen kunstenaars en wetenschappers in de avonduren en het weekend zinvol met elkaar van gedachten wisselen. Als echter op maandagmorgen de fabrieksfluit van de wetenschap weer gaat, heeft de kunstenaar in het lab niet veel te zoeken; deze heeft eenvoudig vaak de ambachtelijke bagage niet om de machinerie van het onderzoek aan de praat te krijgen. Wat wij in het CO-OPs-project vonden was al-leen aan de wetenschap te danken.

Krien Clevis

Krien Clevis (Goirle 1960) studeerde aan de Academie Beeldende Kunsten te Maastricht (tekenen/kunstgeschiedenis 1ste graad) en vervolgens aan de Jan van Eyck Academie in dezelfde stad. Zij is sinds 1986 werkzaam als beeldend kunstenaar en docent Beroepsvoorbereiding aan eerstgenoemde academie sinds 1999. Zij van 2001-2006 voorzitter commissie Basissubsidies Fonds BKVB te Amsterdam. Krien Clevis woont en werkt in Amsterdam.

Als kunstenaar noemt Krien Clevis zichzelf een generalist. Te veel interesses die niet enkel en alleen in het atelier te verenigen zijn, nieuwsgierigheid naar het andere en de ander en op zoek naar avontuur, brachten haar tot het initiëren en organiseren van tentoonstellingen en projecten.

Zij begon met kunstenaarsinitiatieven aan huis, om zo de kunstwereld beter te begrijpen. Deze 'wereld binnen handbereik' groeide uit tot een onderzoek naar artistieke processen en de wijze waarop individuele kunstenaars geïntrigeerd raken. Ze werd daarbij gedreven door haar eigen fascinatie en maakte daarbij niet zelden gebruik van historische of andere wetenschappelijke connotaties.

In haar eigen vakgebied heeft zij een sterke fascinatie voor dood en grafcultuur en daaromtrent verweven funeraire tradities in de Antieke en Christelijke archeologie en cultuurgeschiedenis. Deze interesse stoelt op meer existentiële vragen over het leven (oorsprong/afkomst/omgeving/herinnering) en de diepere zin van het leven onder invloed van verscheidene culturen en 'afterlife' visies (bezwering van het leven, zowel medisch, farmaceutisch, esthetisch als ethisch) en de betekenis die (doods)angst in onze hedendaagse samenleving heeft onder invloed van geweld, terreur en de politieke en cultureel-maatschappelijke context. De laatste jaren heeft zij veel onderzoek gedaan naar dat deel van de hersenen waar emotionele gewaarwordingen worden gereguleerd. Angst vormt daarbij een belangrijk aspect van de primitieve hersenstructuren die gedomineerd worden door emoties zoals: 'to fear, to flight, to fight, to feed and to fuck'. Het brein personifieert voor haar de innerlijke zoektocht naar de zin van het bestaan, daar het noch nimmer zijn ware geheimen, zijn innerlijke geest en zijn eigen plek, de hersenen, geheel heeft prijsgegeven.

Peter Hagoort

Peter Hagoort (Oudewater, 1954) studeerde psychologie en biologie aan de Universiteit van Utrecht en Experimentele Psychologie aan de Radboud Universiteit Nijmegen, waar hij in 1990 ook promoveerde. Thans leidt hij een omvangrijke onderzoeksgroep op het gebied van de neurocognitie van taal. In januari 1999 werd hij hoogleraar aan de Radboud Universiteit Nijmegen. Hagoort is oprichter en directeur van het F.C. Donders Centre for Cognitive Neuroimaging. Sinds november 2006 is hij daarnaast benoemd tot directeur van het Max Planck Institute for Psycholinguistics.

Peter Hagoort richt zich op de neurobiologische fundamenten van het menselijk taalvermogen. Hij onderzocht onder andere taalstoornissen bij patiënten met een hersenbeschadiging. Hagoort toonde aan dat beschadigde hersenen andere routes vinden om taalbegrip alsnog mogelijk te maken. Ook bedachten onderzoekers onder leiding van Hagoort een methode die zichtbaar maakt op welk moment de hersenen informatie over een woord ophalen. Dit leidde tot een serie inmiddels klassieke publicaties, onder meer in *Science*. Voor zijn wetenschappelijk werk ontving Hagoort in 2003 de Hendrik Mullerprijs van de KNAW, en werd hij in 2004 benoemd tot Ridder in de Orde van de Nederlandse Leeuw. In 2005 ontving hij de NWO-Spinozapremie onder andere voor zijn onderzoek naar het menselijk taalvermogen en de manier waarop hij het F.C. Donderscentrum binnen vijf jaar naar wereldfaam heeft geleid. Peter Hagoort is lid van de KNAW.

Roel Willems

Roel Willems (1980) studeerde psychologie aan de Universiteit van Maastricht. Hij is momenteel promovendus aan het F.C. Donders Centre for Cognitive Neuroimaging in Nijmegen. Zijn onderzoek richt zich op de neurale basis van het begrijpen van spraak en de handgebaren die tijdens het spreken gemaakt worden. Met behulp van neuroimaging technieken wordt onder andere gekeken hoe we informatie die tot ons komt via gesproken taal en handacties met elkaar verbinden in de hersenen. De bevinding dat begrijpen van handgebaren en gesproken taal op deels dezelfde wijze verloopt in het brein, toont aan dat taal en actie meer met elkaar verweven zijn dan traditioneel werd aangenomen.

Mijn buurman liet me deze foto zien. Met een grijns zei hij:
'hier moeten we eens gaan wandelen, meid, prachtige natuur'.

Ze zoog het klotterige naar binnen.

FIG. 2.01 - 2.12
> (p. 101-106) 'In Principio
Erat Verbum', Krien Clevis,
2007, serie van 84 placemats
(PowerPoint), DIN A3, voor CO-
OPs - In Principio Erat Verbum,
maart 2007 /
*'In Principio Erat Verbum', Krien
Clevis, 2007, series of 84 place-
mats (PowerPoint), DIN A3,
for CO-OPs - In Principio Erat
Verbum, March 2007.*

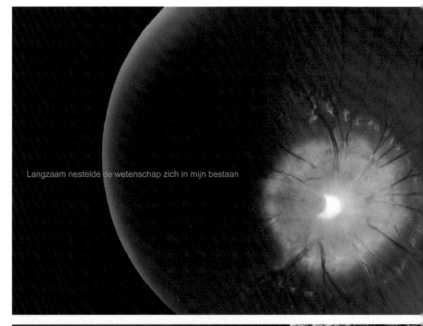

Langzaam nestelde de wetenschap zich in mijn bestaan

Er huist een kleine boze geest in mij

De graven zouden maar drie maanden worden

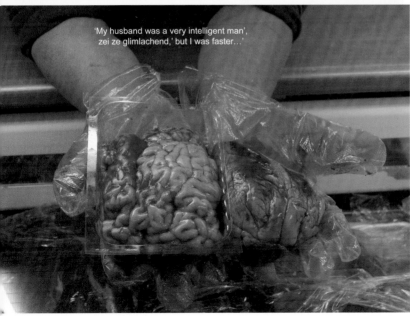

'My husband was a very intelligent man',
zei ze glimlachend,' but I was faster…'

Een prachtige omgeving, dachten we toen we aankwamen…

Deze patroonsoort onderscheidt zich van alle anderen door de enorme verwoestingen die de kogel in menselijk weefsel achterlaat

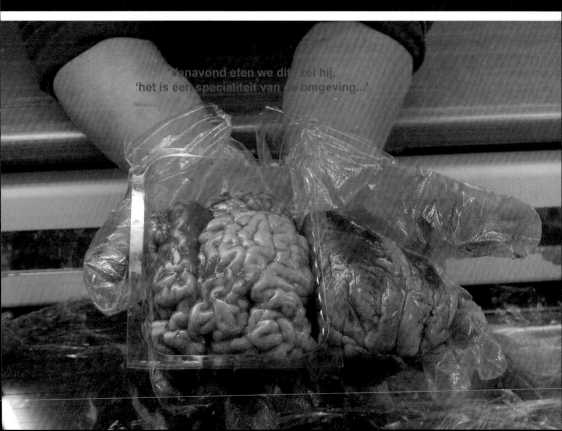

'Vanavond eten we dit, zei hij,
'het is een specialiteit van de omgeving...'

In haar familie werd nooit gepraat...

Is er dan nooit zekerheid tot veiligheid?

FIG. 2.13 - 2.14
> 'Vrijdag de dertiende',
fragmenten uit de workshop,
De Nieuwe School, Edam (13
oktober 2006) | *Friday the
thirteenth', fragments from
workshop, De Nieuwe School,
Edam (13 October 2006)*

FIG. 2.15-16
> 'In de geest van angst', frag-
menten uit de Manifestatie in
LUX, Nijmegen (11-12 maart
2007) | *'In the Spirit of Fear',
fragments from Cultural Event
in LUX, Nijmegen (11-12 March
2007).*

FIG. 2.17 - 2.22
> Fragmenten uit de Mid-
Manifestatie, 'Sonnenborgh',
Utrecht (29 juli 2007) |
*fragments from CO-OPs-public
event, 'Sonnenborgh', Utrecht
(29 July 2007)*

FIG. 2.23 - 2.38
> (p. 108 - 115) Enkele beelden
uit de pretest.
Vier condities beeld-tekst:
1. fear-fear
2. fear-neutral
3. neutral-neutral
4. neutral-fear
vertoond tijdens de Mid-
Manifestatie, 'Sonnenborgh',
Utrecht (29 juni 2007) |
*Some images from the pretest.
Four combinations image-text:
1. fear-fear
2. fear-neutral
3. neutral-neutral
4. neutral-fear
shown at CO-OPs-public event,
'Sonnenborgh', Utrecht (29
June 2007)*

Het vingerkootje viel in de sla

Het vingerkootje viel in de sla

Het ventieldopje viel in de goot

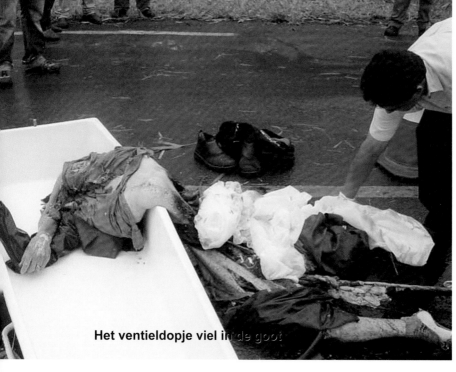
Het ventieldopje viel in de goot

De reuzenspin spande zijn kaken

De reuzenspin spande zijn kaken

De oude man kruiste zijn armen

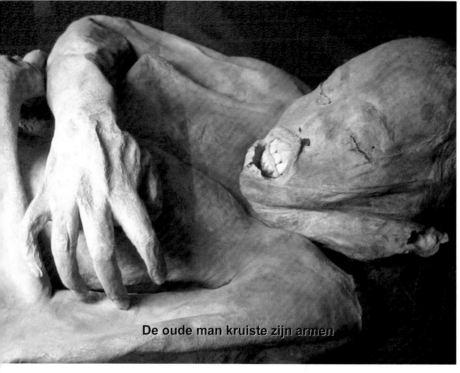

De oude man kruiste zijn armen

Verlaten en nat

Verlaten en nat

Houtvuur en warm

Houtvuur en warm

Je mag niet weg

Je mag niet weg

Je kunt nu gaan

Je kunt nu gaan

FIG. 2.39
> 'S's place', Krien Clevis, 2006-2007, één van
de vier foto's (flatscreens, 42 x 24 inch) met
ingesproken tekst, Scheltema/Stedelijk
Museum de Lakenhal, Leiden
(29 november 2007 - 21 januari 2008) /

*'S's place', Krien Clevis, 2006-2007, one of four
exhibited photo stills (flat screens, 42 x 24 inch)
with voiceover text, Scheltema/Stedelijk Museum
de Lakenhal, Leiden
(29 November 2007 - 21 January 2008).*

I saw her standing in the crowd. I only knew her vaguely. She wa

ttractive young woman. And then she came walking toward me...

> Biographies, p. 130

> *Voor Nederlands zie p. 85*

In Principio Erat Verbum

artist Krien Clevis
scientist Peter Hagoort, Roel Willems

In the Spirit of Fear

Artistic and scientific investigation into the experience
and manifestation of fear
– Krien Clevis

As a CO-OPs-project, 'In Principio Erat Verbum' explores the interaction of word and image in relation to the phenomenon of fear, and where and how this emotion is regulated in our brain. This project also focuses on the nature of existential fear and how it is addressed in research. Specifically, I have studied the realization of actual fear and how it is provoked and influenced by language and images. As the project evolved, it gave rise to a new layer that for me as an artist constitutes an interesting line of further research. This layer is expressed in the actual confrontation of art, with its gaze of wonder, and science, with its quantitative gaze, as two formative perspectives in art/science collaborations.

Prior History

Over the past years I developed an interest in that part of the brain where emotional sensations are regulated. From my angle as artist, I wanted to explore the emotional responses of my own brain with the help of fMRI scans. Although it is possible today to identify and diagnose abnormalities in the brain, in many ways our brain basically continues to be an enigma. My aim, therefore, was to find out more about this innermost dimension of our body. Much in the manner of Cousteau, I wanted to explore the secrets of the human deep sea.

In 2004 I did a photographic installation called Sanctuarium, based on my study of the history of the St. Anna Mental Asylum in Venray, the Netherlands. In its mortuary I had found a large collection of dis-

> 'Sanctuarium', Krien Clevis,
2004, Cybachrome light box,
125x165x35 cm, *The eternal
body*. Rome/Utrecht, 2004.

sected parts of the brain from mental patients who had died there. Based on my photos of these 'relics of science' I sought to rehabilitate the former patients. My project was motivated by my fascination with human life, in both its conscious and unconscious dimension. If our soul or deeper essence is residing anywhere in us, I like to believe it is in the brain. Although the brain is subject to ongoing explorations by medical science on a massive scale, it is still a veritable *sanctuary* that more likely than not will never give up all of its many secrets.

In the context of another project, *The Eternal Body* (2004), I became interested in the emotional response of (historical) persons in their final hour, notably their fears and anxieties. They belong to our primary instincts and are stored in the oldest parts of the brain. When in the Catharijneconvent Museum in Utrecht I encountered a sober relic bust of Holy Ursula with a top that folds open, it immediately gave me the association of having a look into her brain. I became intrigued by Ursula's vita, which ended upon her return from a pilgrimage to Rome (5th century AD) in Cologne, where she was beheaded together with her maidens (as to their number, sources vary widely, ranging from 11 maidens to as many as 11,000). It made me wonder about Holy Ursula's final moments, and in my research I did find a reconstruction of the fear she must have experienced.

When three years ago I signed up as a test subject at the F.C. Donders Centre for cognitive neuroimaging in Nijmegen to have an fMRI-scan made of my brain while going through an experience of fear, I could not have surmised the impact of my seemingly innocent request. I was simply preoccupied with Ursula's mind and feelings during the last moments of her being chased into death. In the 15th century, the Venetian painter Vittore Carpaccio has painted several of the horrific scenes from the life of St. Ursula. Her companions were beheaded by the Huns, while the princess, kneeling, tried to negotiate a way out with their leader, the prince of the Huns, who had designs on her. What really went on in her mind, we do not know of course. It is a movie, so to speak, that I wanted to reconstruct in an experimental setting by establishing historical contact with Ursula through my own brain.

One of my artworks from that period, Ursula's Height (2004), is a compiled animation of the fMRI session I underwent in the F.C.

NOTE 1
> *The Eternal Body*, exhibition and public event in collaboration with the Royal Netherlands Institute Rome in the context of its centennial, the German Academy 'Villa Massimo' in Rome, the 'Istituto Italiano per i Paesi Bassi' in Amsterdam, and the University Museum and Museum Catharijneconvent in Utrecht. Based on the collection of the Catharijneconvent, in 2 004 collaborations were set up between twelve visual artists and eleven scholars/scientists from the Netherlands, Germany, and Italy. See: Clevis, K. & Santing, C. (eds.). *The Eternal Body*. Budel: Damon (catalog of the exhibition), 2004. www.het-eeuwigelichaam.nl.

> Relic bust *Ursula*, Museum Catharijneconvent, Utrecht.

NOTE 2
> This project was exectuted in collaboration with José van Dijck. See also: Dijck, J. van. *The Transparent Body*. Seattle: University of Washington Press, 2005.

NOTE 3
> Tollebeek J. and Verschaffel T. 'De papagaai van Flaubert'. In: *De vreugden van Houssaye. Apologie van de historische interesse*. Amsterdam: Wereldbibliotheek, 1992. The notion of 'historical sensation' is borrowed from the work of Johan Huizinga.

> *Martyrdom of the pilgrims*,
Vittore Carpaccio, 1460-
1526, Gallaria dell'Academia,
Venice.

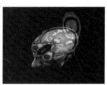

> *Ursula's Height*, Krien Clevis,
2004, Still based on film loop,
technique and adaptation J.
Scwarzbach and P. Devens.

NOTE 4
> 'The mental aspect of our
emotion, the feeling, is a
slave to the physiology, not
vice versa: we do not trem-
ble because we are afraid or
cry because we are sad; we
are afraid because we trem-
ble and sad because we cry.'
From: LeDoux, J. *The Emotional
Brain*. New York: Simon &
Schuster, 1996.

Donders Centre, where I received help from neuro-scientist Jenz Schwarzbach in preparing the experiment. In a tiny fraction of a second I saw the amygdala – the almond core of the brain where emotions are regulated – 'coagulate' with the brain area where thought and analysis take place, the hippocampus. This in turn made contact with the visual cortex, or direct perception.

The interesting part of the research was that through my own brain I learned more about how the brain of St. Ursula might have worked in her final moments – and how she, under emotional duress, might have acted. The so-called *fight or flight* response also applied in her situation. In other words: real (emotional) experiences are always accompanied with specific considerations, such as the option to run away. The emotional bodily reaction is even quicker than the actual observation and recognition, so before any reasoning can take place.*

Still, it is fair to say that my attempt to follow in the emotional footsteps of Ursula via a simulation in the present was a mere lifting of the veil. The inner life of emotions and fears proved hard to comprehend and continued to be a true sanctuary.

Fear

The question I next posed to science was: Is it possible to conduct an experiment in which the experience of fear is simulated in a realistic fashion, as in watching a scary movie or seeing a bad accident happen? What interested me especially were the visuals that would be shown to the subjects in the fMRI-scanning machine, and I wanted somehow to contribute to these visuals as an artist. In the context of my Ursula project, I grew curious as to how you can 'visually' influence these processes, that is, which sorts of experiences you can have people go through on the basis of visualizations that provoke an inner (emotional) reaction. Where does it lead and to what extent can you separate the personal/individual experience from the general one, or are we moving toward some new form of standardization in this respect? As a phenomenon, fear – in all its diversity and cultural-historical guises – thereby constituted the focus of my investigation. Thus I hoped to be able to study 'the uses' of fear. For one thing, what is the value of fear?

My most urgent question involved the signification of fear. Is it a fundamental survival strategy of does fear count as a major influence on our cognitive acting? So, to what extent is fear, as part of emotional system, a phenomenon that provokes and guides our rational system, making us take other (rational) decisions? Except the technical vicissitudes involved, which perfectly explain to us how our brain works via the amygdala, visual cortex, and hippocampus, it seemed as relevant to study the importance of fear in our emotional household and how this emotion can persuade our rational considerations.

And so it happened that over a year ago I again knocked on the door of the F.C. Donders Centre, where I embarked on a conversation with Peter Hagoort. Within neuro-psychology, Hagoort concentrates on the power of language in human beings. 'If you want to solve the secrets of who we are,' he says, 'you have to focus on language. And those who are to unravel the secret of language will also have to consider the human brain.' His research is geared toward the complex cognitive architecture of speaking, listening, and reading and how these processes are anchored in the brain. He argues, however, that what is experimentally presented is not so easy to define because other senses are simultaneously provoked as well. Thus it is all the more difficult to determine what part of measured brain activity is linked up with language and what part with other cognitive processes, such as thinking and visual perception. How do language and image go together and how can it be measured?

In our collaborative study, carried out as In Principio Erat Verbum within the CO-OPs-project, Peter Hagoort and I try to deploy our fascination empirically. We are both intrigued by the tension between word and image. Unlike images, human language is the medium that evokes experience and imagination indirectly rather than directly. Language triggers images in us, and in tandem the two can form a powerful alliance. But word and image may also conflict with each other. This is why we developed a plan to locate and study the fear region in the brain via linguistic and visual stimuli that either may reinforce or contradict each other.

NOTE 5
> See especially the final conclusion of Bourke, J. Fear. A Cultural History. London: Virago Press, 2005.
The two lines – collective fear and cultivated fear – converge in this history of fear since the 19th century in Bourke's central concern. He argues that the social fear of terrorism, technologies, disasters, and diseases is a form of cultivated fear that we actively pursue and even almost cherish because this fear also has a certain goal/ use/ value.

NOTE 6
> NWO-Spinozaprijs 2005. In 2005 Peter Hagoort won the prestigious Spinoza Award.

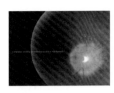

> See fig. 2.01-12, p. 101-6

From my photo archive I selected visual materials. Twenty persons added texts to the approximately one hundred images. Based on this, I put together a PowerPoint-presentation, which a number of subjects would have to undergo in the scanner.

The Gaze of Wonder versus the Quantitative Gaze

On that Tuesday in September, when Peter and I, six months into our collaboration, met again it seemed as if art and science were truly opposite worlds. Our views appeared irreconcilable: the clarity and quantitative nature of science (neuro-cognitive thought in particular) seemed pitted against the multi-interpretable thoughts of art and its subjective images. We did not misunderstand each other, however; we only interpreted things differently, from the angle of our own discourse and discipline. Peter Hagoort felt my images were far too soft and 'ambiguous' to produce positive results. He needed hard, prosaic images, the effects of which were directly measurable. By contrast, I did not want to be too obvious in terms of selecting images and was rather interested in what the more subtle images, in combination with text (that either contradicted or reinforced the image), would result in. As a more playful aspect of the project, the visual and textual materials were also utilized in a series of placemats. They were used in various culinary moments at several CO-OPs-public events earlier this year.

Evidently, neuro-cognitive science starts from objective and transparent approaches, which serve as a precondition for doing correct measurements, tracing locations in the brain, mapping findings etc. By contrast, art tends to embrace the opposite approach, a perspective based in subjectivity, in the gaze of wonder ('Curious Wonder') that enables and explores a multitude of interpretations and combinations. Embracing a visual approach, I precisely wanted to avoid standardized measuring as a way to obtain findings, and thus contribute from my artistic angle to science.

However, to what extent is it possible to combine divergent views in art and science, or, put differently, do artistic perspectives have value for science, and vice versa? How far can two different disciplinary traditions withdraw into their own territorial waters and still swim back

NOTE 7
> Whitaker, Kathie. 'Curious Wonder, the Culture of Curiosity', in: N. Jardine, J.A. Secord & E.C. Spary (eds.), *Cultures of Natural History*. Cambridge, 1996. p. 75-90.

again toward each other? After all, the main objective of the CO-OPs-art/science collaborations is to explore the conditions for a new shared paradigm.

By accepting the contradictions it became possible to articulate my key concern clearly. Can we make use of a more 'visual' way of looking – meaning an artistically visual way – that can stimulate the univocally result-oriented research of fear in the brain? I sought to make my way into the research that uncovers fear stimuli, with the aim of developing, together with the scientist, new materials – varying from 'nice', 'visual', 'horrible' to 'trivial' – from which especially science would benefit. Admittedly, from the start I, too, was quite sceptical about the feasibility of this goal.

NOTE 8
> Ede, S. *Art & Science*. London/ New York: I.B.Taurus, 2005. See especially the 'Introduction: Ambiguities and Singularities' and Chapter 1 'The problem with Beauty,' where Ede discusses various realities and experiences in aesthetics within art and science.

Rob Zwijnenberg, in the introduction of this book, characterizes my approach as 'the artist as visitor'. This artist visits the practice of science, gets involved in it to such degree that the artworks that emerge from the collaborative effort with science, carries traces of the visit. The desire to penetrate science is emblematic for my kind of collaboration and particularly shows how scientific questions, as Zwijnenberg claims, 'can be given an artistic answer' and how art, by visiting the practice of science, 'can be present and visible in scientific debates and particularly in cultural debates on science.'

NOTE 9
> See the introduction of this book by Robert Zwijnenberg, p. 26

Anyway, based on these various considerations I developed a new plan of approach, together with Roel Willems (a graduate student of Peter Hagoort), whereby we had the language and image stimuli in our experiment function independently of each other. We set up an 'image team' and a 'text team' (consisting of seven persons) that would supply us with separate images and texts, so as to ensure maximal diversity in feelings of fear and kinds of fear.

The materials the teams and I collected would ensure interesting combinations of text/image stimuli. Various combinations were possible: isolated presentation of texts and images (stark, fearful images alternated with neutral images, or fear-provoking texts alternated with neutral texts) or combined text/image presentation. The latter option was the 'master-combination', whereby image and text could be combined in four ways:

1. fearful image   – fear-provoking text
2. fearful image   – neutral text
3. neutral image   – neutral text
4. neutral image   – fear-provoking text

To give an example: image and word may both provoke fear, as in the image of a motorcycle accident combined with the word *dead*. There can also be a tension or contradiction between the two, such as between the photo of a tree in spring blossom and the word *rape*. This was supposed to disrupt automatic word/image association. We were especially interested in how the brain deals with this conflict.

Together with a designer, I screened all the materials, and with help from the F.C. Donders Centre these were turned into scanning materials. The series of visual stimuli was shown to subjects in the scanner at a steady pace, as an ongoing slideshow.

In a one-day session at the F.C. Donders Centre in February 2007 we exposed four subjects to our materials in the fMRI scanner. The results showed high scores for isolated images of fear and slightly lower scores for isolated texts, yet precisely when text and image converged, the scanner results showed no perceptible outcome at all. The key question of how the combined text/image stimuli would affect the subjects (what was the outcome of either contradictory or mutually reinforcing word/image combinations) remained unanswered. Whether it had to do with the at random choice of image/text combinations or with the standardized setting of the scanner's program that combined text/image at random and thus led to diffuse outcomes, is an issue I would like to study in the follow-up project.

The key questions center on what a fearful image does in combination with a neutral text and vice versa, and what this adds in comparison to the other combinations (a fearful image with a fear-provoking text and a neutral image with a neutral text). The emphasis, in other words, is on the text/image stimuli that match and thus reinforce each other. This accounts for the agreement between the suspense-like images, which prompt more associations, and the 'banal' or straightforwardly fear-provoking images, which both produce their effect in a series of word-image combinations. This is where both perspectives – art

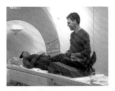

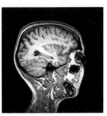

> First 'FEAR' test fMRI scans
  with four subjects, F.C.
  Donders Centre, Nijmegen
  (19 February 2007).

and science – meet each other. Increasingly we have grown intrigued by the obvious or less obvious effect of images on confrontational or reinforcing texts, and vice versa. What precisely matters is the carefully put together combinations that are based on deliberate selection of individual cases, rather than on at random combining, but that eventually are still shown to subjects in an at random sequence. The new study will elaborate on all four combinations discussed.

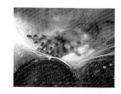

A pretest, with the audience as subject, was conducted at the CO-OPs-public event of late June 2007 in Utrecht. The scores showed a clear trend. Generally, the audience felt that (after a while) the fear images, combined with fear texts, were annoying, silly, and predictable. Combination 1 (fearful image – fear-provoking text) basically fell on deaf ears; a few in the audience were even dismayed and emotional about it because the images and texts would leave little room for individual or personal associations. The audience proved more fearful of combination 4 – the neutral (sometimes associative) images, which were drawn out of context by a contradictory text (condition 4) – or the semi-fear-provoking images combined with a neutral text (combination 2). In the pretest, these two combinations seemed to generate the highest scores. This result is relevant not only to the progress of the study, in which some twenty subjects will undergo an fMRI-scan in the fall of 2007 in Nijmegen, but also to the development of my visual work as artist.

> See fig. 2.23-38, p. 108-15

Thinking Differently

As Rob Zwijnenberg has argued, the artist as visitor of the practice of science designs a new role for the arts. Scientific questions are thereby transformed into artistic questions, while scientific practice and materials are incorporated into works of art. In this incorporation, the scientific value and meaning as such remain unaffected, but the cultural significance of the incorporated scientific practice and materials is enhanced.

It should be added that in this collaborative project my *artistic* gaze has changed as well. If earlier I would hide behind art jargon and its aesthetic codes, while thus keeping other vocabularies and criteria at bay, increasingly I felt the need to break down the barriers of my own thought, notably my common way of seeing as it is based on art practice and training, including its clichés. In a way my one fear, namely to have to leave the safe 'path of art', caused me to start acting and also to start thinking fundamentally differently about art. I felt compelled to adapt my views on artists, as well as on the nature of artworks and the inherent use of materials. Although I may reject the quantitative gaze, this does not automatically imply that does not affect my artistic gaze.

In my search of fear and its signification, I ran into the methodical dimension of research. It shows how fear, under the influence of variously dosed text/image stimuli, can and may function.* Thereby I touched on the boundaries of science and art, translated into the muses of language and image, embodied in ratio and emotion. At the intersection, I found the space that remains for the personal experience of the one who undergoes fear. My investigations mainly address people and their experiences of fear. It is a fragile and delicate subject matter. What I had to confront in particular were also my own fear emotions elicited by various ingrained artistic concepts and dogmas. It suggests that artists should be precisely aware and critical of their discipline's limitations, and also work toward overcoming them, if art is at least to achieve truly new paradigms.

NOTE 10
> See note 5

I would like to thank the following individuals for their support and commitment:

- Nina Kwakman, Sjef Kwakman, Antje Melissen, Femke Stokkel ('text actors' for photo stills final exhibition in Scheltema/Stedelijk Museum de Lakenhal Leiden 29 November 2007-21 January 2008)
- Rafael Rozendaal, Tim Rutten and Imro Moonen (technical support sound and image)
- Anke Bakker, Mart Clevis, Kitty van Loo, Antje Melissen (copy editors FEAR) and Sjef Kwakman, Rafael Rozendaal, Tim Rutten (visual editors FEAR; in preparation of the first public pretest at public event, BAK/'Sonnenborgh' Utrecht, 29 June 2007)
- LUX Nijmegen: Koen Dortmans and Piet-Hein Peeters (Event and live brain experiment 'In the Sprit of Fear', LUX Nijmegen, 10 and 11 March 2007)
- Annejet Riedijk, Femke Stokkel and Sjef Kwakman ('subjects' fMRI scan, F.C. Donders Centre Nijmegen, 19 February 2007)
- F.C. Donders Centre Nijmegen: Peter Hagoort, Roel Willems and Tildie Stijns
- De Nieuwe School in Edam: Theo, André, Marja, Max & Nina and advanced high school students (Workshop 'Friday the thirteenth', Edam, 13 October 2006)
- And also Karin Bartelet, Mia de Bijl, Rinie Cauberg, Folkert de Jong, Jennifer Kanary, Arnoud Meyer, Ulrike Möntmann, Eelco de Neef, Tanja Ritterbex, Ben Schot, Ine Sijben, Daan van Speybroeck, Mirjam van Tilburg, Ellen de Wolf, Jean-Paul Schrijver and Karin Weening for their textual comments concerning our placemats.

ACKNOWLEDGEMENTS
> Krien Clevis

Art and Science: A Critical Note

– Peter Hagoort

Science and art require practitioners who are creative, determined, and perhaps somewhat monomaniac. But this is where the similarities end, I'm afraid, because in all other respects their territories are very different, each practice having its own rules and traditions. Inasmuch as research in the natural sciences is involved, extensive methodological training is required as well. If one cannot be a good sculptor without having mastered the tricks of the trade, the same applies in science.

Does the input of artists in solving scientific questions and conducting scientific experiments benefit science? The answer is no. Of course, new ideas may come up when scientists and artists (or others) exchange their views. This was true in our project as well. Unquestionably, Krien Clevis and I shared an interest in the interactions between language and images. Certainly, we've had interesting conversations about the art-science relationship. And as an individual I surely have an interest in art. This also explains why our collaboration proved an intellectually satisfying experience. But the key question is whether, from the angle of science, our shared experiment turned out better because of our collaboration. Again the answer is no. The rules in science, after all, are objective. Experiments have to be done under well-controlled conditions, so that others with some basic knowledge can repeat them with more or less the same outcome, wherever they may find themselves in the world. Whatever the personal motivations, objectives, and fascinations of artists, they are irrelevant when it comes to the art of scientific experimenting. This particular art is a craft that requires much training and years of experience. Artists who enter the laboratory without these skills should seek their fortune elsewhere.

The key question of our experiment was whether shocking, emotionally charged images provoke a response in the almond core, a brain structure involved in strong emotions, and whether this same almond core is also activated in linguistic expressions that refer to emotional situations. We investigated this with the help of functional

Magnetic Resonance Imaging (fMRI). This is a very complex technology of which one has to know all the ins and outs in order to have an experiment with useful results. The answer we found in our experiment was hardly surprising. It is true that emotionally charged images lead to more activity of the almond core than peaceful images of sunlit beaches. Likewise, a phase such as 'The tip of the finger fell into the lettuce' provokes stronger activity of the almond core than a phrase such as 'The glass was on the counter.' Yet the language-related activity was less powerful than the effect of the shocking images. Images leave nothing to be guessed. Language may trigger images, but this first requires new brain activity.

> Peter Hagoort at the CO-OPs event in 'Sonnenborgh' Utrecht, June 2007

In the accompanying illustrations we see where in our brain the almond core is located, deeply hidden in the temporal lobes. On a cross section of the head we also see how it is activated by words. Finally the histograms show that this activity is stronger with images than with words. This experiment corroborated the involvement of the almond core in emotion, as in fact was already established in many experiments in laboratories across the world. As such our experiment was a useful repeat exercise, which in and of itself is an integral part of the everyday scientific research effort. A researcher wants to know the truth, and preferably he is also the one to discover it if he is sufficiently arrogant, but in the end the researcher is driven by the will to understand the world. The artist wishes to make an artifact, so I assume, in order to add something to the world. On this matter artists and scientists may productively exchange their views during evening hours or weekends. However, come Monday morning, when the factory whistle of science is blowing again, artists will find that there is not much to do for them in a scientific lab. Most of them simply lack the applied knowledge needed to get the machinery of research going. What we discovered in the context of our CO-OPs-project was only possible thanks to science.

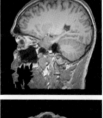

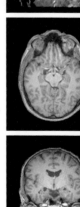

> Almond core (amygdala)

fear sentences	
neutral sentences	
fear images	
neutral images	

0,6
0,4
0,2
0
-0,2
-0,4
-0,6

Krien Clevis

Krien Clevis (Goirle 1960) graduated from the Academy of Visual Arts in Maastricht (drawing/art history), after which she studied at the Jan van Eyck Academy in the same city. Since 1986 she has been working as a visual artist, and since 1999 she has been a lecturer on preparing for art professions at the Academy of Visual Arts, Maastricht. From 2001 to 2006 she was chair of the Commission Basissubsidies Fonds BKVB in Amsterdam. Krien Clevis lives and works in Amsterdam.

Artist Krien Clevis describes herself as a generalist, having too many interests that cannot all be explored from within the confines of her studio alone. Out of curiosity for otherness and the other and helped by her zest for adventure, she has organized a variety projects and exhibitions. Her first project involved artists-at-home initiatives, aimed at a better understanding of the art world. This 'world within reach' evolved into a study of artistic processes and the ways in which individual artists become intrigued with some concern or topic. This project was driven by her fascination with historical and scientific connotations of art.

In her own practice she developed a strong artistic interest in death and burial culture, including funerary traditions in classic and Christian archeology. This curiosity is grounded in existential concerns (origin/roots/milieu/memory) and a focus on life's deeper meanings as influenced by various cultural traditions and 'afterlife' perspectives (as in medical, pharmaceutical, aesthetic, and ethical incantations of life). Her work also addresses the meanings of fear (of death) in contemporary society in relation to violence, terror, and the political and cultural-social context. In recent years she has done much work on the part of the brain where emotional sensations are regulated. Fear is a major aspect of the primitive brain structures that are dominated by our emotional life. To her, the brain epitomizes the search for the meaning of life because the brain will never give up its true secrets.

Peter Hagoort

TEAM 2
> Biography scientist

Peter Hagoort (Oudewater, 1954) studied psychology and biology at the University of Utrecht and experimental psychology at the Radboud University Nijmegen, where in 1990 he earned his PhD. Today he is director of a large research group that studies neuroscientific and cognitive aspects of language. In January 1999 he became a full professor at Radboud University. Hagoort is founder and director of the F.C. Donders Centre for Cognitive Neuroimaging. In November 2006 he was also appointed director of the Max Planck Institute for Psycholinguistics.

Peter Hagoort focuses on the neurobiological foundations of the human capacity for language. He studied, among other things, language disorders in patients with brain damage. Hagoort proved that the damaged brain finds alternative routes to make language cognition possible after all. Moreover, researchers supervised by Hagoort developed a method that visualizes at which moment the brain pick ups information about a word. Meanwhile this has led to a series of major publications in *Science* and elsewhere. In 2003 Hagoort won the KNAW Hendrik Muller Prize for his scientific work, and one year later he was appointed Companion of the Order of the Dutch Lion. In 2005 he was awarded the NWO-Spinoza Premium in part for his study of human language cognition and the way in which within a period of five years he turned the F.C. Donders Centre into a world-renowned institute. Peter Hagoort is a member of the KNAW, the Royal Netherlands Academy of Arts and Sciences.

Roel Willems

TEAM 2
> Biography artist

Roel Willems (1980) studied psychology at the University of Maastricht. Currently he is working on his PhD project at the F.C. Donders Centre for Cognitive Neuroimaging in Nijmegen, the Netherlands. His research is geared toward the neural basis of cognition of speech and gestures. With the help of neuroimaging techniques, the project addresses, among other things, how in the brain we link up the information that reaches us via the co-occurrence of speech and gestures. The finding that our cognition of gestures and speech takes place in our brain in a partly similar way establishes that language and action are more intertwined than previously assumed.

Op te lossen puzzels

– Irène Hediger

COMMENTARY

> *For English see p. 136*

> Irène Hediger
> Zürcher Hochschule der
> Künste ZHdK
> Instituut voor Culturele
> Studies in de Kunsten
> mededirecteur van het
> Zwitserse Artists-in-labs
> programma
> *www.artistsinlabs.ch*

Ik was verheugd een uitnodiging te hebben gekregen om aanwezig te zijn bij de manifestatie van CO-OPs in juni 2007. Hier werden de tussentijdse resultaten van het onderzoeksproject *Interterritorial Explorations in Art and Science* aan het publiek gepresenteerd, terwijl ik bovendien heb deelgenomen aan de hieraan gekoppelde expertmeeting. De 'Sonnenborgh' sterrenwacht in Utrecht was naar mijn mening de perfecte locatie voor het presenteren van het voorlopige resultaten van de CO-OPs teams. De sterrenwacht bleek een gepaste metafoor, mede op grond van de aanwezige telescoop: wie erdoorheen keek, kon een glimp opvangen van de spannende ruimtereis van de zeven onderzoeksteams. In ieder team stond de samenwerking centraal tussen twee onderzoekers, een wetenschapper en een kunstenaar. Zij hebben een gezamenlijk project ontwikkeld met als doel nieuwe terreinen open te leggen en nieuwe ontmoetingen tot stand te brengen. Het was al verfrissend om te zien dat dit streven zelf op de voorgrond stond, want doorgaans vat men de nieuwe werelden van kunst en wetenschap op als twee volstrekt gescheiden planetenstelsels, in plaats van als onderdelen van een en dezelfde interterritoriale ruimte.

De presentaties van de CO-OPs teams toonden aan hoe divers wetenschap is, en tot welke uiteenlopende processen en benaderingen dit binnen de teams heeft geleid. Ze boden tevens concreet vergelijkingsmateriaal als het gaat om de reikwijdte van de samenwerking tussen kunst en wetenschap, wat stof tot nadenken gaf ten aanzien van de waarde en mogelijkheden van zulke samenwerking.

Ik werd getroffen door de enorme toewijding van de kunstenaars om zich de kennis van het wetenschappelijke veld en het onderwerp van hun keuze eigen te maken. Dit was allerminst een eenvoudige taak, mede gezien het feit dat tijd in een wetenschappelijke omgeving een uitermate schaars goed is. Echter, zowel de zelfbespiegelende creatieve geest van de kunstenaar als de geest van de analytische gemotiveerde wetenschapper heeft tijd nodig om te onderzoeken hoe de artistieke praktijk zijn voordeel kan trekken uit de wetenschappelijke praktijk, en omgekeerd.

Om de dialoog over wederzijdse concepten en denkkaders verder te helpen en een nieuwe impuls te geven aan het discours over de afwijkende methodologieën van kunst en wetenschap, is het essentieel dat wordt uitgegaan van een realistisch tijdsbestek. Op grond van mijn ervaring als transdisciplinair curator en organisator, ben ik van mening dat deze zaak heldere onderhandelingen en duidelijke overeenstemming vereist, voordat samenwerkingsprojecten op een doelmatige manier ondernomen kunnen worden. Als het bovendien het doel is van publieksmanifestaties om een waardevoller gesprek tussen kunstenaars en wetenschappers op gang te brengen, dan zal bestudering van de maatschappelijke implicaties van wetenschappelijk onderzoek – zoals de keuze van relevante thema's voor conferenties en lezingen – positief bijdragen aan verdere samenwerking.

Waarom moeten kunst en wetenschap samenwerken en waarom zijn hedendaagse kunstenaars er eigenlijk in geïnteresseerd om wetenschap in hun kunst op te nemen? De steeds toenemende complexiteit en 'informatie overkill' in onze huidige wereld vergen innovatieve en reflectieve methoden en nieuwe benaderingen van zowel kunstenaars als wetenschappers, willen zij tenminste de uitdaging kunnen aangaan van onze culturele behoeften in de toekomst. Gedurende de afgelopen tien jaar hebben kunstenaars en kunstorganisaties dan ook een bijzondere belangstelling voor wetenschappelijk onderzoek aan de dag gelegd, mede omdat wetenschappelijke ontdekkingen een enorme weerslag op onze samenleving hebben. Er zijn in onze hecht verknoopte wereld echter nog altijd grote puzzels die om een oplossing vragen, terwijl er op plaatselijk niveau – in samenlevingen met een afwijkende economische en politieke agenda of een andere culturele achtergrond, ethiek, hoop en angst – soms veel stukjes van de puzzel kwijt zijn. Hoewel er tegenwoordig op grote schaal toegang tot wetenschap en technologie mogelijk is, bestaat er in dit verband op het niveau van het maatschappelijke discours een plafond. Hier liggen juist voor kunstenaars en wetenschappers mogelijkheden om dat gat te dichten. Roger Malina, astronoom en ruimtewetenschapper, wees op het overbruggen van deze kloof als 'het krachtige argument' voor intensieve samenwerking, toen hij aangaf 'dat juist omdat de toekomst van wetenschap en technologie open ligt, de inhoud en richting van het toekomstige onderzoek fundamenteel kunnen worden veranderd door intensieve interactie tussen kunst en wetenschap.'

Ik ben ervan overtuigd dat zo'n fundamentele verschuiving zich feitelijk kan voordoen zodra meer kunstenaars moeite doen om de rechtstreeks uit het lab afkomstige gespecialiseerde kennis samen met wetenschappers te ervaren en leren begrijpen. Door hun transdisciplinaire kennis en methodologie met kunstenaars te delen, kunnen wetenschappers bovendien de waarde gaan inzien van meer heterogene methoden van observatie, experimenteren, visualisering en communicatie als de duurzame en verantwoordelijke weg die tot zo'n ontwikkeling leidt. Er is uiteraard nog een lange weg te gaan en het is dan ook de taak van transdisciplinaire organisatoren om te verzekeren dat dit soort projecten en programma's nog vele jaren zullen doorgaan.

COMMENTARY

> *Voor Nederlands zie p. 133*

> IRÈNE HEDIGER
Zürcher Hochschule der
Künste ZHdK Institute
Cultural Studies in the Arts
Co-Director Swiss Artists-
in-labs program
www.artistsinlabs.ch

Puzzles in Progress

– *Irène Hediger*

I was very pleased to have received the invitation to attend the CO-OPs Project Team's public presentations of the preliminary results of the research project *Interterritorial Explorations in Art and Science* and be part of the expert meeting in June 2007. I thought that the 'Sonnenborgh' observatory in Utrecht was the perfect setting for the presentations of the work-in-progress of the CO-OPs teams, because the Observatory served as a metaphor for a kind of monocular telescope through which we could get a glimpse and investigate the challenging voyage that had been taken by seven research teams. Each team had hosted two researchers – a scientist and an artist – in projects which opened up new territories and encounters. Indeed the new world of art and science is often not perceived as inter-territorial space but as two different planetary systems.

The presentations by the CO-OPs teams indicated the variety of scientific disciplines, the different processes possible, and the diverse approaches such teams can produce. It also provided a very viable comparison of the scope of art-science collaboration and allowed us to reflect on the potentials and values of such collaborations.

I was intrigued by the thorough commitment of the artists to re-appropriate knowledge from the scientific field and the particular subject they chose to focus on. This was not an easy task given the fact that in the scientific environment time is a very precious commodity. However, both the artist's creative reflective mind and the mind of the analytical driven scientist need time in order to investigate how artistic practice can profit from scientific practice and vice versa.

In order to further the dialogue on each other's concepts and frames of reference as well as enhance the discourse about the different methodologies of art and science, it is essential that constructive time frames be established. From my experience as a trans-disciplinary curator and organizer, this issue should be clearly negotiated and agreed upon before the collaborations can take place. Furthermore, if the aim of public events is to 'open up' more valuable discourses between the artists and scientists, then an investigation into the social implications of scientific inquiry through the choice of relevant themes for conferences and talks tends to be more beneficial for further collaborations.

Why should art and science cooperate and why are contemporary artists actually interested in bringing science into their publicly shown art? The increasing levels of 'information overload' and complexity of our contemporary world call for innovative and reflective methods as well as new approaches by both artists and scientists to deal with the challenges of the future's cultural needs. Therefore, over the last ten years artists and arts organizations have been cultivating an interest in scientific research because of the massive effect scientific discovery is having on society. Today in our well-connected world there are still huge puzzles to solve, and many pieces of these puzzles are lost in local societies with different economical and political agendas, cultural backgrounds, ethics, hopes and fears. Although access to Science and Technology is widely available there is an enormous cap on a social discourse level and herein lies the potential for artists and scientists to bridge the gap. Roger Malina (space scientist and astronomer) refers to closing this gap as the strong case argument for deep art-science interaction when he suggested: 'The strong case argues that because the future of science and technology are open, deep art-science interaction can fundamentally alter the content and direction of future research.'

I am convinced that if more artists understand and experience the specialized knowledge directly from lab experience alongside the scientists, then a fundamental shift like this might actually occur. Also through the sharing of trans-disciplinary knowledge and methodologies with artists, scientists may begin to see value of more heterogeneous methods of observation, experimentation, visualization, and communication as a sustainable and responsible path to this development. There is still a long way to go and the role of trans-disciplinary organizers is to assure that such programs can continue for many years to come.

Laboratory on the Move

kunstenaar **Ni Haifeng**
wetenschapper **Kitty Zijlmans**

TOELICHTINGEN

> Team 3

> Biografieën, p. 154

> *For English see p. 173*

Het idee voor *Laboratory on the Move* als titel voor onze samenwerking ontstond in het eerste gesprek dat Ni Haifeng en ik hadden in maart 2006 in zijn atelier in Amsterdam. Wij wilden ons niet vastleggen op een specifieke uitkomst maar de dynamiek van onderzoek en de uitwerking ervan de vrije loop geven. Ook was het nadrukkelijk de bedoeling om op diverse plaatsen in Nederland publieksmanifestaties te organiseren. Zo zou het laboratorium tweevoudig in beweging blijven. Het startpunt lag in onze wederzijdse interesse in de relatie tussen kunst en het proces van mondialisering. De grootste uitdaging waar de discipline kunstgeschiedenis mijns inziens in de huidige tijd voor staat, is hoe zij zich kan ontwikkelen van een focus op de kunst van de Westerse wereld naar een die de kunstgeschiedenis in mondiaal perspectief plaatst. Dit betekent dat 'het Westen' niet langer wordt gezien als het centrum van de kunstproductie en de rest van de wereld als periferie, maar als een van de centra met ontwikkelingen in de kunst naast en in uitwisseling met die van andere culturen. Processen van uitwisseling en onderlinge beïnvloeding zijn niet een hedendaags verschijnsel maar al zo oud als de mensheid. Met inachtneming van die historische en contemporaine processen van wereldwijde uitwisselingen wordt de discipline geënt op een dynamisch concept van centrum en periferie met een oriëntatie op een bepaald gebied of specifieke ontwikkelingen al naar gelang de standplaats waarvandaan wordt geopereerd. Dat perspectief kan evengoed plaatselijk, interregionaal, transnationaal als mondiaal zijn.

Welke inzichten, zo vroeg ik mij af, zou de samenwerking genereren met een beeldend kunstenaar die een andere culturele achtergrond heeft dan ik en met een vergelijkbare interesse in deze problematiek? Ik was al geruime tijd bekend met het werk van Ni Haifeng, geboren in China en sinds 1994 wonend in Amsterdam. Zijn werk en de manier waarop hij hedendaagse onderwerpen als migratie en internationale, interculturele uitwisseling in krachtige, poëtische beelden problematiseert, boeit me zeer. Gelukkig was de interesse wederzijds en konden we aan de slag. Al gauw werd het idee geboren om bij de officiële start van het CO-OPs programma op 2 december 2006 in Utrecht het publiek iets te geven, een object ter reflectie.

Gift

'Gift' kwam direct voort uit het project 'Kunst als Gift' dat Ni Haifeng een korte tijd daarvoor in opdracht van de gemeente Amsterdam had uitgevoerd. Amsterdam zocht naar een manier om de inburgering van 'nieuwe' Nederlanders gekoppeld aan de dag waarop ze hun verblijfsvergunning krijgen (Naturalisatiedag) een mooie vorm te geven.[*] Haifeng werkte een project uit waarin hij, zelf immigrant, de nieuwe burgers van Amsterdam een geschenk wilde geven in de vorm van een boekje in het exacte formaat van een paspoort en vergezeld van een Chinees porseleinen object. Hij bouwde daartoe een installatie in de vorm van de plattegrond van de stad Amsterdam in typisch Nederlandse bouwmaterialen als hout, (bak)steen en aardappels, brak de installatie in talloze stukjes op en verscheepte ze naar China. Daar werden de fragmenten in wit porselein met de bekende blauwe bloemmotieven uitgevoerd en terugverscheept naar Amsterdam. 'The resulting pieces will vary', zegt Ni Haifeng, 'ranging from abstract to figurative, beautiful yet strange. Each piece contains at least one sculptural surface, which betrays that it is part of something. (...) All the materials which constituted the installation will be found in Amsterdam. It should be, in a literal sense, things from this land.' Op Naturalisatiedag kregen alle nieuwkomers als pendant van het 'echte' Nederlandse paspoort een grijs paspoort met een tekst die de ontvanger verwelkomt in Amsterdam, alsmede een porseleinen sculptuurtje. Deze verspreiding is cruciaal: 'To divide a work of art is one effort to transform art into a democratic social process. By the action of taking away the parts and the means of mass production, the work exists simultaneously as a non-sculpture and as a social sculpture. The work is, literally, embedded in the social fabric of the place.'[*] Op de foto's in het grijze paspoort zien we breed glimlachende en enigszins verbaasd kijkende, net genaturaliseerde Amsterdammers met een porseleinen aardappel in de hand.

> Zie fig. 3.01, p. 156

NOOT 1
> 'Kunst als Gift' was een opdracht van de het Amsterdams Fonds voor de Kunst om een bijdrage te leveren aan het naturalisatieproces van de stad. In een periode van twee jaar zijn op initiatief van het stadsbestuur in totaal 4.000 objecten gedistribueerd onder de nieuwe Nederlanders. De start gaf de eerste viering van Naturalisatiedag.

> Zie fig. 3.02, p. 158

NOOT 2
> Ni, H. & K. Zijlmans (eds.). *Gift.* Amsterdam: [own production], 2006.

Het vervolg hierop en ook het eerste resultaat van onze samenwerking was een kritische herbewerking van dit concept. De discussies in Nederland over Nederlanderschap (Ayaan Hirsi Ali), de voorwaarden voor het verkrijgen van het Nederlandse staatsburgerschap, de canon van Nederland en wat daartoe allemaal wel en niet behoort, het hardnekkige onderscheid dat Nederland hanteert tussen 'allochtonen' en 'autochtonen', aangewakkerd door de affaire van 'het tweede paspoort' (Geert Wilders) leidden bij ons tot gedachtewisselingen over wat een paspoort nu eigenlijk betekent en wat iemands identiteit nu in feite bepaalt. We besloten ieder een eigen definitie van het begrip paspoort te formuleren.

> A passport is an official state document which certifies a person's identity and nationality. It is a little book, with a portrait picture of the holder, his or her signature, a serial number, official stamps and signatures in it. For some it is a passport to holiday destinations, for others to freedom and safety. For some it is easy to obtain, for others a highly desired document beyond reach. It makes a person visible on paper, it is a paper identity. It says: you exist as an official State being. Passport-holders share the same State identity. The document does not say anything about the person of flesh and blood, his or her character, his or her belonging. A person's identity is far more complex than this written document. However, it is valuable; it gives you the privilege of moving from one place to the other, to cross borders. Not all have that freedom. (KZ)

Het grijze paspoort uit het Amsterdamse project keerde terug met deels dezelfde afbeeldingen; het grote verschil maken de teksten uit die over de eerdere foto's heen zijn geplaatst. Op de dag van de lancering van de zeven CO-OPs-projecten bij BAK, Basis voor Actuele Kunst in Utrecht konden alle aanwezigen en deelnemers als geschenk een grijs paspoort en een porseleinen object meenemen. Gestapeld vormen ze een kleine installatie, die de start van het programma markeert alsook de ontvanger hoopt aan te zetten tot nadenken over zijn of haar Nederlanderschap, over wat het betekent om tot een bepaalde groep te behoren of te worden gerekend, en stil te staan bij wat het is om een van de 'haves' of de 'have-nots' te zijn.

> Zie fig. 3.02-03, p. 160

A passport is an abstraction of one's identity. It is a tag that conceals and complicates the contents it represents. It shows to whom the bearer belongs, rather than who he is. Its original purpose is to function at national borders and in foreign territories at which it becomes the sole source of one's identity and by which one is privileged, dis-advantaged or stigmatised. Consequently it is also a source of prejudice, positive or negative. The problematic of a passport reflects that of all forms of identification which conceal the complexity of what they aim to represent. The problem is not the passport itself, but what lies behind the concept of nation-states which refers to a *unified place* and a *unified people*, an *invented place* and an *imagined community*. (NH)

'Gift' was in dit geval een geschenk aan *Nederlandse* Nederlanders. Velen zeiden erg blij te zijn met hun tweede paspoort. En de aardappel.

The Return of the Shreds

Onze samenwerking was drieledig van aard: er moest steeds een hoop worden georganiseerd en geregeld wanneer een project moest worden uitgevoerd: een niet te onderschatten logistiek, planning, geregel, zeker wanneer objecten getransporteerd moeten worden van China naar Nederland. Een tweede aspect was het overleggen over de vorm van de output, de reële kunstwerken, publicaties en *events*. Het derde betrof onderzoek en uitwisseling over onze thematiek: kunst in relatie tot globalisering. Zo bracht 'Gift' ons bij de problematiek van migratie, onthechting en herplaatsing, de vraag naar een culturele versus staatsidentiteit en wat het is om Nederlander te zijn dan wel te worden, en hebben we ons verdiept in theorieën over de cultuur van het geven.' Deze thematiek is later uitgewerkt in het project *Forms of Exchange*, waarover later meer. Naast eigen onderzoek op velerlei terreinen is ook naar feedback gezocht in workshops, lezingen en rondleidingen.'

Van meet af aan was duidelijk dat onze grootste publieksmanifestatie zou plaatsvinden in Leiden, woonplaats en werkplek van mij en de plaats waar in 1995 in het Centrum Beeldende Kunst de eerste solotentoonstelling (*From Human to Humbug*) van Ni Haifeng in Nederland te zien was. De voormalige wollen deken fabriek Scheltema, waar sinds

NOOT 3
> Zie: Bourdieu, P. (1984). *Distinction: A Social Critique of the Judgement of Taste* (1979). London [etc.]: Routledge & Kegan Paul. en: Graeber, D. *Toward an Anthropological Theory of Value. The False Coin of Our Dreams*. New York: Palgrave, 2001.

NOOT 4
> Op 25 mei vond in Scheltema de rondetafel discussie 'X-Change. Investigating the exchange of ideas, concepts and materials between art, academia and audiences' plaats met een tiental genodigden uit de kunstwereld (pers, kunstenaars, curatoren) en in aanwezigheid van publiek. De discussiemiddag was georganiseerd in samenwerking met studenten van de Research Master kunstgeschiedenis van de Universiteit Leiden. Tijdens de twee door mij gegeven rondleidingen met toelichting werd eveneens levendig gediscussieerd over kunst in een mondialiserende wereld.

kort Stedelijk Museum de Lakenhal actuele kunst presenteert, werd het onderkomen voor de tentoonstelling *The Return of the Shreds*. Van oudsher is Leiden een stad van textiel. De lakenindustrie maakte de stad welvarend en vanaf 1640 werd het laken beoordeeld, gemeten en geperst in de door Arent van 's Gravensande speciaal daarvoor ontworpen 'Laeckenhalle'. Na de teloorgang van de lakenindustrie werd in het in onbruik geraakte pand sedert 1874 de stedelijke collectie voorwerpen van geschiedenis en kunst ondergebracht. Op steenworp afstand ligt de negentiende-eeuwse dekenfabriek Scheltema, die – nadat ook de productie van wollen dekens stil was komen te liggen – nog een tijd dienst heeft gedaan als opslagplaats voor lompen.

> Zie fig. 3.06, p. 164

De voormalige functie van textielfabriek gaf de aanzet tot de installatie waaraan de titel van de tentoonstelling, 'The Return of the Shreds', is ontleend. Ruim negen ton restjes en reepjes stof uit China vormden de gigantische installatie. In feite zijn de rafels en resten in Scheltema terug op de werkplaats, echter met een andere boodschap. Al eeuwenlang is textiel een belangrijk handelsgoed uit China en in de huidige tijd wordt de Nederlandse markt werkelijk overspoeld met goedkoop geproduceerde (en op grote schaal gekochte) kleding 'Made in China'. Deze installatie bracht de bezoeker oog in oog met het restmateriaal, dat altijd onzichtbaar blijft omdat het achterblijft. In haar boek *China. Centrum van de wereld* (2007) schetst China correspondent Garrie van Pinxteren het in razend tempo veranderende China van een landelijke, wat slaperige staat naar een flitsend snelle economische supermacht. De economische groei wordt echter geëvenaard door de milieuvervuiling. 'China als vuilnisvat van de wereld' luidt de omineuze titel van hoofdstuk 10 en ook in haar openingsspeech van de tentoonstelling onderstreepte Van Pinxteren de deplorabele arbeidsomstandigheden en de gigantische vervuiling van land, lucht en water in China. Dit valt aan de producten die overal ter wereld worden afgezet meestal niet af te lezen – hoewel we onlangs werden opgeschrikt met het nieuws van een lading speelgoed uit China waarin giftige stoffen waren gebruikt – en het goedkope waar wordt gretig gekocht. De berg 'shreds' in de tentoonstelling is letterlijk maar het topje van de ijsberg. Ni Haifeng omschreef in het tentoonstellingsplan de installatie 'The Return of the Shreds' als een referentie naar:

NOOT 5
> Pinxteren, G. van. *China. Centrum van de wereld.* Amsterdam: Balans, 2007.

The return of poverty created by the high consumerism culture, the return of that which is left along with the impoverished labourers of the luxury brands. The shreds are waste materials and leftovers of the products of the luxury brands and in the perspective of production they constitute the shadow of the glorious product. A dark shadow, a spectra, a ghost which mirrors the glorious product, has to be made unseen at all cost in the logic of high consumerism culture in order to render the product highly desirable. The return of the shreds is thus the ghost returned to haunt its living twin – the glorious product.*

NOOT 6
> Tenzij specifiek aangegeven zijn alle citaten van Ni Haifeng afkomstig uit de tentoonstellingsplannen en de beschrijving en achtergrond van de verschillende installaties.

Het overkoepelende thema van de tentoonstelling valt het best te vatten onder het begrip transfer – het transporteren, uitwisselen en de overdracht van goederen en gedachtegoed tussen landen, culturen en mensen. Door de globalisering vindt dit op wereldschaal plaats; het economische en handelssysteem is allang transnationaal. Deze handelsbetrekkingen zijn zelden gelijkwaardig. De rijke landen profiteren enorm van de goedkope arbeidskrachten in de ontwikkelingslanden. Commentaar hierop geeft de foto van de Engeltalige uitgave van Karl Marx' fameuze boek *Das Kapital* (1867) opengeslagen op de bladzijde die gaat over gebruiksgoederen, geld en handel. Na veertig dagen opengeslagen te zijn geweest in het atelier van Ni Haifeng is er aardig wat stof verzameld op het boek. Op wereldschaal zijn Marx' ideeën over de relatie tussen arbeid en inkomensverdeling echter nog even actueel als in de negentiende eeuw.

Voor de keerzijde van globalisering met de vaak negatieve connotaties als klimaatverandering, de opwarming van de aarde, het uitputten van de grondstoffen, pandemieën, een groeiend kapitalisme en daarmee gepaard gaande (ongelijke) arbeidsverdeling, wordt ook wel de term mondialisering ingezet, waarmee nu juist de verbondenheid met het lokale/regionale (taal, cultuur, gewoonten en gebruiken) wordt aangeduid. De twee bewegingen stipuleren elkaar, maar zijn niet causaal verbonden. Het zijn eerder twee parallelle bewegingen, waarbij de eerste vooral betrekking heeft op de industrie, de handel en het internationale bedrijfsleven, terwijl de tweede eerder slaat op de uitwisseling van kennis en cultuur waar regionaal/nationaal besef prevaleert. In het 'Gift' project zijn deze twee noties met elkaar verbonden. De porseleinen sculptuurtjes en het grijze paspoort zijn culturele agenten; productieproces en transport – ze zijn immers 'Made in China' – deel van het internationale handelsverkeer.

Een tweede leidmotief van de tentoonstelling is de historische verbinding tussen Nederland en China, tussen 'het Westen' en het 'Verre Oosten'. Handel is de rode draad en Nederland als zeevarende natie voer daar wel bij. Veel van Ni's werk refereert aan de activiteiten van de VOC, zoals ook het in 2005 in Delft uitgevoerde werk 'Of the Departure and the Arrival'. Voor dit kunstproject had de kunstenaar aan de inwoners van Delft gevraagd een alledaags object van henzelf in te leveren. Deze kakofonie van gebruiksvoorwerpen werd naar China verscheept waar ze in porselein werden uitgevoerd en met de bekende 'Delfts blauwe' decoraties beschilderd. Deze lading exotische unica (van strijkijzers en horloges tot kinderspeelgoed en een oude rioolpijp) werd vervolgens terugverscheept naar Delft en tentoongesteld op een aantal plaatsen zoals Museum het Prinsenhof en in het ruim van een schip. De porseleinen banden tussen Delft en China werden vier eeuwen later aldus bezegeld.

> Zie fig. 3.08, p. 166

Ni Haifeng ziet in de VOC, die ook wel de eerste naamloze vennootschap wordt genoemd, een voorloper van de huidige multinationals. In dat opzicht is er niet zoveel nieuws onder de zon. Dagelijks worden talloze producten verhandeld en om zicht te houden op die baaierd van goederen kent de commerciële handel aan elk handelswaar (kleding, voedsel, elektronica, enz.) een eigen code toe. Dit internationaal gehanteerde, gestandaardiseerde 'Harmonized Commodity Description and Coding System' (afgekort als HS), dat door de World Customs Organization (WCO) wordt bijgehouden, classificeert handelswaar in allerlei categorieën, die te herkennen zijn aan de serienummers. Drie installaties op de tentoonstelling verwijzen naar deze praktijk. Producten die zijn geregistreerd zoals thee, specerijen, porselein en schoeisel hebben ieder een eigen code. Deze codering is uitermate ver doorgevoerd. Groene thee uit China die in bulk wordt vervoerd niet groter dan drie kilo bijvoorbeeld krijgt een andere code dan zwarte thee of diezelfde thee in pakjes van een half pond. Consumptiegoederen uitvoeren is nog lastiger dan niet-consumeerbare waren; er komt nog veel meer bureaucratie aan te pas. Dat geldt

NOOT 7
> Ni, H. (ed.). Of the Departure and the Arrival. With texts by Bert Steevensz and Ni Haifeng. Amsterdam: Gallery Lumen Travo, 2005.

> Zie fig. 3.11, p. 169

> Zie fig. 3.09-10, p. 168

NOOT 8
> Arkestijn, R. & Ni Haifeng
(eds.). Ni Haifeng No-Man's-
Land. Amsterdam: Artimo; The
Hague: GEM, Museum of con-
temporary art. Amsterdam:
Gate Foundation, 2003.

ook voor ongebruikelijke producten zoals scherven aardewerk die geen code hebben en dus eigenlijk onzichtbaar zijn. Er is heel wat overleg nodig geweest (en geld) om dit product naar Nederland te vervoeren. De installatie 'HS 0904.11, 0902.20, & 6911.10', drie houten kisten met daarop kleine piramides van respectievelijk rode pepertjes, thee en scherven, is een synecdoche voor de eertijds zo begeerde specerijen, thee en porselein uit 'het Verre Oosten'. In de loop der eeuwen zijn deze goederen in de Europese landen dermate gemeengoed geworden dat ze deel zijn gaan uitmaken van onze woon- en eetculturen. Terugdenkend aan 'Gift' ligt het inburgeringproces van mensen beduidend complexer.

De code 'HS 6403.99' verwijst naar een heel specifiek soort schoenen (leren bovenkant, rubberen zool). Boven het in brons afgegoten paar herenschoenen is op een piepklein LCD scherm een ronddraaiende schoen te zien die in brand staat. Deze installatie geeft kritiek op het protectionisme van de Europese handelsmarkt. Ni:

> The Chinese export of Category 640399 to the EU market rose to 681% in 2005, which provoked an outcry of Western shoe manufacturers urging EU government to curb the import. Italian shoe manufacturers made a declaration on refusing outsourcing for their products which are generally regarded as part of the ultra-luxury brands culture. *Made in Italy* and *Made in France*, according their declaration, are once more instated to signify the unsurpassed *Unique Quality*. In 2005 a large quantity of imported Chinese shoes was set on fire in Spain, by the outraged shoe retailers and manufacturers. The cold war on trade is still in practice till today.

Deze 'outcry' staat echter in scherp contrast met de vraag naar goedkope schoenen door de consument.

De referentie naar 'Made in China' en de historische handelsbetrekkingen tussen Nederland en China keren regelmatig terug in het werk van Ni Haifeng. In zijn serie 'Self-Portrait as a Part of the Porcelain Export History' (1999-2001) tonen zeven foto's delen van het naakte lichaam van Ni beschilderd met de blauwe motieven uit de porseleinfabricage en citaten uit Westerse standaardwerken over Chinees porselein.* In de installatie 'Shrinkage 10%' vormde een aantal stukken

Chinees porselein uit de Lakenhal collectie de basis voor deze hedendaagse variant op het *Chine de Commande* uit de achttiende eeuw, dat in
grote hoeveelheden door de VOC werd verscheept. Toentertijd waren
deze schalen, kop en schotel, sauskom, vaas en theebus gebruiksvoorwerpen voor de gegoede burgerij; inmiddels zijn het museale objecten geworden. De foto's daargelaten zijn de stukken net zoals het vroe-
gere *Chine de Commande* op basis van tekeningen en gegevens als maat
en dikte in China nagemaakt. Wanneer een object echter één op één
wordt nagemaakt in klei zal de kopie 10% kleiner uitvallen omdat de
objecten in het bakproces krimpen. Dit principe is in deze installatie
tot het extreme toegepast: de kopie van het origineel uit De Lakenhal
werd op haar beurt weer gebruikt als origineel en dit proces werd acht
keer herhaald totdat het laatste object bijna een poppenhuisvariant
was van het origineel. Bovendien zijn de porseleinen objecten 'oud'
gemaakt om ze moeilijk van een origineel te kunnen onderscheiden.
Het produceren van 'oud' porselein is een levendige nering in China.
In deze installatie staan de gebruikswaarde, ruilwaarde en symbolische waarde van objecten ter discussie. Immers, in de kunst spelen noties van originaliteit en authenticiteit een belangrijke rol. Wat is hier
nu namaak, wat het origineel, wat de kopie? De hang naar de 'authorial uniqueness' is volgens Ni Haifeng een moderne inventie van de
Westerse cultuur:

> Zie fig. 3.13, p. 170

> What about our fundamental assumption on the inexorable distinction
> between the authentic and the counterfeit, the real and the fake? Aren't
> they reversible and relative, once our signification system is breached?
> That is to say, just like money, the moment we stop signifying a banknote
> a representational value, the concept of authentic versus counterfeit be-
> comes irrelevant. That means, in a reversed logic, that the counterfeit
> disturbs the signifying system.

Een derde grondthema van de expositie heeft betrekking op wat
Nicolas Bourriaud aanduidt met *relational aesthetics* of 'dialogische
kunst', een vorm van proceskunst die niet zozeer naar een object toe-
werkt maar waar het uiteindelijk gaat om sociale verbintenissen tussen (groepen) mensen.' Vaak speelt deze kunstvorm zich af op straat,

NOOT 9
> Bourriaud, N. *Relational
Aesthetics*. Dijon: Les presses
du réel, 2002.

althans niet op de traditionele kunstplekken, hoewel de kunstinstelling wel het initiatief kan nemen of iets op gang zet. Veel vindt echter daarbuiten plaats. Van belang zijn de relaties tussen mensen die door en in het project gestalte krijgen zoals bijvoorbeeld in de projecten 'Kunst als gift' en 'Gift' die inhaken op of beogen sociale processen tot stand te brengen. De dynamiek van die processen ligt in de menselijke interactie en kan onverwachte wendingen nemen. Een van de 'nieuwe Nederlanders' die op naturalisatiedag een grijs paspoort en porseleinen aardappel had gekregen, gaf zonder aarzeling het object weg omdat hij het maar een raar ding vond en het voor hem geen betekenis had. De ontvangster daarentegen was buitengewoon gelukkig met het voorwerp omdat ze van het project had gehoord en dolgraag zo'n aardappel wilde hebben. Zij kende de codes van deze kunstvorm en het netwerk van relaties waarvan ze nu deel uitmaakt.

> Zie fig. 3.14, p. 171

'Used Passports' heeft een vergelijkbare basis. De installatie bouwt verder op het terugkerende thema van officieel staatsdocument versus identiteit. Mensen behouden graag hun verlopen paspoorten en ook die van hun geliefden of overleden familieleden. Dat zijn als het ware stukjes van hun identiteit. Door het Nederlandse staatsburgerschap met als bewijs daarvoor een paspoort zijn we met elkaar verbonden, maar achter al die paspoorten schuilen heel verschillende mensen. Met een oproep in de krant om oude paspoorten in te leveren, namen meer dan 150 mensen uit het hele land deel aan dit kunstproject en verbonden ze zich zo ook aan elkaar. Dit project heeft door het al eerder genoemde actuele politieke debat over het hebben van 'twee paspoorten' een onverwachte actualiteit gekregen: nimmer waren we ons zo bewust van (de waarde van) ons paspoort. Ook laat de installatie de bureaucratische kant van het reizen en van migratie zien, de talloze visa, stempels, handtekeningen en zegels getuigen ervan. Tegelijkertijd tonen ze de sporen van het reizen.

Het viel op dat de bezoekers vaak als eerste naar de wand met paspoorten toe stapten om 'hun' paspoort te vinden. Dan wezen ze hun gezelschap aan waar 'zij' hingen; sommigen zeiden geëmotioneerd te zijn bij het zien van de paspoorten die zij voor de duur van de tentoonstelling hadden afgestaan, vooral wanneer het overleden familieleden of partners betrof. Op deze manier consolideren de paspoorten niet alleen de onderlinge relaties, ze laten ze ook zien, net zoals de installatie toont wie er allemaal hebben meegedaan. Het vooruitzicht iets te mogen uitruilen en meenemen trok een hoop bezoekers naar Museum Het Domein in Sittard, een volgende stop van het *Laboratory on the Move* waarvoor wij Wang Jianwei hadden uitgenodigd mee te doen met het project *Forms of Exchange.*

NOOT 10
> *Forms of Exchange* vond plaats van 10 augustus-2 september 2007 in Museum Het Domein in Sittard in het kader van de manifestatie *Made in Mirrors*. Evenals bij de tentoonstelling *The Return of the Shreds* verschijnt ook naar aanleiding van dit project een aparte Engelstalige publicatie.

Forms of Exchange

Op p. 418 van *Harry Potter and the Deathly Hallows* probeert Bill Weasley de opvattingen over eigenaarschap van kobolds uit te leggen aan Harry Potter. Zoals in veel fantasieverhalen zijn sinds mensenheugenis kobolds en dwergen de makers van de prachtigste juwelen en het fijnste wapentuig. Griphook, de kobold die zijn zinnen heeft gezet op het ooit door zijn volk gesmede, magische zwaard van Gryffindor, is van mening dat het zwaard hem toebehoort omdat het ooit door een kobold is vervaardigd. Volgens de overleveringen van de kobolds is de rechtmatige en ware eigenaar van een object zijn maker, niet zijn koper. Ook als het object gekocht is en lange tijd van de ene hand in de andere is overgegaan, dan nog is de kobold de werkelijke bezitter van het ding. Het betaalde geld wordt gezien als een soort huur die men kwijt is voor het tijdelijke bezit en gebruik ervan, maar is nimmer bedoeld om het aldus verkregen object als eigendom te beschouwen. Voor kunst geldt veelal hetzelfde. Een kunstwerk blijft het geestelijk eigendom van de kunstenaar, ook al heeft iemand het werk gekocht. Je kunt er dus niet zomaar mee doen en laten wat je wilt, terwijl dat nu juist wordt gezien als een teken van bezit. Toch betekent het hebben van een kunstwerk veel voor de bezitter, naast esthetisch of emotioneel genot ook trots en distinctie, iets hebben wat een ander niet heeft, een uniek kunstwerk.

Forms of Exchange speelt daarop in. De twee installaties, de eerder vermelde 'Gift', en het werk 'Input/Output' van Wang Jianwei is gedeeld eigenaarschap en het proces van geven en nemen het onderwerp. De Franse antropoloog Marcel Mauss heeft in zijn *Essai sur le Don* (essay over de gift) uit 1925 geschenkenruil omschreven als het morele cement van een samenleving. De wederkerigheid van de gift onderhoudt en onderstreept sociale binding. In *Forms of Exchange* kon men

NOOT 11
> Mauss, M. *The Gift: Forms and Functions of Exchange in Archaic Societies*. London: Cohen & West 12, 1970. (Oorspr. versie *Essai sur le Don*, 1925).

> Zie fig. 3.15, p. 172

> Zie fig. 3.15, p. 172

in het eerste geval een porseleinen object vergezeld van het grijze paspoort meenemen. Dat was niet tegen dovemans oren gezegd. Op de opening verdwenen in een verbazend hoog tempo de objecten en boekjes in de zakken en tassen van de bezoekers en al snel bleven twee lege dozen en de plek van de stapel boekjes achter. In rappe vaart is de fysieke installatie onder de mensen verspreid geraakt. Thuis zijn zij de bezitter van een mini-installatie en zullen ze altijd deel uitmaken van dit kunstwerk. Het werk creëert dus naast een kunstzinnige ook een sociale verbintenis. In het grijze paspoort reflecteert de tekst in samenspel met het porseleinen object op kwesties als eigendom, eigenheid en identiteit.

'Input/Output' speelt in op processen van wederkerigheid, geconcretiseerd in een installatie van twee houten bakken, de een vooralsnog leeg, de ander gevuld met roze rubberen sculptuurtjes van een menselijk oor, maar dan in reuzenformaat, en het piept wanneer je erin knijpt. De oren zijn bedoeld om te ruilen. Het is spannend om te zien wat iemand van zichzelf achterlaat in de ene bak om een oor uit de andere mee te mogen nemen. Net zoals 'Gift' verwijst het piepoor altijd terug naar zowel de installatie als het ding (en diens gever) dat is achtergelaten en dat nu deel uitmaakt van een nieuwe verzameling, een toevallig samengestelde berg voorwerpen van de bezoekers. Ieder van hen heeft een vergelijkbaar object mee naar huis genomen en er iets anders voor in ruil teruggegeven: een stropdas, kindertekening, leesbril, boekje, museumkaart, armband, snoepje, tampon, een paraplu. Ook die verbinding beklijft. Wat men afgeeft zal per cultuur verschillen en zo vertegenwoordigen Wangs verzamelingen een ware culturele archeologie.

Forms of Exchange vond plaats in het kader van het interculturele uitwisselingsproject *Made in Mirrors*.' Uitwisseling betekent altijd een proces tussen ten minste twee partijen. Ni: 'The project focuses on the practice of gift, social interaction, and the related issues of personhood, property, authorship, the negotiation of identity through direct social exchange.' Is, zo vroeg hij zich af:

NOOT 12
> *Made in Mirrors* wordt gedragen door een gelijknamige stichting, die het gezamenlijke initiatief is van twee musea, Museum Het Domein in Sittard en het Museu de Arte Moderna Aloisio Magelhaes in Recife, Brazilië, het bedrijfsleven (DSM), een zelfstandig kunstinitiatief in China, Vitamin Creative Space, en een particuliere mecenas. MiM is een intercultureel spiegelexperiment, een uitwisselingsmodel waarmee het perspectief geopend wordt op een innovatieve invulling van museaal beleid en het nemen van interculturele verantwoordelijkheid. Door middel van presentaties, onderzoek en het openstellen van gastateliers over en weer moet de interactie tussen Nederlandse en buitenlandse kunstenaars, curators, stedenbouwkundigen, schrijvers etc. vorm krijgen. Zie ook: www.hetdomein.nl, www.vitamincreativespace. com en www.mamam.art.br

A pure present possible? Can art provide new conceptions of social relations that reject the rationalist, individualistic model on which our society believes it is based? Is the gift a sign or a thing? Can an object of non-monetary value generate an emphatic dialogue between exchanging parties? Can the practice of gift, or *Moral Economy* as it is called by some, provoke us to rethink alternative forms of social exchange in the era of global capitalism?

In *Forms of Exchange* is de traditionele, eenzijdige relatie tussen de kunstenaar als schepper en de kunstconsument als afnemer losgelaten ten gunste van deelname en uitwisseling. In het klein bootst het project de wereldwijde uitwisseling van kennis, goederen en mensen na, vormen van ruil, uitruil en handel. Onderliggende vragen hebben betrekking op de verdeling van bezit en daaraan gelieerde machtsposities op wereldschaal; meer op het persoonlijke vlak op de vraag wanneer iets echt van *jou* is. Stelen daargelaten vindt de toe-eigening van een object plaats wanneer iemand iets zelf heeft gemaakt, gekregen, geruild of gekocht. In het eerste geval ben je zelf de schepper, in het tweede geval word je iets geschonken en in het derde en vierde geval is er sprake van wederkerigheid, het object komt in ruil voor iets anders of voor geld. In hoeverre is er in het laatste geval sprake van gelijkwaardigheid? Gift noch geld zijn eenduidig en vaak ook niet onbaatzuchtig verkregen.

Teruggekoppeld naar het kader van 'kunstgeschiedenis in mondiaal perspectief' hebben beide werken betrekking op interculturele uitwisseling. Voor Ni Haifeng is die gelegen in de 'inter-culturality within a given society, the fragmented objects reflect a complex history entering the viewer's personal life.' Voor Wang Jianwei ziet hij die in de 'communication between two divergent cultures'. Het identieke oor genereert een polyfonie aan persoonlijke geschiedenissen. Beide praktijken zijn voorbeelden van grensoverschrijdingen van esthetische productie en receptie.

Ruimte voor de kunst

Het uitgangspunt voor onze samenwerking in het *Laboratory on the Move* was om te kijken naar relaties en interacties tussen artistieke en academische benaderingen op het terrein van kunst en globalisering, met daarbij de gedachte de dynamiek van het proces de vrije loop te laten. Het project is om te beginnen groter geworden dan van tevoren was te overzien. Daarin zit klaarblijkelijk ook een eigen vaart. Evenzeer heeft het een aantal inzichten in de koppeling tussen kunst en mondiale processen verdiept. Allereerst maakte de confrontatie met daadwerkelijke handelstransacties, het regelen, laten uitvoeren, transport, het laten inklaren, de geldelijk transacties, de inzet van mensen en de mensen achter de structuren en organisaties, kortom de totale logistiek meer dan ooit duidelijk hoezeer (deze) kunstwerken verbonden zijn met mondiale systemen als handel en economie.

Deze 'global assemblages', zoals Saskia Sassen die noemt, zijn diep verankerd in de natiestaten die in verleden zijn gevormd.[*] Er zit een frictie tussen het nationale en mondiale die ook te herkennen is in de (beoefening van de) kunstgeschiedenis. Kunst en cultuur worden immers wereldwijd in hoge mate nationaal geclaimd en dat staat haaks op kunst opgevat als wereldsysteem – namelijk systemen in de terminologie van Immanuel Wallerstein 'that are a world'.[*] Deze asymmetrie zien we ook in de financiering: kunstinstituties rijken graag naar internationale uitwisselingen maar ze zijn afhankelijk van lokale en nationale financiering. 'World Art Studies', de studie van kunst wereldwijd en van alle tijden, dus kunst opgevat als panmenselijke uitdrukkingsvorm ligt in het verlengde van globaliseringstheorieën maar de precieze verbindingen behoeven nadere studie.[*]

Een volgend belangrijk inzicht heeft te maken met de aard van de kunstinstallaties in dit project. De beelden entameren deelname. Ze creëren als artistieke praxis een nieuwe ruimte. Alle hierboven besproken kunstinstallaties, hoe speels soms ook, refereren aan kwesties die in de huidige tijd op wereldschaal spelen; of het nu gaat om migratie, noties van identiteit of economische groei en haar keerzijde, de werken hebben allemaal een diepere maatschappelijke betekenis. Bovendien bevragen deze kunstwerken ook hun eigen plaats en status als kunst, worden grenzen opgezocht en verlegd. Ze eisen een an-

NOOT 13
> Sassen, S. *Territory-Authority-Rights. From Medieval to Global Assemblages.* Princeton and Oxford: Princeton University Press, 2006.

NOOT 14
> Wallerstein, I. *World-Systems Analysis. An Introduction.* Durham and London: Duke University Press, 2006 (1ste dr. 2004).

NOOT 15
> Zijlmans, K. en W. van Damme, (eds.). *World Art Studies. Exploring Concepts and Approaches.* Amsterdam: Valiz, 2008 [forthcoming]. Zie ook: Zijlmans, K. 'Kunstgeschiedenis en het discours over mondialisering' in: *Marokko: Kunst en Design 2005.* Catalogus Rotterdam Wereldmuseum, 2005. p. 21-25.

der begrip ten aanzien van het kunstwerk op gericht een herijking en evaluatie van een ervaring die zich ook in de tijd ontvouwt. De kunstenaar is veel meer de stimulator en instigator van processen, bewegingen die oscilleren tussen kunstenaar/kunstwerk en deelnemers.

Participatie of deelnemerschap is een sleutelbegrip in huidige debatten over kunstvormen waarbij de kunstenaar situaties schept waarin bredere maatschappelijk-culturele thema's worden aangesproken. Op vele plekken in Nederland en erbuiten wordt het debat over de verbondenheid en tegelijkertijd de spanning tussen maatschappelijke actualiteit en artistieke uiting stevig gevoerd. De werken in *The Return of the Shreds* en *Forms of Exchange* doen zo'n meervoudig appel op de bezoeker. Het beeld vraagt in zijn materiële verschijningsvorm aandacht en positionering. Welke dat is hangt af van de kijker. Dat geldt ook voor de mogelijkheden tot interpretatie die het biedt. De installaties bepleiten mogelijkheden tot verandering in denken en doen. Ze nodigen uit tot deelname en vormen als zodanig een nieuwe relationele ruime.

NOOT 16
> Bourriaud (op.cit. noot 9). Zie ook: Rancière, J. 'Problems and Transformations in Critical Art' (2004), in: Claire Bischop (ed.). *Participation*. Documents of Contemporary Art. Cambridge (MA): MIT i.s.m. London: Whitechapel Art Gallery, 2006, pp. 83-93.

NOOT 17
> Zie bijvoorbeeld de discussie rondom 'State Britain' van de Engelse kunstenaar Mark Wallinger in de Tate Britain (2007); 'Citizens and Subjects: Aernout Mik' in het Nederlandse paviljoen op de Biënnale van Venetië 2007. (Zie: Braidotti, R., Charles Esche and Maria Hlavajova (eds.) 2007. *Citizens and Subjects: The Netherlands, for example*. Dutch Pavillion A Critical Reader. Venetië: la Biennale di Venezia, 52. Esposizione Internationale d'Arte); de activiteiten van BAK, Basis voor Actuele Kunst in Utrecht waar in het kader van de mid-manifestatie van het CO-OPs-project op 29 en 30 juni twee internationale expertmeetings zijn georganiseerd over de relaties tussen kunst en wetenschap; het programma 'Be(com)ing Dutch' van het Van Abbe Museum in Eindhoven, en de werkzaamheden van Stichting Interart in Arnhem.

Ni Haifeng

Ni Haifeng werd in 1964 geboren in Zhoushan, China, en woont en werkt sinds 1994 in Amsterdam. Hij volgde van 1983-1986 zijn opleiding aan de Zhejiang Academy of Fine Arts, in de huidige tijd China Academy of Fine Arts genaamd. In China maakte hij in de jaren tachtig actief deel uit van de avant-garde groepen. Het werk van Ni Haifeng kenmerkt zich door een gelaagdheid die erop is gericht om de toeschouwer bewust te maken van identiteit, historie, economische aspecten in heden en verleden en menselijke waarden. Door zijn werk wijst hij ons op verschillen in inzichten en perspectieven vanuit de verschillende culturele achtergronden in de westerse en niet-westerse maatschappij. Hij houdt ons een spiegel voor, waardoor wij anders naar onze eigen Europese achtergrond leren kijken en onszelf alsmede onze omgeving in een mondiaal perspectief kunnen plaatsen. Ni Haifeng werkt in tal van materialen, hij schildert, tekent, fotografeert, maakt video's en combineert tal van technieken en materialen in zijn veelal als poëtisch gekenschetste installaties. Hij geeft boeken uit, zoals *Of the Departure and the Arrival* (2005), heeft tal van solotentoonstellingen en participeert in vele groepstentoonstellingen in binnen- en buitenland. In 2004 werd de eerste Fritschy-prijs toegekend aan Ni Haifeng voor de bijdrage die zijn werk levert aan het interculturele debat (zie de catalogus *Ni Haifeng Xeno-writings*, Museum Het Domein, Sittard en Stichting Fritschy prijs 2004). Zie voor zijn tentoonstellingen en projecten *www.xs4all.nl/~haifeng*.

Kitty Zijlmans

Kitty Zijlmans (Den Haag, 1955) studeerde kunstgeschiedenis in Leiden. Zij werkte enige tijd als docent kunstgeschiedenis aan de Koninklijke Academie voor Kunst en Vormgeving te 's-Hertogenbosch. Sinds 1989 is zij verbonden aan het Kunsthistorisch Instituut van de Universiteit Leiden. Zij promoveerde in 1989 op een theoretisch proefschrift over kunstgeschiedenis en systeemtheorie (*Kunst/Geschiedenis/Kunstgeschiedenis. Theorie en praktijk van een kunsthistorische methode op systeemtheoretische basis*, Leiden 1990).

Op 1 juli 2000 werd zij benoemd tot hoogleraar in de 'Geschiedenis en theorie van de beeldende kunst van de nieuwste tijd' aan de Universiteit Leiden. Zij is lid van de Steering Committee van het ESF (European Science Foundation) netwerk 'Discourses of the Visible: National and International Perspectives' (2003-2007) en voorzitter van de programmacommissie van het door NWO gesubsidieerde onderzoeksprogramma 'Transformaties in Kunst en Cultuur' [TKC]. Zij is 'founding co-editor' van de serie 'Arts, Sciences and Cultures of Memory' van Equinox uitgeverij in Londen. In het voorjaar van 2005 was zij 'visiting professor' aan de University of California in Berkeley. Vanaf januari 2006 is zij lid van de commissie Beeldende Kunst en Vormgeving van Raad voor Cultuur, en sinds maart 2006 adviseur van het NIAS.

Haar interesse ligt op het gebied van de hedendaagse kunst, in het bijzonder de nieuwe media en installatiekunst, kunsttheorie, en methodologie. Daarnaast hebben de positie en het aandeel van de vrouw in kunst en cultuur en de huidige interculturele processen en mondialisering van de (kunst)wereld haar bijzondere belangstelling. Dit hangt onder meer samen met het streven van de Leidse opleiding Kunstgeschiedenis naar het ontwikkelen van een kunstgeschiedenis in mondiaal perspectief.

FIG. 3.01
> Ni Haifeng and Kitty Zijlmans,
  'Gift', 2006, work in progress,
  installation view, BAK,
  Utrecht.

FIG. 3.03
> (p. 160) Ni Haifeng, 'The
  Return of the Shreds', 2007,
  single channel video with
  soundtrack, DVD, 12 min.
  detail, installation, Stedelijk
  Museum de Lakenhal/
  Scheltema, Leiden, exhibition
  The Return of the Shreds, Ni
  Haifeng in collaboration with
  Kitty Zijlmans.

FIG. 3.04
> Ni Haifeng, 'The Return of
  the Shreds', 2007, textile
  shreds, carton boxes, stitched
  cloth, single channel video,
  soundtrack, DVD, 12 Min.
  detail installation, Stedelijk
  Museum de Lakenhal/
  Scheltema, Leiden, exhibition
  The Return of the Shreds, Ni
  Haifeng in collaboration with
  Kitty Zijlmans.

FIG. 3.05
> Ni Haifeng, 'The Return of
the Shreds', 2007, textile
shreds, carton boxes, stitched
cloth, single channel video,
soundtrack, DVD, 12 Min.
detail installation, Stedelijk
Museum de Lakenhal/
Scheltema, Leiden, exhibition
The Return of the Shreds, Ni
Haifeng in collaboration with
Kitty Zijlmans.

FIG. 3.06
> (p. 164) Installation view
'Lab', 2007. Presentation by
guest curator Roel Arkesteijn,
Stedelijk Museum de
Lakenhal/Scheltema, Leiden,
exhibition *The Return of the
Shreds*, Ni Haifeng in collabo-
ration with Kitty Zijlmans.

FIG. 3.07
> Ni Haifeng, 'The Return of the
Shreds', 2007, textile shreds,
carton boxes, stitched cloth,
detail. Installation Stedelijk
Museum de Lakenhal/
Scheltema, Leiden, exhibition
The Return of the Shreds, Ni
Haifeng in collaboration with
Kitty Zijlmans.

FIG. 3.08

> Ni Haifeng, 'Of the Departure and the Arrival', 2005; porcelain objects, wooden crates installation Stedelijk Museum de Lakenhal/ Scheltema, Leiden, 2007, exhibition *The Return of the Shreds*, Ni Haifeng in collaboration with Kitty Zijlmans.

FIG. 3.09
> Ni Haifeng, 'HS 6403.99', 2007,
  nickel coated bronze, LCD
  screen, video, no sound, 1
  min. installation, Stedelijk
  Museum de Lakenhal/
  Scheltema, Leiden, exhibition *The Return of the Shreds*, Ni
  Haifeng in collaboration with
  Kitty Zijlmans.

FIG. 3.10
> Ni Haifeng, 'HS 6403.99',
  2007, nickel coated bronze,
  LDC screen, detail, installation, Stedelijk Museum de
  Lakenhal/Scheltema, Leiden,
  exhibition *The Return of the
  Shreds*, Ni Haifeng in collaboration with Kitty Zijlmans.

FIG. 3.11
> (p. 169) Ni Haifeng, 'HS
  0902.20, 0904.11 & 6911.10',
  2007, porcelain shards, green
  tea, red peppers, wooden
  boxes, installation, Stedelijk
  Museum de Lakenhal/
  Scheltema, Leiden, exhibition *The Return of the Shreds*, Ni
  Haifeng in collaboration with
  Kitty Zijlmans.

FIG. 3.12-13
> Ni Haifeng, 'Shrinkage
10%', 2007, replica and
original collections from
the Stedelijk Museum de
Lakenhal, porcelain bowls,
tea jar, cup, saucer, sauce
boat, showcases, installation
Stedelijk Museum de
Lakenhal/Scheltema, Leiden,
exhibition *The Return of
the Shreds*, Ni Haifeng in
collaboration with Kitty
Zijlmans.

FIG. 3.14
> (p. 171) Ni Haifeng, 'Used
Passports', 2007, old passports, plastic bags; installation Stedelijk Museum de
Lakenhal/Scheltema, Leiden,
exhibition *The Return of the
Shreds*, Ni Haifeng in collaboration with Kitty Zijlmans.

FIG. 3.15
> Ni Haifeng and Kitty Zijlmans
'Gift', 2006, work in progress,
installation view, Museum Het
Domein, Sittard, 2007.

FIG. 3.16
> Wang Jianwei, 'Input/Output',
2007, work in progress, installation view, Museum Het
Domein, Sittard, 2007

Laboratory on the Move

artist Ni Haifeng
scholar Kitty Zijlmans

COMMENTARY

> Team 3

> Biographies, p. 188

> *Voor Nederlands zie p. 139*

The idea for *Laboratory on the Move* as title of our cooperation emerged in the first conversation Ni Haifeng and I had in his studio in Amsterdam in March of 2006. We did not want to commit ourselves to some specific outcome, but to a particular research dynamic marked by open-endedness or a range of potential results. As part of our project we also wanted to organize cultural public events in various locations in the Netherlands. This double approach would allow our laboratory to remain on the move. Our project started from our mutual interest in the relationship between art and the process of globalization. In my view the largest challenge of art history as a discipline today is how to shift from a focus on the art of the Western world to one that situates art history in a global perspective. This means that 'the West' is no longer regarded as the center of art production (and the rest of the world as its periphery), but as merely one of the centers where developments in art occur in conjunction and exchange with such developments in other regions and cultures. Cultural processes of exchange and mutual influencing are as old as the human species, rather than being a contemporary phenomenon. By taking into account the various historical and contemporary processes of worldwide exchange, art history is automatically grounded in a dynamic concept of center and periphery. The focus or perspective on specific fields or particular developments will depend on the location from which one is operating, and such perspective can be local, interregional, transnational, as well as global.

In this context I wondered about the ideas and insights I would develop in collaboration with a visual artist from another cultural background but with a similar interest in these theoretical concerns. As it happened, for some time I had known the work of Ni Haifeng, born in China and living in Amsterdam since 1994. I was drawn to his art and the ways in which he addressed contemporary subjects such as migration and international or intercultural exchange in powerful, poetic images.

Fortunately, he seemed interested in my concerns as well, and soon we embarked on our project. Early on the idea originated of giving the audience a small present at the official launching of the CO-OPs program in Utrecht on 2 December 2006. It was supposed to be an object for reflection.

Gift

> See fig. 3.01, p. 156

NOTE 1
> Art as Gift was commissioned by the Amsterdams Fonds voor de Kunst as a way to contribute to the city's naturalization process. In a period of two years, on the initiative of the city government, a total of 4,000 objects were distributed among the new Dutch citizens. The first celebration of Naturalization Day served as the project's kick-off.

> See fig. 3.02, p. 158

NOTE 2
> Ni, H. & K. Zijlmans (eds.) 2006. *Gift*. Amsterdam [own production].

'Gift' was spawned by the 'Art as Gift' project that Ni Haifeng had done shortly before and that was commissioned by the City of Amsterdam. The city government was looking to find a nice way of presenting the civic integration of 'new' Dutch citizens, as linked to the day they formally receive their residence permit (Naturalization Day). Haifeng elaborated a project in which he, himself an immigrant, wanted to give the new residents of Amsterdam a special present, consisting of a booklet in the exact format of a Dutch passport and a Chinese ceramic object. Accordingly, he built an installation in the form of Amsterdam's city map made of typical Dutch 'construction' materials such as wood, bricks, and potatoes, and next he broke the installation into countless pieces and shipped them to China. In his native country a white porcelain version with the familiar blue flower motif was made of each of the fragments, after which they were shipped back to Amsterdam. 'The resulting pieces will vary,' Ni Haifeng said, 'ranging from abstract to figurative, beautiful yet strange. Each piece contains at least one sculptural surface, which betrays that it is part of something larger… All the materials which constituted the installation will be found in Amsterdam. It should be, in a literal sense, things from this land.' On Naturalization Day all newcomers received a gray passport, as counterpart of the 'real' Dutch passport, with a text that welcomes the recipient to Amsterdam, as well as a small ceramic sculpture. This distribution is crucial: 'To divide a work of art is one effort to transform art into a democratic social process. By the action of taking away the parts and the means of mass production, the work exists simultaneously as a non-sculpture and as a social sculpture. The work is, literally, embedded in the social fabric of the place.' The photos in the gray passport show broadly smiling newly naturalized residents of Amsterdam, some with a slightly amazed look in their eyes and a porcelain potato in their hand.

The follow-up project and also the first result of our collaboration was a critical reworking of this concept. The discussions in the Netherlands about Dutch nationality (Ayaan Hirsi Ali), the conditions for acquiring Dutch citizenship, the canon of Dutch culture and all that should or should not be included in it, and the apparent insistence in the Netherlands to distinguish between 'allochthones' and 'autochthones', fueled most recently by the 'second passport' affair (Geert Wilders), caused us to discuss the actual meaning of passports and what in fact determines a person's identity. We decided to formulate our own definition of passport as a notion.

> A passport is an official state document which certifies a person's identity and nationality. It is a little book, with a portrait picture of the holder, his or her signature, a serial number, official stamps and signatures in it. For some it is a passport to holiday destinations, for others to freedom and safety. For some it is easy to obtain, for others a highly desired document beyond reach. It makes a person visible on paper, it is a paper identity. It says: you exist as an official State being. Passport-holders share the same State identity. The document does not say anything about the person of flesh and blood, his or her character, his or her belonging. A person's identity is far more complex than this written document. However, it is valuable; it gives you the privilege of moving from one place to the other, to cross borders. Not all individuals have this freedom. (KZ)

The gray passport from the Amsterdam project was used again, partly with the same images; the main difference, however, was in the texts that covered some of the earlier photos. On the day of the launching of the seven CO-OPs-projects in BAK, Basis voor Actuele Kunst in Utrecht, the participants and all others who were present could take home as a gift a gray passport and a porcelain object. Stacked they form a small installation, which marked the start of the program and should cause the recipient to begin reflecting on his or her Dutch citizenship, on

> See fig. 3.02-03, p. 160

NOTE 3
> See Bourdieu, P. (1984).
Distinction: A Social Critique of the Judgement of Taste (1979). London [etc.]: Routledge & Kegan Paul, and: Graeber, D. *Toward an Anthropological Theory of Value. The False Coin of Our Dreams.* New York: Palgrave, 2001.

NOTE 4
> On 25 May 2007 a roundtable discussion was held in Scheltema on 'X-Change: Investigating the exchange of ideas, concepts, and materials between art, academia and audiences.' Apart from the audience there were some ten invited guests from the art world (press, artists, curators), and the event was organized in collaboration with students enrolled in the research master in Art History at Leiden University. During the two guided tours I gave there was also lively discussion about art in a globalizing world.

what it means to belong or be counted to belong to a particular group, and on what it means to be one of the haves or have-nots.

> A passport is an abstraction of one's identity. It is a tag that conceals and complicates the contents it represents. It shows to whom the bearer belongs, rather than who he is. Its original purpose is to function at national borders and in foreign territories at which it becomes the sole source of one's identity and by which one is privileged, dis-advantaged or stigmatized. Consequently it is also a source of prejudice, positive or negative. The problematic of a passport reflects that of all forms of identification which conceal the complexity of what they aim to represent. The problem is not the passport itself, but what lies behind the concept of nation-states which refers to a *unified place* and a *unified people*, an *invented place* and an *imagined community.* (NH)

'Gift', in this case, involved a gift to the *Dutch* citizens of the Netherlands. Many said to be very happy with their second passport – as well as with the potato.

The Return of the Shreds

Our cooperation was of a threefold nature. It involved projects that required many organizational efforts in terms of logistics, planning, and arrangements, notably regarding the transportation of artifacts from China to the Netherlands. A second aspect pertained to our mutual deliberations on the particular forms of our output, such as the actual artworks, publications, and events. The third aspect involved research and exchanges about our subject: art in relation to globalization. For example, 'Gift' caused us to address a range of issues tied to migration, detachment, and displacement; the issue of cultural identity versus state identity; what is it like to be or become a Dutch person; and theories on the culture of giving.[*] These concerns were later elaborated in the project *Forms of Exchange* (see below). Aside from doing research into a variety of areas, we have also pursued feedback based on workshops, lectures, and guided tours.[*]

From the start, it was clear that our largest public event would take place in Leiden, the city where I live and work and where in 1995 the Centrum Beeldende Kunst hosted the first solo exhibition (*From Human to Humbug*) of Ni Haifeng in the Netherlands. We selected the former factory of woolen blankets, Scheltema, which was recently turned into the location where Stedelijk Museum de Lakenhal presents contemporary art, as the venue for the exhibition *The Return of the Shreds*. For many centuries Leiden was a textile town. It was the cloth industry that made it prosper, and from 1640 onward cloth was tested, measured, and pressed in the Laeckenhalle, which was specially designed for these goals by Arent van 's Gravensande. In 1874, after the demise of the cloth industry, this building began to be used for housing the municipal collection of artistic and historical artifacts. After Scheltema also discontinued its production of woolen blankets, the nineteenth-century factory building served as a rag-and-bone warehouse for some time.

> See fig. 3.06, p. 164

The former function of textile factory gave the impetus for the installation, whose title, 'The Return of the Shreds,' also became the title of the exhibition. This giant installation consisted of more than nine tons of bits and strips of fabric from China. One might say that these shreds and remainders were back in a place where they belong, Scheltema's factory floor, yet this time with another message. For centuries, textiles have been a major commodity from China, and today the Dutch market is literally flooded with inexpensively produced (and widely purchased) clothing items that were 'Made in China'. This installation forced the visitor to face the snippets and leftovers, which always remain invisible because they remain hidden from view or are discarded. In her book *China. Centrum van de wereld* (2007), China correspondent Garrie van Pinxteren outlines the extreme pace of change in China as it is moving from an agrarian, rather sleepy country to a loud, high-paced economic superpower. Its economic growth is matched, however, by the growth of its environmental pollution. One chapter's ominous title is 'China as dustbin of the world,' and also in her opening speech for our exhibition Van Pinxteren underlined the deplorable labor conditions and the gigantic pollution of soil, air, and water in China. This is generally not visible from the products that are sold

NOTE 5
> Pinxteren, G. van. *China. Centrum van de wereld.* Amsterdam: Balans, 2007.

throughout the world – with the exception, as most recently, of an occasional news item on the use of poisonous substances in toys from China. Moreover, these inexpensive products are purchased on a wide scale. The mountain of 'shreds' in the exhibition is literally the tip of the iceberg. In the exhibition plan Ni Haifeng described his installation as a reference to:

> The return of poverty created by the high consumerism culture, the return of that which is left along with the impoverished laborers of the luxury brands. The shreds are waste materials and leftovers of the products of the luxury brands and in the perspective of production they constitute the shadow of the glorious product. A dark shadow, a spectra, a ghost which mirrors the glorious product, has to be made unseen at all cost in the logic of high consumerism culture in order to render the product highly desirable. The return of the shreds is thus the ghost returned to haunt its living twin – the glorious product.[*]

NOTE 6
> Unless indicated otherwise, all quotations from Ni Haifeng are taken from the exhibition plans and the description and background of the various installations.

The overarching theme of *The Return of the Shreds* is best summarized by the notion of transfer – the transporting, exchanging, and transferring of commodities and views among countries, cultures, and peoples. On account of globalization this is happening worldwide; the economic-commercial system has long been transnational. But trade relations hardly ever take place on a basis of equality. Rich countries greatly profit from cheap labor in developing countries. This is commented upon by Haifeng's photo of the English edition of Karl Marx's famous *Das Kapital* (1867), opened on the page that deals with commodities, money, and trade. After forty days of having been thus opened in Ni Haifeng's studio quite some dust gathered on its surface. Yet on a worldwide basis, Marx's ideas on the relationship between labor and wage distribution are as current today as in the nineteenth century.

To refer to globalization, including its often negative connotations such as climate change, global warming, depletion of resources, pandemics, and growing capitalism and its associated (unequal) labor division, in Dutch also the term 'mondialisering' is used, which in fact stresses the interconnectedness of this process with local and regional dimensions (language, culture, habits, and customs). As such the two movements, globalization and *mondialisering*, may stimulate each other, but they are not linked causally. Rather, they function as two parallel movements, whereby the first mainly pertains to industry, commerce, and international business, while the second basically refers to the exchange of knowledge and culture – areas in which regional/national awareness prevails. In the 'Gift' project these two notions are linked up with each other. The porcelain sculptures and the gray passport are cultural agents; as commodities, the artifacts are fully part of international commerce – they are, after all, 'Made in China.'

A second leitmotif of the exhibition is the historical trade connection between the Netherlands and China, between 'the West' and the 'Far East'. Over the centuries, the Netherlands as a seafaring nation has quite benefited from trade. Much of Ni's work refers to the activities of the VOC, for instance, the project performed in Delft in 2005, 'Of the Departure and the Arrival.' For this art project, the artist had asked the residents of Delft to supply him with an everyday object they use. This resulted in a widely divergent collection of user objects. The entire collection was shipped to China, where a porcelain ('china') version was made of them and they were painted with the familiar 'Delft blue' decorations. This load of exotic one-off items (ranging from ironers and watches to toys and old sewer piping) was subsequently shipped back to Delft and exhibited in a number of locations, such as Museum het Prinsenhof and in a ship's hold. This settled, in a way, the history of the ceramic ties between Delft and China, albeit four centuries after the fact.

> See fig. 3.08, p. 166

Ni Haifeng considers the VOC, also seen as the world's first corporation, a precursor of today's multinationals. In this respect there is nothing new under the sun. Everyday countless products are traded, and to keep sight of the world's cacophony of goods, commercial trade assigns a specific code to each commodity (clothing, food, electronics, etc.). This internationally used and standardized Harmonized Commodity Description and Coding System (HS), which is kept by the World Customs Organization (WCO), classifies trade goods in all sorts of categories that are identified through series numbers. Three installations in the exhibition refer to this practice. Products registered

NOTE 7
> Ni, H. (ed.). *Of the Departure and the Arrival*. With texts by Bert Steevensz and Ni Haifeng. Amsterdam: Gallery Lumen Travo, 2005.

> See fig. 3.11, p. 169

> See fig. 3.09-10, p. 168

such as tea, spices, china, and shoes each have their own code, based on an exceedingly refined system. Green tea from China in bulk packages of no more than three kilos, for instance, is assigned another code than black tea or that same tea in half a pound packages. Exporting consumer goods is harder yet than non-consumer goods because even more bureaucracy is required. The same applies to uncommon products such as porcelain shards that have no code and that are therefore invisible, as it were. Much talk (and money) was needed to transport this product to the Netherlands. The installation 'HS 0904.11, 0902.20, & 6911.10', three wooden chests topped with small pyramids of, respectively, red peppers, tea, and shards, figure as a symbol of the once much coveted spices, tea, and china from the 'Far East'. In the course of the centuries, these goods evolved into a common staple in European countries and as such they have fully integrated into our food and decoration cultures. In comparison to 'Gift', the cultural integration process of newcomers seems to be a far more complicated one.

Another installation uses code 'HS 6403.99', which refers to a very specific sort of shoes (leather top, rubber soul). Above this pair of men's shoes, cast in bronze, a very tiny LCD screen shows a revolving shoe on fire. This installation voices criticism of the protectionism of the European trade market. Ni:

> The Chinese export of Category 640399 to the EU market rose to 681% in 2005, which provoked an outcry of Western shoe manufacturers urging EU government to curb the import. Italian shoe manufacturers made a declaration on refusing outsourcing for their products which are generally regarded as part of the ultra-luxury brands culture. *Made in Italy* and *Made in France*, according their declaration, are once more instated to signify the unsurpassed *Unique Quality*. In 2005 a large quantity of imported Chinese shoes was set on fire in Spain, by the outraged shoe retailers and manufacturers. The cold war on trade is still in practice till today.

This 'outcry' is in sharp contrast, however, with the demand for cheap shoes by consumers.

References to 'Made in China' and the historical commercial relations between the Netherlands and China recur repeatedly in the work of Ni Haifeng. In his series 'Self-Portrait as a Part of the Porcelain Export History' (1999-2001), seven photos show parts of the naked body of Ni painted with blue china motifs and quotations from Western standard works on porcelain. In the installation 'Shrinkage 10%' a number of Chinese porcelain artifacts from the Lakenhal collection formed the basis for this contemporary version of the eighteenth-century *Chine de Commande*, large quantities of which were shipped by the VOC. If in those days the bowls, cup and saucer, gravy boat, vase, and tea jar were user objects for the bourgeoisie, meanwhile these objects have turned into museum artifacts. Apart from the photos, the artifacts were copied in China, just like the earlier *Chine de Commande*, on the basis of drawings and data on size and thickness. If, however, an object is copied in clay on a one to one basis, the copy will turn out to be 10% smaller because it shrinks in the firing process. In this installation this principle is applied to the extreme: the copy of the original from De Lakenhal was used in its turn as original, and this process was repeated eight times, until the last object was nearly a doll's house version of the original. Moreover, the new chinaware objects were made to look old, so it was harder to distinguish them from originals. The manufacturing of 'old' chinaware is a profitable business in China.

This installation discusses the issue of the user value, exchange value, and symbolic value of objects. After all, notions of originality and authenticity play a major role in art. What, in this context, is counterfeit, what is the original, and what is the copy? The craving for 'authorial uniqueness', Ni Haifeng believes, is a modern invention of Western culture:

> What about our fundamental assumption on the inexorable distinction between the authentic and the counterfeit, the real and the fake? Aren't they reversible and relative, once our signification system is breached? That is to say, just like money, the moment we stop signifying a banknote a representational value, the concept of authentic versus counterfeit becomes irrelevant. That means, in a reversed logic, that the counterfeit disturbs the signifying system.

> See fig. 3.13, p. 170

NOTE 8
> Arkestijn, R. & Ni Haifeng (eds.). *Ni Haifeng No-Man's-Land*. Amsterdam: Artimo; The Hague: GEM, Museum of contemporary art; Amsterdam: Gate Foundation, 2003.

NOTE 9
> Bourriaud, N. *Relational Aesthetics*. Dijon: Les presses du réel, 2002.

A third basic theme of the exhibition applies to what Nicolas Bourriaud labels *relational aesthetics* or 'dialogical art', a form of process art that does not so much work toward an object, but that ultimately concerns itself with social ties between (groups of) people.[9] Frequently this art form may be initiated or provoked by some art institution, but as a practice it is rather associated with the streets or some other unconventional location than with traditional art locations. The projects center on the relationships established by and between the people involved, such as in the projects 'Art as Gift' and 'Gift', which seek to realize or link up with social processes. The dynamics of these processes lies in human interaction and may take unanticipated turns. One of the 'new Dutch citizens' who on Naturalization Day received a gray passport and a porcelain potato gave the latter away without hesitation because he felt it was an odd object that in his view had no meaning. The woman whom he gave it to, however, proved to be very happy with the artifact because she had heard of the project and really wanted to have such an unusual potato. She knew the codes of this art form and the network of relations of which she, as a potato owner, is now part.

Another installation, 'Used Passports', has a similar basis. This installation further builds on the recurring theme of official state document versus identity. Many people like to hold on to their expired passports and those of their loved or deceased relatives. These documents are, so to speak, pieces of their identity. Dutch people are connected with each other through their Dutch citizenship, for which their passport is a piece of evidence, but behind all these 'same' passports very different people are in fact hidden. In response to a public announcement in a national newspaper with a request to turn in old passports, over 150 individuals from all corners of the country participated in this art project, thus also establishing a particular group identity. In light of the ongoing debate on having 'two passports' in Dutch politics and media, this project gained unexpected topicality: never before were we so *aware* of (the value of) our passport. Moreover, this installation shows the bureaucratic side of travel and migration, as evidenced by the countless visas, stamps, signatures, and seals. At the same time this document reveals some of the more specific traces of travel.

> See fig. 3.14, p. 171

It was striking to see that upon entering many of the visitors – who had turned in a passport – first walked to the wall with passports to find their 'own' passport, after which they would point out to their company where on the wall 'they' could be found. Some claimed to be emotional about seeing the passport they had turned in for the duration of the exhibition, especially when it involved a passport of a deceased relative or partner. Thus the passports not only consolidated mutual relationships, but also showed them – just like the installation showed which people participated. The prospect of being allowed to exchange or take along some item attracted many visitors to Museum Het Domein in Sittard, a next stop of the *Laboratory on the Move*. In this project, called *Forms of Exchange*, we invited Wang Jianwei to participate.

NOTE 10

> *Forms of Exchange* took place on 10 August-2 September 2007 in Museum Het Domein in Sittard in the context of the cultural event *Made in Mirrors*. A separate publication will appear on this project, as is true for the exhibition *The Return of the Shreds*.

Forms of Exchange

On p. 418 of *Harry Potter and the Deathly Hallows*, Bill Weasley tries to explain to Harry Potter the views goblins have on ownership. In fantasy stories, goblins and dwarfs are usually the makers of the fanciest jewelry and the finest weaponry. Griphook, the goblin who set his heart on Gryffindor's magic sword, once forged by his people, feels that the sword belongs to him because it was once made by a goblin. According to the goblins' tradition, the maker of an object, rather than the buyer, is its legal and true owner. Even when the object has been purchased and repurchased many times over, the maker is still the artifact's true owner. The money paid is seen as some sort of rent for its temporary use and possession, but it is never a license to view a thus obtained object as property. The same applies more or less to art. An art work remains the artist's intellectual property, even after someone bought the work. Although this would imply it is not subject to whatever the buyer wants to do with it, commonly this is precisely seen as a crucial feature of ownership. Nevertheless, to possess an art work can mean a lot to the owner, such as aesthetic or emotional pleasure but also pride and distinction, having something someone else does not have, a unique art work.

Forms of Exchange capitalizes on this subject matter. The two installations, 'Gift' and 'Input/Output' by Wang Jianwei, are concerned

NOTE 11
> Mauss, M. *The Gift: Forms
and Functions of Exchange in
Archaic Societies*. London:
Cohen & West 12, 1970.
(Original version: *Essai sur le
Don*, 1925).

with shared ownership and the process of giving and taking. The French anthropologist Marcel Mauss, in his 1925 *Essai sur le Don* (essay about the gift), described the exchange of gifts as a society's moral cement.[*] The reciprocity of the gift maintains and underlines social binding. As indicated above, visitors of *Forms of Exchange*'s Gift project could take home a chinaware artifact and a gray passport. This did not fall on deaf ears. At the opening event, the artifacts and booklets quickly disappeared into the visitor's pockets and bags and quite soon all these free gifts were gone. In no time the actual installation – two boxes of artifacts and a stack of booklets – had become disseminated among the public. Those who were lucky enough to obtain an artifact and a booklet are now the owner of a mini-installation at home and as such these distributed items will always be part of this artwork. The work thus creates, apart from an artistic connection, also a social one. The gray passport's text, in interaction with the ceramic object, reflects on issues such as property, ownership, and identity.

Input/Output addresses processes of reciprocity, concretized in an installation consisting of two wooden bins, one empty for the time being and the other filled with small pink rubber giant-sized human ears that beep when you squeeze them. The ears are meant to be exchanged with some other object. It is exciting to see what visitors leave behind in the empty bin in order to be allowed to take home an ear from the other bin. Like Gift, the beeping ear will always refer back to both the installation and the object (and its giver) that is left behind and that is now part of a new collection, a randomly put together heap of objects from the visitors. They took home a similar object and gave something in return: a tie, a child's drawing, reading glasses, a booklet, museum card, bracelet, candy, a tampon, an umbrella. This connection is also something that lasts. What individuals give away will differ from one culture to the next, and thus Wang's collections represent a genuine cultural archeology.

Forms of Exchange took place in the context of the intercultural exchange project *Made in Mirrors*.[*] Exchange always means a process between at least two parties. Ni: 'The project focuses on the practice of gift, social interaction, and the related issues of personhood, prop-

NOTE 12
> *Made in Mirrors* is organ-
ized by a foundation of the
same name, which is a joint
initiative of two museums,
Museum Het Domein in
Sittard and Museu de Arte
Moderna Aloisio Magelhaes
in Recife, Brazil, the company DSM, an independent art
initiative in China, Vitamin
Creative Space, and a private
Maecenas. MiM is an intercultural mirror experiment,
an exchange model which is
used to open up perspectives
onto innovative approaches
to museum policy and taking
intercultural responsibility. It
aims to stimulate interactions
between Dutch and foreign
artists, curators, urban devel-
opers, authors etc. through
presentations, research, and
the making available of guest
studios in the Netherlands
and elsewhere. See also:
www.hetdomein.nl, www.vi-
tamincreativespace.com and
www.mamam.art.br

erty, authorship, the negotiation of identity through direct social exchange.' He also wondered whether a 'pure present' is possible:

> Can art provide new conceptions of social relations that reject the rationalist, individualistic model on which our society believes it is based? Is the gift a sign or a thing? Can an object of non-monetary value generate an emphatic dialogue between exchanging parties? Can the practice of gift, or *Moral Economy* as it is called by some, provoke us to rethink alternative forms of social exchange in the era of global capitalism?

In *Forms of Exchange* the traditional, one-sided relationship between the artist as creator and the art consumer as buyer has been abandoned in favor of participation and exchange. At a small scale the project imitates the worldwide exchange of knowledge, goods, and people, as well as forms of (mutual) exchange and trade. Underlying questions pertain to the distribution of property and its associated positions of power on a global scale, and, at an individual level, to issues related to ownership and when something is really yours. Appropriation of an object takes place when a person creates an object or receives, buys, or exchanges one (thievery is ignored here). In the first case the object's owner is also its creator, in the second case a gift is involved, and in the third and fourth cases there is reciprocity at work, the object taking the place of money or some other object or service. To what degree do the last two cases assume a relationship of equality? Both gifts and money come with a measure of ambiguity or raise the issue of whether they were acquired in an unselfish way.

> See fig. 3.15, p. 172

Considered in the context of our overriding concern of art history in a global perspective, both works also invoke issues of intercultural exchange. For Ni Haifeng it is in the 'inter-culturality within a given society, the fragmented objects reflect a complex history entering the viewer's personal life.' In the case of Wang Jianwei, Ni sees this in the 'communication between two divergent cultures.' The identical ears generate a polyphony of personal histories. Both practices are examples of boundary transgressions of aesthetic production and reception.

Room for Art

The starting point for our cooperation in *Laboratory on the Move* was to look at relationships and interactions between artistic and academic approaches in the field of art and globalization, whereby it was a strategic choice to leave space for the dynamic of the process itself. In this respect, the project grew larger than anticipated, which apparently also comes with a pace of its own. But this also made it possible to elaborate and expand a number of insights in the connection between art and global processes. First and foremost, the actual confrontation with the project's various very specific commercial transactions and logistics – involving the arrangements tied to importing and exporting, financial transactions, the efforts of individuals and all the various people behind the structures and organizations involved – elucidate the full extent to which (these) artworks are linked up today with global systems such as trade and the economy.

NOTE 13
> Sassen, S. *Territory-Authority-Rights. From Medieval to Global Assemblages.* Princeton and Oxford: Princeton University Press, 2006.

These 'global assemblages', as Saskia Sassen calls them, are deeply anchored in the nation-states that have formed in the past.[*] There is a friction between the national and global that can also be identified in the (practice of) art history. Everywhere, after all, art and culture are largely claimed as forces at a national level, and this is at odds with art conceived as a world system – as systems, in the terminology

NOTE 14
> Wallerstein, I. *World-Systems Analysis. An Introduction.* Durham and London: Duke University Press, 2006 (first ed. 2004).

of Immanuel Wallerstein, 'that are a world.'[*] This asymmetry we also see in the funding: art institutions gladly work with international exchanges but they tend to be dependent on local and national funding. There are many concerns of an emergent 'World Art Studies' – conceived as the study of art as a worldwide phenomenon of all eras or as a panhuman form of expression – that seem to flow naturally from theories of globalization, but the actual connections between the two are

NOTE 15
> Zijlmans, K. and W. van Damme (eds.), *World Art Studies. Exploring Concepts and Approaches.* Amsterdam: Valiz, 2008 [forthcoming]. See also: Zijlmans, K. 'Kunstgeschiedenis en het discours over mondialisering.' In *Marokko: Kunst en Design 2005.* Catalog Rotterdam Wereldmuseum, 2005. p. 21-25.

in need of closer scrutiny.[*]

Another major insight has to do with the nature of the art installations in this project. The various images involved are designed to open up participation. As artistic praxis they create a new space. No matter how playfully some of the art installations discussed above can be, they refer to the serious issues of our day and age that all have global ramifications. Whether they address migration, notions of identity or economic growth and its downside, the works all have a deeper social significance. Furthermore, these artworks also question their own place and status as art, while also exploring and shifting boundaries. These works call for a different understanding of artworks, one that is geared toward a re-gauging and evaluation of an experience which also unfolds over time. The artist is much more the stimulator and instigator of processes, movements that oscillate between artist/artwork and participants.

Participation or 'participantship is a key concept in current debates on forms of art, whereby the artist creates situations that link up with or interrogate broader social-cultural themes. In many locations in the Netherlands and elsewhere there is serious debate on the various connections and tensions between current social-political issues and artistic expression. The works in *The Return of the Shreds* and *Forms of Exchange* do such multiple appeal on the viewer. In their material form, the images created demand attention and positioning. Which positioning they will provoke depends on the individual viewer, as is true of the interpretive possibilities they provide. The installations advocate possibilities of change in thinking and doing. They invite participation and as such constitute a new relational space.

NOTE 16
> Bourriauld (op. cit. note 9). See also: Rancière, J. 'Problems and Transformations in Critical Art' (2004), in: Claire Bischop (ed.). *Participation. Documents of Contemporary Art.* Cambridge (MA): MIT i.s.m. London: Whitechapel Art Gallery, 2006, pp. 83-93.

NOTE 17
> See, for instance, the discussion on 'State Britain' by the English artist Mark Wallinger in the Tate Britain (2007); 'Citizens and Subjects: Aernout Mik' in the Dutch pavilion at the Venice Biennale 2007. (See: Braidotti, R., Charles Esche and Maria Hlavajova (eds.) 2007. *Citizens and Subjects: The Netherlands, for example.* Dutch Pavillion A Critical Reader. Venice: la Biennale di Venezia, 52. Esposizione Internazionale d'Arte); the activities of BAK, Center for Contemporary Art in Utrecht, where two international expert meetings were organized on the relations between art and science in the context of a CO-OPs public event (on 29 and 30 June 2007); the program 'Be(com)ing Dutch' of the Van Abbe Museum in Eindhoven; and the activities of Stichting Interart in Arnhem.

Ni Haifeng

Ni Haifeng was born in 1964 in Zhoushan, China. He has been living and working in Amsterdam since 1994. From 1983-1986 he received his art training at the Zhejiang Academy of Fine Arts (current name: China Academy of Fine Arts). In the 1980s he was an active participant of avant-garde groups. His work is marked by a layering that is geared toward making the viewer aware of identity, history, economic aspects in present and past, and human values. Through his work he makes us attentive to the differences in insights and perspectives linked to cultural background in Western and non-Western societies. He holds up a mirror that allows us to look differently at our own European background and to consider both ourselves and our environment from a global perspective. Ni Haifeng relies on a variety of materials: he paints, draws, and makes photos and videos. Moreover, he combines an array of techniques and materials in his installations, many of which have been characterized as poetic. He publishes books, such as *Of the Departure and the Arrival* (2005), has had many solo exhibitions, and also participates in group exhibitions, both nationally and internationally. In 2004 he won the first Fritschy Award for his contribution to the intercultural debate (see the catalog *Ni Haifeng Xeno-writings*, Museum Het Domein, Sittard and Stichting Fritschy prijs 2004). For more on his exhibitions and projects, see www.xs4all.nl/~haifeng.

Kitty Zijlmans

Kitty Zijlmans (The Hague, 1955) studied art history in Leiden. For some time she was an instructor in art history at the Royal Academy of Art and Design in 's-Hertogenbosch. In 1989 she started teaching at the Art History Institute of Leiden University. That same year she earned her PhD, writing her dissertation on art history and systems theory (*Kunst/Geschiedenis/Kunstgeschiedenis. Theorie en praktijk van een kunsthistorische methode op systeemtheoretische basis*, Leiden 1990).

On 1 July 2000 she was appointed full professor of History and Theory of Modern Visual Arts at Leiden University. She serves on the Steering Committee of the European Science Foundation's network on Discourses of the Visible: National and International Perspectives (2003-2007). She is also the chair of the program committee of the NWO-funded research program on Transformations in Art and Culture. She is founding co-editor of the series Arts, Sciences and Cultures of Memory, published by Equinox in London. In the spring of 2005 she was a visiting professor at the University of California, Berkeley. In January 2006, she became a member of the Visual Art and Design committee of the Dutch Culture Council, and since March 2006 she is an advisor with NIAS, the Netherlands Institute for Advanced Studies in the Humanities and Social Sciences.

Her interests cover the field of contemporary art, in particular new media and installation art, and art theory and methodology. She also focuses on the position and contribution of women in art and culture, as well as on current intercultural processes and the globalization of the (art) world. This last aspect is partly motivated by the objective of the Art History Institute at Leiden University to develop an art history curriculum based on a genuinely global perspective.

NomadicMILK project

kunstenaar **Esther Polak**
wetenschapper **Michiel de Lange**
en team·

TOELICHTINGEN

> Team 4

> Biografieën, p. 204

> For English see p. 214

> Ab Drent - antropoloog,
  Edwin Dertien - robotbouwer,
  Floris Maathuis - programmeur.
  Uitvoerend producent:
  Foundation Beelddiktee.

Synopsis

De weg vinden, je route bepalen, een leuk omweggetje nemen of recht-streeks op je doel afgaan, het zijn deze kleine beslissingen die wij iede-re dag nemen. Veel mensen ervaren de routes die zij kiezen als een on-derdeel van hun identiteit: wie ben ik en hoe verhoud ik mij tot ande-re mensen en de wereld om me heen? Het verbeelden van deze routes maakt het mogelijk om deze identiteit te delen: routes te vergelijken, aan elkaar te laten zien, erover te praten of er verhalen over te vertel-len. Nieuwe technieken als GPS (Global Positioning System), TomTom en Google Earth, maken dit mogelijk en steeds toegankelijker.

Het project NomadicMILK – bestaande uit kunstenaar Esther Polak en team – past deze technologieën toe door de routes van mensen in Nigeria te registreren, aan hen te laten zien en hen de gelegenheid ge-ven over hun routes en hun dagelijks leven te vertellen. Het project wil zo een levend portret maken van het landschap, de verhalen en de mensen.

Net als in Nederland is men in Noord-Nigeria gewend aan een land-schap met grazende koeien. Het grootste gedeelte van de landelijke veestapel is in bezit van een nomadisch levende 'stam', de Fulani (in Franssprekende landen ook wel Peul genoemd). Fulani trekken met grote kuddes koeien door Noord-Nigeria. Deze zijn vanaf de weg regel-matig zichtbaar. Op de kleurrijke lokale markten verkopen de Fulani-vrouwen de gekarnde melk die ze in grote kalebassen op hun hoofd vervoeren en die ongeveer smaakt als Nederlandse yoghurt.

Op de Nigeriaanse wegen komt men ook grote trucks tegen met zui-velreclames op de zijkanten. Deze trucks vervoeren vaak zuivel in ge-condenseerde of poedervorm van het in Nigeria overbekende merk PEAK. PEAK wordt geproduceerd door de WAMCO, een dochteronder-neming van het Nederlandse Friesland Foods. De melk wordt geïmpor-

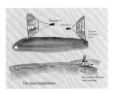

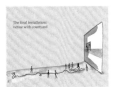

> Zie fig. 4.01 - 05, p. 206

teerd van de wereldmarkt en verwerkt in een fabriek in Lagos. PEAK-melk is overal in Nigeria verkrijgbaar. Dankzij een verfijnd distributie-systeem kunnen klanten zelfs op de kleinste markten in Nigeria naast de gekarnde Fulani-melk ook voorverpakte PEAK-zuivel kopen. Beide producten zijn het zichtbare resultaat van twee naast elkaar bestaan-de zuiveleconomieën die beide afhankelijk zijn van mobiliteit.

Zou het niet fascinerend zijn om een kaart te maken die de routes van beide producten laat zien en daarmee ook het dagelijks leven van zowel de Fulani- als de PEAK-melkdistributeurs? NomadicMILK-pro-ject wil een dergelijke kaart voor een divers Nederlands en internatio-naal publiek realiseren, om daarmee een geheel nieuw licht te werpen op de Afrikaanse realiteit. Het project zal de melktransporteurs van PEAK en de Fulani-herders volgen door de routes van beide groepen met GPS (Global Positioning System) te registreren.

Een kleine robot die bestaat uit een open zandloper op wielen kan de digitale GPS-routes direct, zo nodig langs de weg, op de grond 'uit-printen' in lijnen van wit zand. Hierdoor worden de routes op zeer di-recte en tastbare wijze gevisualiseerd. Dit zal gebeuren in aanwezig-heid van de PEAK-vervoerders en de Fulani-herders die in de zandlij-nen hun eigen routes terugzien. De gesprekken die het team met hen over deze routes voert worden gefilmd. Deze directe reacties van de deelnemers op hun eigen routes vormen het hart van het project. Ook maken wij opnames van het dagelijkse leven 'on the road', zodat het publiek een uitgebreider beeld kan krijgen van de werkelijkheid die achter de zandtekeningen schuilgaat.

Gedurende het CO-OPS-programma heeft het team een prototy-pe van de robot gerealiseerd. Het team heeft gedurende een onder-zoeksreis in december 2006 contacten gelegd met Fulani-families, PEAKmilk-distributeurs en een filmmaatschappij waarmee kan wor-den samen gewerkt. Ook hebben wij een GPS-recording gemaakt van een dag koeien verweiden, en een trucktransport. De hier geschetste plannen zijn gebaseerd op onze ervaringen gedurende deze reis.

In de uiteindelijke installatie zullen zowel de filmopnames als de zandsporen op gelijkwaardige wijze worden gepresenteerd.
Op deze manier wordt de beleving van de abstracte GPS-routes steeds concreter door de fysieke aanwezigheid van de sporen, en de gepro-

jecteerde filmbeelden van de deelnemers en hun mobiliteit in het Nigeriaanse landschap.

Om het project te realiseren werkt het Nederlandse projectteam samen met de New Age Film Company in Kaduna, Nigeria. In de loop van 2009 zullen de installatie en de website klaar zijn. De installatie is op zo'n manier ontworpen dat hij makkelijk vervoerbaar en te presenteren is.

NomadicMILK wil het project breed exposeren in Nederland/ Europa, West-Afrika en de VS. De expositieruimtes die wij benaderen, moeten een relevant publieksbereik bieden en bij voorkeur de gelegenheid om van bovenaf op de 'zandkaart' te kunnen kijken, vanuit de ruimte waarin de filmscènes worden getoond.

NomadicMILK

– Esther Polak en Michiel de Lange

[I]f we look closely enough – if, in other words, the cartographical scale of our examination be sufficiently large – the entire earth appears as an immense patchwork of miniature terrae incognitae. Even if an area were to be minutely mapped and studied by an army of microgeographers, much about its geography would always remain unknown, and, hence, if there is no terra incognita today in an absolute sense, so also no terra is absolutely cognita.

(...)

Geosophy ... is the study of geographical knowledge from any or all points of view. To geography what historiography is to history, it deals with the nature and expression of geographical knowledge both past and present.... Thus it extends far beyond the core area of scientific geographical knowledge or of geographical knowledge as otherwise systematized by geographers. Taking into account the whole peripheral realm, it covers the geographical ideas, both true and false, of all manner of people – not only geographers, but farmers and fishermen, business executives and poets, novelists and painters, Bedouins and Hottentots – and for this reason it necessarily has to do in large degree with subjective conceptions.[*]

NOOT 1

> Wright, J.K. 'Terrae Incognitae:
The Place of Imagination
in Geography.' in: *Annals of
the Association of American
Geographers*, 37 (1947), 1-
15. Download: http://www.
colorado.edu/geography/
giw/wright-jk/1947_ti/1947_
ti.html.

In november/december 2006 heeft het projectteam van *NomadicMILK*, bestaande uit kunstenaar Esther Polak, techniekfilosoof Michiel de Lange, en cultureel antropoloog Ab Drent, een maand lang in Nigeria gereisd. Met deze veldwerkreis wilden wij verkennen in hoeverre de ideeën die wij aanvankelijk hadden overeenstemden met de werkelijkheid die wij aantroffen, of de plannen voor het project uitvoerbaar zouden zijn, en om alvast zoveel mogelijk contacten te leggen met mensen ter plaatse. Dit was de eerste fase van het *NomadicMILK*-project. Tijdens het schrijven van dit hoofdstuk is het project nog volop bezig met de voorbereidingen voor fase twee: het daadwerkelijke uitvoeren van het projectvoorstel dat mede op basis van de veldwerkreis is gemaakt. De derde fase zal bestaan uit de uiteindelijke presentatie van het project op diverse locaties.

In dit hoofdstuk bespreek ik een aantal centrale thema's die ten grondslag liggen aan *NomadicMILK*: mobiliteit, nomadisme en technologische mediatie. Ik probeer hierbij steeds de theoretische perspectieven en reflecties te verbinden met onze ervaringen tijdens de veldwerkreis.

Mobiliteit

Mobiliteit is een centraal thema in *NomadicMILK*. In navolging van sociaal geograaf Tim Cresswell wil ik mobiliteit opvatten als betekenisvolle beweging. Hoewel mobiliteit meestal wordt begrepen als de mogelijkheid voor beweging, kan mobiliteit net zo goed gevormd worden door allerlei beperkingen. In de klassieke visie op ruimte en plaats, die teruggaat tot de Griekse filosofie, is ruimte een abstracte grootheid, een soort lege doos. Wanneer mensen hierbinnen betekenisvolle posities creëren en innemen, ontstaan plaatsen. Plaats in deze visie is 'beleefde ruimte'. Filosoof De Certeau draait dit om. Volgens hem is ruimte geen abstractie maar juist zeer persoonlijk en geconstrueerd. Ruimte, zo stelt hij, is 'practiced place'. Door te bewegen scheppen mensen uit vooraf gedefinieerde ('geproduceerde') plaatsen nieuwe ruimtes voor zichzelf. De Certeau geeft het voorbeeld van wandelen door de stad, een activiteit die hij ziet als mogelijk subversief op het moment dat mensen *tactieken* ontwikkelen om zich te bewegen zoals zij dat willen en ingaan tegen de van hogerhand opgelegde *strategieën* om ruimtegebruik voor te schrijven. Mobiliteit is aldus een manier om ruimte te creëren voor de ontwikkeling, beleving en expressie van identiteiten. Eén van de vragen in *NomadicMILK* is hoe mobiliteit een rol speelt in de (economische) identiteiten van de deelnemers, zowel Fulani als Peak Milk transporteurs.

Op welke manier komt mobiliteit naar voren in *NomadicMILK*? Socioloog John Urry maakt een onderscheid tussen vier soorten mobiliteiten. Hoewel deze vormen van mobiliteit in praktijk moeilijk van elkaar te scheiden zijn, probeer ik dit analytische onderscheid toe te passen op onze ervaringen tot nu toe met Fulani en Peak Milk distributeurs.

NOOT 2
> Cresswell, T. *On the Move: Mobility in the Modern Western World*. New York: Routledge, 2006, p. 2-3.

NOOT 3
> Certeau, M. de. *The Practice of Everyday Life*. Berkeley: University of California Press, 1984, p. 117.

NOOT 4
> Urry, J. *Sociology Beyond Societies: Mobilities for the Twenty-First Century*. London/ New York: Routledge, 2000, p.49-76.

> Zie fig. 4.10, p. 210

De eerste soort mobiliteit die Urry onderscheidt is de fysieke beweging van producten. De mobiliteit van melk vormt de 'witte draad' door het project. De producten van zowel de Fulani (verse melk en *nonno*, een soort yoghurt) als van Peak (gecondenseerde melk in blikjes en melkpoeder in zakjes) zijn in feite een tijdelijke vorm in een keten van producten en menselijke structuren. Aan de kant van de Fulani vindt de melk zijn oorsprong in de bewegingen van de grazende koeien en herders. Esther legde uit aan Fulanifamilies die wij op veldwerk ontmoeten dat in Nederland het voer naar de koeien wordt gebracht, terwijl in Nigeria de koeien naar het voer gebracht worden. Ook andere productmobiliteiten zijn onderdeel van deze keten. Wanneer de eigenaar van een kudde wil weten hoe het met zijn koeien gaat die vijftien dagreizen verderop zijn, stuurt hij, volgens de zoon van een van de Fulanifamilies met wie wij contact hadden gelegd, iemand eropuit met de motor. Deze worden meestal geïmporteerd uit China. Steeds vaker ook gebruiken Fulani volgens hem hiervoor ook mobiele telefoons, uit Europa of Azië. Een andere vorm van productmobiliteit is de reis die de medicijnen maken die aan het vee toegediend worden. De Fulanimelk wordt meestal in de vorm van *nonno* door de vrouwen in kalebassen naar lokale markten gebracht. De *nonno* wordt vaak ter plaatse opgegeten. Er zijn ook mensen die verse melk van Fulani kopen en meenemen naar huis.

Aan de kant van Peak Milk bestaat de keten uit de melk van koeien uit Polen, Nieuw-Zeeland of Nederland die in poedervorm op de wereldmarkt wordt aangeboden, naar de haven van Lagos in Nigeria verscheept wordt, in de Peakfabriek in Ikeja, Lagos wordt verwerkt tot gecondenseerde melk of poedermelk. In de fabriek maakt de melk en het verpakkingsmateriaal een reis over de lopende band langs de verschillende productiestadia van grondstof tot eindproduct. Vervolgens brengen grote trucks de blikjes en zakjes naar grote distributiecentra in het hele land. Met kleinere trucks wordt Peak naar kleinere distributiecentra vervoerd. Van hieruit gaan de producten naar de groothandelaren. Middelgrote handelaren komen hier hele dozen ophalen. Kleine handelaars betrekken van hen vervolgens kleine partijen (enkele blikjes). Klanten kopen Peak meestal per blikje of zakje. De melk wordt meestal genuttigd in thee, thuis of in theestalletjes langs de weg. Ten slotte vinden de gebruikte blikjes van Peak Milk vaak een tweede leven. Ze worden soms gerecycled, maar ook vaak als huishoudelijke items (opbergblik, kookblik) gebruikt of misschien ook als kinderspeelgoed.

Ten tweede is er de fysieke mobiliteit van de mensen die betrokken zijn bij de beide melkeconomieën. Aan de kant van de Fulani de herders die de koeien van weidegrond naar weidegrond brengen Dit zijn patronen die variëren van een dagelijks rondje tot soms tochten van vele maanden tijdens seizoenswisselingen. Ook reizen de herders soms om op zoek te gaan naar medicijnen, al komen zij volgen een veearts die wij ontmoetten vaak terug met nepmedicijnen. Veeartsen komen naar de herders en hun kuddes toe om de koeien in te enten. Fulanivrouwen brengen de melk naar lokale markten. Klanten reizen naar lokale markten om daar inkopen te doen. Aan de kant van Peak is er wederom een keten van betrokkenen die fysiek mobiel zijn. Tijdens onze veldwerkreis ontmoetten wij de havenmeester in Apappa Harbor in Lagos, truckers die de grondstoffen van de haven naar de Peakfabriek in Ikeja brengen, werkers die de machines in de fabriek bedienen, truckers die de eindproducten vervoeren, groothandels, tussenhandelaren, verkopers en klanten. Een vorm van fysieke mobiliteit is die van het *NomadicMILK* projectteam zelf, dat probeert de verschillende vormen van mobiliteit in kaart te brengen. Het project besteedt in een 'making of' film aandacht aan de manier waarop *NomadicMILK* tot stand komt en wat voor mobiliteitspatronen hiervoor nodig zijn.

Virtuele mobiliteit vindt plaats binnen een min of meer gesloten 'systeem', de derde categorie. Hoewel Urry vooral doelt op niet-fysieke vormen van beweging binnen het digitale domein van het internet, denk ik dat dit idee van virtuele mobiliteit ook hier zinvol toepasbaar is. De traditionele nomadische leefwijze van de Fulani zou je 'systeem' kunnen noemen waarbinnen mobiliteit een belangrijke overlevingsstrategie vormt. Dit is echter een dynamisch systeem dat openstaat voor veranderingen, zoals het gebruik van nieuwe transport- en communicatietechnologieën. Daarnaast zijn er invloeden van buitenaf die het systeem doen veranderen. Bevolkingsdruk, sedentarisatie, klimaatveranderingen, etnische spanningen, politiek en juridische veranderingen beïnvloeden de nomadische patronen van de Fulani.

> Zie fig. 4.11, p. 212

> Zie fig. 4.11, p. 212

Deze virtuele vorm van mobiliteit kan ook toegepast worden op de Peak Milk distributeurs. Hoewel de producten van Peak lokaal zijn, opereert Peak binnen een globale markt waarin melk van overal ter wereld vandaan komt. Net als de Fulani herders moet ook Peak z'n systeem aanpassen aan veranderende omstandigheden.

NomadicMILK maakt deze beide 'virtuele economische systemen' van traditioneel nomadisme en van globaal nomadisme zichtbaar door ze naast elkaar te zetten in hun lokale context in Nigeria. Ik meen dat het nuttig is om het idee van virtuele mobiliteit toe te passen op deze bewegende systemen omdat het laat zien dat een nomadische levenswijze als een economisch systeem zelf ook voortdurend verandert. Een aspect van *NomadicMILK* is om deze veranderlijkheid van 'nomadisme' te verbeelden.

Ten slotte is er de imaginaire mobiliteit, ongetwijfeld de meest ongrijpbare van alle vormen van mobiliteit. Dit is het punt waarop de toeschouwers van het project zelf participanten worden in de mobiliteitspatronen die *NomadicMILK* wil verbeelden. In de presentatie van het project speelt beweging van de toeschouwers een belangrijke rol. De toeschouwer maakt een imaginaire reis langs de leefwijzen van Fulani en Peak Milk distributeurs. In de uiteindelijke presentatie van het project in een museale setting worden toeschouwers uitgenodigd om een deel van de route van de participanten na te lopen die op schaal door de zandrobot is uitgereden.

Er is nog een manier waarop er sprake is van imaginaire mobiliteit. Van tevoren hebben westerse maar ook de Nigeriaanse toeschouwers ongetwijfeld een beeld van hoe nomaden leven én van hoe een 'globale economie' in elkaar steekt. Het project laat zien hoe dit vandaag de dag daadwerkelijk gebeurt. De discrepantie tussen de verbeelde voorstellingen en de getoonde actuele werkelijkheid (die ook weer dynamisch is) nodigt de toeschouwers uit om een imaginaire beweging te maken van hun eigen vooronderstellingen naar de getoonde werkelijkheid. Wanneer zij hun eigen beelden kunnen bijstellen door middel van het project hebben ze zelf een imaginaire reis gemaakt. De toeschouwers worden zelf 'nomaden' wanneer zij begrijpen dat hun veronderstellingen maar evenzogoed de in het project getoonde wereld niet *is* maar voortdurend *wordt*.

Nomadisme

Nomadisme is een ander centraal thema van *NomadicMILK*. In *On the Move* (2006) stelt Tim Cresswell dat mobiliteit een metafoor is geworden om hedendaagse maatschappijen en culturen te begrijpen. Volgens Cresswell zijn er twee tegengestelde visies op mobiliteit en nomadisme die hij 'sedentaire metafysica' en 'nomadische metafysica' noemt. De 'sedentaire metafysica' is een wereldbeeld waarin een vast bestaan impliciet de norm is. Dit wereldbeeld beschouwt een sedentair bestaan als geworteld, stabiel, veilig, ordelijk en rationeel. Mobiliteit, en in het bijzonder nomadische mensen zoals zigeuners en vagebonden, symboliseren daarentegen chaos, verstoring, angst en een bedreiging voor de orde binnen een samenleving. De 'nomadische metafysica' is een wereldbeeld dat juist vele positieve eigenschappen verbindt aan mobiliteit. Mobiliteit is progressief, spannend, hedendaags en anti-establishment. Geworteld zijn, stabiliteit en beperkingen van bewegingsruimte daarentegen zijn reactionair, saai en van toen. Cresswells werk is van belang omdat het laat zien hoe de begrippen mobiliteit en nomadisme doordrongen zijn met symbolische connotaties en waarden.

NOOT 5
> Cresswell (op.cit. noot 2), p. 26.

Een van de gevaren waar *NomadicMILK* mee te maken heeft is dat het project begrepen kan worden vanuit één van deze metafysicae. Vanuit het sedentaire perspectief kunnen mensen het project wellicht zien als een poging om een ter ziele gaande leefwijze vast te leggen, of als een spannende zoektocht naar 'de laatste nomaden in Afrika'. Vanuit het nomadische perspectief zou iemand het project kunnen zien als een viering van (neo-)nomadische leefstijlen, die een metafoor zijn voor (post)moderne identiteiten en ontwikkelingen. Al helemaal door het gebruik van nieuwe media. We zien het publiek al denken: 'nomaden, mobiliteit en technologie, dat is echt helemaal nu.'

NomadicMILK balanceert dus tussen deze twee polen. Het project hoopt een beeld neer te zetten van daadwerkelijke hedendaagse nomadische leefwijzen, en de flexibiliteit en het aanpassingsvermogen van nomadisme. Het platteland is vaak omgeven met bijbetekenissen zoals oeroud, traditioneel, ambachtelijk, onveranderlijk en geworteld. Het platteland wordt tegenover stedelijke cultuur geplaatst, die hectisch, fluïde en mobiel is. *NomadicMILK* laat zien dat ook het leven op het platteland voortdurend in beweging is. Nieuwe economische strategieën worden uitgevonden en toegepast en veranderende omstandigheden geïntegreerd in zogenaamd 'oeroude leefwijzen' als nomadisme. Het beschouwen van Peak Milk distributie als een vorm van hedendaags nomadisme onderstreept deze veranderlijkheid.

Een van de kritieken op de nomadische denktrant is dat ze slechts metaforisch is en vrij weinig betrekking heeft op daadwerkelijke nomadische leefwijzen. Nomadisch denken valt daarom gemakkelijk ten prooi aan een romantisch beeld van de nomade, terwijl het paradoxaal genoeg met zich meebrengt dat 'echte nomaden' in een vaststaande rol gefixeerd worden. Wij kwamen het interessante fenomeen tegen tijdens onze eerste veldwerkreis dat boeren die pas geoogst hadden (maïs, sorghum of gierst) graag de koeien van Fulani op hun veld lieten om de afgesneden stengels tot aan de grond te laten afkauwen. Dit scheelt de boeren een hoop werk in het klaarmaken van hun velden voor de volgende zaaiing. Bovendien is koeienmest een uitstekende bevruchting van de aarde. Voor de Fulani is dit een makkelijke manier om hun koeien in de omgeving van hun (semi-) permanente verblijf te laten grazen zonder al te ver te hoeven lopen. Deze samenwerking tussen sedentaire boeren en (semi-) nomadische Fulani laat zien dat de tegenstelling tussen sedentair en nomadisch althans in dit geval slechts theoretisch is. In Nigeria ontdekten wij dat ze ook naast elkaar kunnen bestaan in relatieve harmonie. Wellicht dat enige daadwerkelijke kennis van hedendaagse nomadische leefwijzen ook het nomadische denken verder in beweging kan zetten?

Een grappige associatie die wij zelf hadden tijdens onze veldwerkreis naar Nigeria was de parallel tussen het project en een soort temmen van het 'Wilde Westen'. Als eerste is er de connotatie van Nigeria als een wild gebied. Nigeria heeft een slechte reputatie als een wetteloos, corrupt en gevaarlijk land, een plek waar weinig mensen voor de lol naartoe gaan, behalve om kansen te grijpen, zoals het uitvoeren van een prachtig art-science project! De tweede associatie is het gebruik van nieuwe technologieën om dit onbekende terrein in kaart te domesticeren. GPS en mobiele technologieën worden ingezet om een vrijwel onbekende leefwijze in kaart te brengen, ergens ver weg van de 'beschaving'. Een derde associatie die wij voelden was die van participanten als evenknie van bekende iconen van het Wilde Westen. Fulani herders lijken op de *coole* cowboys uit westerns, terwijl Peak Milk truckers de archetypische *road warriors* zijn uit de *road movie* en trucker films. Wij realiseerden ons hoe onze eigen visie of hun leefwijze gekleurd werd door het prisma van gemedieerde kennis van elders en een andere tijd.

Op het gevaar af in de val te trappen van een viering van de nomadische metafysica, nog een opmerking over nomadisch denken. Onze wereld is ontegenzeggelijk mobieler geworden, of lijkt dat althans te zijn geworden. Zo ook onze manier van de wereld kennen: 'nomadisch denken' is breid om over de grenzen van academische disciplines heen te stappen.' In die zin is *NomdicMILK* als art-science samenwerking zelf een hedendaags verschijnsel van grensoverschrijdend werken. Kunst, wetenschap en filosofie ontmoeten elkaar en bewegen zich gezamenlijk voort.

NOOT 6
> Ibid. p. 45.

Technologie en mediatie

Hoe kunnen nieuwe media ervaringen van plaats en mobiliteit zichtbaar maken voor een publiek? Het project *NomadicMILK* maakt uitgebreid gebruik van technologieën. Op het moment dat deze tekst wordt geschreven, zijn wij bezig om de verschillende technologieën te testen. GPS (*global positioning system*) apparaten worden gebruikt om de routes van participanten vast te leggen. Mogelijkerwijs zullen mobiele telefoons met een kwalitatief hoogwaardige camera worden gebruikt door participanten om hun eigen audiovisuele opnamen te maken en hun eigen mobiliteitspatronen te organiseren. Een geautomatiseerde robot 'print' de routes uit in het landschap en toont deze aan de deelnemers en aan het publiek. Film wordt gebruikt om verhalen van participanten vast te leggen, alsmede om de totstandkoming van het project zelf vast te leggen. Projecties laten het filmmateriaal zien aan toeschouwers. Het internet (web) wordt eveneens gebruikt om de resultaten te laten zien en als manier van samenwerken tussen alle mensen die betrokken zijn in het project.

Het is verhelderend om de rol van al deze media in het project te beschouwen als een serie van bemiddelingen, of mediaties. De GPS apparaten, de mobiele telefoon en de robot mediëren tussen de impliciete kennis van het landschap en ervaringen van mobiliteit van de deelnemers, en het openbaar maken van deze kennis. Zowel de Fulani herders als de Peak truckers verzamelen GPS sporen en mogelijkerwijs ook hun eigen persoonlijke impressies van deze routes in foto's, geluid en video, terwijl ze zich bewegen in het landschap. Zij krijgen deze vervolgens weer te zien met de vraag of zij kunnen vertellen wat er gebeurt. Technologieën zijn op deze manier narratieve media. Ze kunnen blootleggen wat voorheen niet zichtbaar was en deelnemers uitnodigen om hun impliciete kennis expliciet te maken.

GPS en mobiele technologieën mediëren tevens tussen verschillende niveaus van bewustzijn van de deelnemers over hun mobiliteit en hun ervaringen van plaats. Het gebruik van technologieën zal waarschijnlijk onder de participanten een toenemend bewustzijn creëren ten aanzien van hun eigen mobiliteit. Deze momenten zijn enorm interessant. Door middel van film zullen deze momenten van 'verhoogde reflectiviteit' vastgelegd worden.

> Zie fig. 4.06-09, p. 208

Onze presentatie bemiddelt met behulp van de robot, de GPS sporen en audiovisuele productie bovendien tussen lokale ('native') kennis en (westers) publiek. Hoe kunnen we de kennis van de deelnemers het beste overbrengen aan een heel ander publiek op een heel andere plaats? Nieuwe technologieën met hun vaak 'levensechte' taal en gevoel en de tastbaarheid van met name het robotspoor, zijn bij uitstek geschikt om deze vertaalslag en verplaatsing van ervaringen en verhalen van lokale deelnemers aan een publiek te presenteren.

De vorm van de presentatie bemiddelt tussen de impliciete en vaak hardnekkige opvattingen van een algemeen publiek over mobiliteit en nomadisme, alsmede over het land Nigeria, en de bereidheid van het publiek om zelf als toeschouwer te 'bewegen', een hernieuwd begrip te verkrijgen over de hedendaagse (economische) realiteit. In zekere zin nodigt het project het publiek uit om zelf als nomade op stap te gaan: zowel fysiek door het deels afleggen van dezelfde route in de installatie, alsook imaginair in de zin van een overkomen van diepgewortelde 'sedentaire' opvattingen over anderen en over hoe de wereld in elkaar zit. Het project hoopt zo het publiek in nieuwe richtingen te bewegen.

Daarnaast is het projectteam zich er terdege van bewust dat het gebruik van moderne technologieën in een project dat plaatsvindt in Nigeria en een manier van leven verbeeldt die, althans wat de Fulani betreft, veelal gezien wordt als van een andere tijd, door dit contrast de perceptie en impact van het project verhoogt. Het is niet uit te sluiten dat er mensen zijn die hun wenkbrauwen zullen optrekken en twijfels hebben bij het introduceren van nieuwe media in de context van Afrikaans nomadisme. Een dergelijke visie echter ontkent impliciet dat de deelnemers het vermogen hebben om nieuwe technologieën op hun eigen manier te gebruiken en dat zelfs vaak doen zodra ze de kans krijgen. Wij willen de inventiviteit laten zien waarmee nomadische Nigerianen innovaties inpassen en aanpassen aan hun eigen leven. In plaats van meelopen in de vastgeroeste denktrant over Afrikanen als slachtoffers – in dit geval als machteloze onderworpenen aan technologische invloeden die van buitenaf geïntroduceerd worden en bestaande eeuwenoude levenswijzen vernietigen – willen wij juist laten zien hoe creatief en flexibel zij zijn.

Tenslotte, het gebruik van nieuwe media bemiddelt tussen wat wij als makers van het project willen laten zien en de verwachtingen van het publiek. Nieuwe media vormen geen gimmick om een schokeffect teweeg te brengen ('kijk die Afrikaanse nomaden eens spelen met hypermoderne technologieën') maar zijn een manier om onze eigen vooronderstellingen te bevragen. Locatieve media in dit project brengen niet alleen een begrip over van andere locaties, ze doen ons tevens onze eigen plaatsgebonden kennis en ervaringen beter begrijpen en eventueel herzien. Als brug tussen verschillende lokaliteiten (hier – daar, zij – wij) en modaliteiten (zo is het! – zit dat zo?) maken wij van locatieve media interlocatieve media.[7]

NOOT 7
> Zie voor verder oriëntatie: D'Andrea, A. 'Neo-Nomadism: A Theory of Post-Identitarian Mobility in the Global Age.' in: *Mobilities* 1 (2006), 1: 95-119; Kockelkoren, P. 'Art as Research?' in: *Proceedings AIAS Conference 'Mediated Vision'*. 2005; Low, S.M. and D. Lawrence-Zúñiga. *The Anthropology of Space and Place: Locating Culture*. Malden (MA.): Blackwell, 2003.

Esther Polak

Esther Polak is beeldend kunstenaar en woont in haar geboorteplaats Amsterdam. Na enige tijd te hebben gewerkt als opmaakredacteur voor diverse tijdschriften, ontwikkelde ze belangstelling voor de wederzijdse beïnvloeding van tekst en beeld. Dit gaf de aanzet tot een breder aandachtsgebied: de technologisch, maatschappelijk en cultureel gemedieerde blik. Haar belangrijkste aandachtsveld als kunstenaar is de visualisering van de beleving van ruimte. Volgens haar vormt de hedendaagse internationale voedselhandel een spannend terrein dat op een artistiek relevante wijze kan worden afgetast. Daarbij fungeert de kunstpraktijk als een speelterrein waar de beleving van ruimte als zodanig kan worden afgetast, maar waar deze ook kan worden gevisualiseerd en tastbaar gemaakt, vooral als uitdrukking van wat er in ruimtelijke zin in de wereld gaande is. Het *NomadicMILK* project, uitgevoerd in Nigeria, nam deze benadering als uitgangspunt. (zie www.nomadicmilk.net)

Polak is ook betrokken geweest bij twee vergelijkbare projecten. Het *MILKproject* dateert uit 2004 en werd uitgevoerd in het centrum voor nieuwe mediacultuur in Riga in samenwerking met Ieva Auzina en RIXC. Dit project liet zien wat er in ruimtelijke zin gebeurde – door het traceren en visualiseren van de routes van alle betrokkenen – tijdens een trans-Europees zuiveltransport tussen Letland en Nederland. De vastgelegde sporen werden getoond aan de deelnemers, die vervolgens commentaar gaven op hun routes en dagelijkse leven. Dit commentaar vormt de kern van het project, dat resulteerde in een installatie en een website. Verrassenderwijs wist dit project door te dringen tot het hart van het Europese politieke besluitvormingsproces: eind 2004 werd het op een bijeenkomst van de landbouwministers van alle EU-landen in Brussel vertoond. Op Ars Electronica 2005 wonnen de makers met dit project de Golden Nica voor interactieve kunst (zie www.milkproject.net)

Het tweede op GPS gebaseerde project was *AmsterdamREALTIME* (2002), een dagboek in sporen. Tien inwoners van Amsterdam hadden gedurende zes weken steeds een GPS-tracer bij zich. Zij namen deel aan een real-time cartografisch project, waarbij hun routes door de stad zichtbaar werden gemaakt op een projectiescherm in de tentoonstellingsruimte. De deelnemers werd gevraagd om gewoon de dingen te doen die ze altijd deden en steeds de GPS-tracer aan te zetten zodra ze de deur uitgingen. De sporen op het scherm vormen een alternatieve, uiterst individuele plattegrond van de stad. Dit was een gezamenlijk project van Esther Polak, Jeroen Kee en de Waag Society. (zie: http://realtime.waag.org)

Michiel de Lange

Michiel de Lange is promovendus aan de Erasmus Universiteit Rotterdam (www.eur.nl), faculteit der Wijsbegeerte. Zijn onderzoeksproject heet Playful Identities (www.playful-identities.nl). Michiel de lange onderzoekt de invloed van mobiele communicatietechnologieën op de beleving en constructie van persoonlijke en culturele identiteiten. Hij studeerde Culturele Antropologie aan de Universiteit van Amsterdam. Voor zijn afstudeerscriptie deed hij in het jaar 2000 onderzoek naar het gebruik van digitale media in Indonesië. Voordat hij begon met promoveren werkte hij enkele jaren voor Nederland Kennisland (www.kl.nl), een denktank die innovatieve projecten start op het terrein van de kenniseconomie. Ook was hij betrokken als vrijwilliger en freelancer bij een digitaal trapveld in Amsterdam-oost, Cybersoek (www.cybersoek.nl), waar mensen uit de Indische Buurt samenkomen en met nieuwe media leren omgaan. Michiel de Lange houdt een weblog bij over zijn onderzoek en het art/science project op http://blog.bijt.org.

TEAM 4
> Biografie wetenschapper

FIG. 4.01-5
> Synopsis

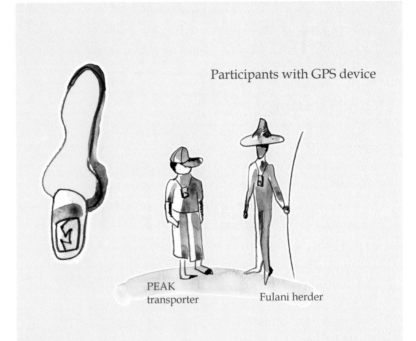

Participants with GPS device

PEAK transporter

Fulani herder

The Fieldwork

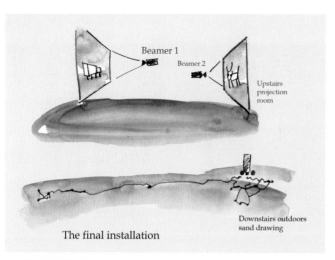

Beamer 1

Beamer 2

Upstairs projection room

Downstairs outdoors sand drawing

The final installation

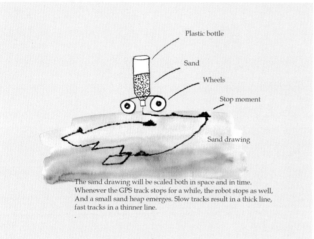

Plastic bottle

Sand

Wheels

Stop moment

Sand drawing

The sand drawing will be scaled both in space and in time.
Whenever the GPS track stops for a while, the robot stops as well,
And a small sand heap emerges. Slow tracks result in a thick line,
fast tracks in a thinner line.

The final installation:
venue with courtyard

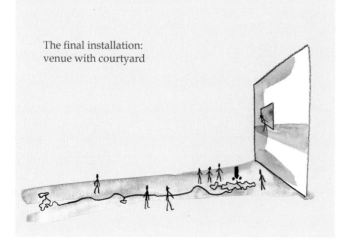

FIG. 4.06-9

> Een kleine robot die bestaat
uit een open zandloper op
wielen kan de digitale GPS-
routes direct, zo nodig langs
de weg, op de grond 'uitprin-
ten' in lijnen van wit zand. /
*A small robot, an open sand-
glass on wheels, will draw the
GPS tracks as lines of sand on
the ground, thus constructing a
map on the surface of the earth,
so to speak.*

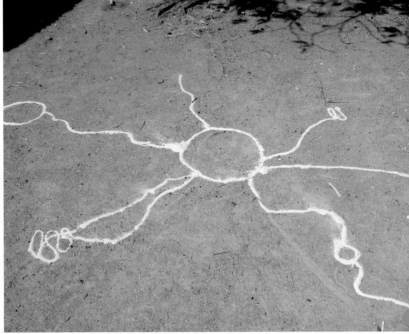

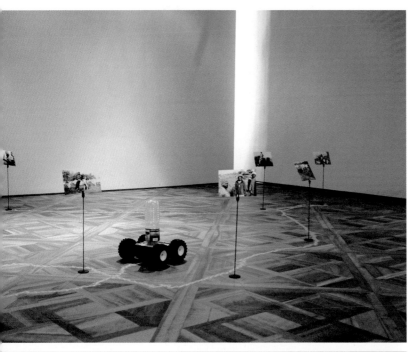

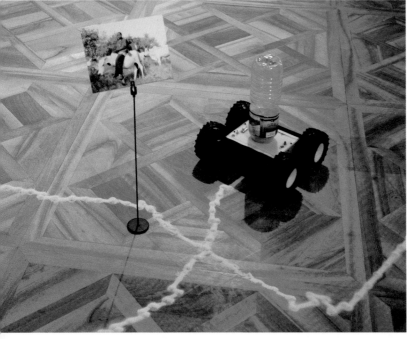

FIG. 4.10

> Filmstills uit de NomadicMILK
  onderzoeksreis 2006 /
  *Filmstills from the NomadicMILK
  research trip 2006.*

NomadicMILK
researchtrip
2006

www.nomadicmilk.net

When we sit here
we are the puppete

After that we travelled to Ab,
our anthropologist.

...so I could show how cows
are kept in Dutch stables.

The scale is weird,
camera will change

He tried passionate
all organized.

This how we arrived at New Age Film Company.

New Age Film Company welcomed us warmly.

...Maikudi, who was a very nice person, curious...

...both in the dry and the wet season.

in...

We were able to film very nice shots in the harbor.

it

We also filmed in the WAMCO factory.

FIG. 4.11

> Vervolg filmstills uit de
NomadicMILK onderzoeksreis
2006 | *Continuation filmstills
from the NomadicMILK research
trip 2006.*

...to the city of Jos,
were we started our reseach.

We went with the
via Kafanchan...

There are tree types of Nono!

He could tell abou
quality differences

Hey, Esther, watch it!
Truckers and Fulani meet!

I also tried to film a
one herd from the

This is how tempo
in Nigeria can be!

.K truck

...to the city of Jos,
were we started our reseach.

Is was a heavy road.
We had many delays.

The major landmarks of mr. Bello
seemed to be places of accidents.

And probably also the places
with the best food.

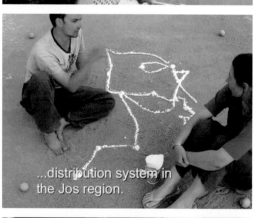

...distribution system in
the Jos region.

Mr. Dominic, the distributor,
explained all to us.

routes

This is how we wipe out
our Nigerian trip.

main team:

Esther Polak
Michiel de Lange
Ab Drent

NomadicMILK project

artist Esther Polak
scholar Michiel de Lange
and team·

Synopsis

In contemporary Nigeria two dairy economies exist side by side. The Fulani, who own approximately 90% of the cattle in Nigeria and who travel seasonally in the North searching for the best grazing grounds, run one of these economies. Their herds are a common sight for the individual Nigerians who buy the Nonno, or home-made yoghurt, from Fulani women at local markets.

The second dairy economy consists of the food companies that produce powdered or condensed milk. One of the best-known Nigerian dairy brands is PEAK milk. This company purchases dairy products on the worldmarket and processes them for the Nigerian market in a big factory in Lagos.

The tiny PEAK milk cans and sacks with powdered milk find their way to consumers all over Nigeria, via an effective distribution system covering big cities as well as remote bushmarkets. On those markets, PEAK milk and Fulani milk are often sold side by side, and it is here the two economies meet. The coexistence of these two very different dairy economies made us wonder about their underlying mobility patterns.

Just imagine a map that depicts the unknown routes these dairy products travel, thus visualizing the day-to-day business of the Fulani and Peak milk distribution systems. This map will take you on a trip through Nigerian reality from the perspective of basic nutrition. Rather than being silent, this map will tell lively stories and evoke a unique artistic portrait of the terra incognita of two seemingly unconnected dairy economies, including their various geographies, dynamics, landscapes, tales, places, and people.

The project will follow PEAK milk transporters and Fulani nomadic herdsmen in Nigeria by tracking their routes with GPS (Global Positioning System). A small robot, an open sandglass on wheels, will draw the GPS tracks as lines of sand on the ground, thus constructing a map on the surface of the earth, so to speak. In this way the digital tracks are used for recreating actually traveled routes again, which can be done in the presence of the dairy transporters who were originally involved and, later on, repeated in any location.

In addition, the project will result in a poetic film explaining the world behind the abstract sand drawing. The film will be about the participants' spontaneous reactions to their tracks, but it will also contain footage of their daily lives. The film will be developed in collaboration with New Age Film Company in Kaduna, Nigeria.

In the course of 2009 the project plan is to realize an installation and a website showing Nigeria's space, landscape, stories, and its active, flexible economy. The installation is designed to travel light. We plan to present the project at venues in Africa, Europe, and the US to a wide variety of audiences, thus allowing the public to gain unexpected insights into Nigeria's daily (mobile) life. The venues we choose for showing our work will provide relevant artistic feedback and, preferably, have an exhibition room overlooking a courtyard from above; this will make it possible to view the project's centerpiece – the sand tracks – from above, while in the room itself the film scenes are shown on two screens. Depending on the actual space, the presentation design will be adapted. We will also present the project via its website. On this website we will publish clippings from our footage and our the-making-of film; this should give rise to a growing diary-like record of the project, including its international feedback. The clippings will perhaps be made available on a DVD, so (Nigerian) rural audiences will have easy access to the project results as well.

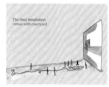

> See fig. 4.01-05, p. 206

NomadicMILK

– *Esther Polak and Michiel de Lange*

[I]f we look closely enough – if, in other words, the cartographical scale of our examination be sufficiently large – the entire earth appears as an immense patchwork of miniature terrae incognitae. Even if an area were to be minutely mapped and studied by an army of microgeographers, much about its geography would always remain unknown, and, hence, if there is no terra incognita today in an absolute sense, so also no terra is absolutely cognita.

(...)

Geosophy... is the study of geographical knowledge from any or all points of view. To geography what historiography is to history, it deals with the nature and expression of geographical knowledge both past and present.... Thus it extends far beyond the core area of scientific geographical knowledge or of geographical knowledge as otherwise systematized by geographers. Taking into account the whole peripheral realm, it covers the geographical ideas, both true and false, of all manner of people – not only geographers, but farmers and fishermen, business executives and poets, novelists and painters, Bedouins and Hottentots – and for this reason it necessarily has to do in large degree with subjective conceptions.[*]

NOTE 1
> John K. Wright Terrae Incognitae: The Place of Imagination in Geography, 1947, p. 192)

Introduction

In November/December 2006, the *NomadicMILK* project team – consisting of artist Esther Polak, philosopher of technology Michiel de Lange, and cultural anthropologist Ab Drent – traveled in Nigeria. During this four-week fieldtrip, we wanted to explore to what extent our preconceptions fit with the reality we would find there, whether our project plans would be attainable by trying them out in practice as much as possible, and we also wanted to get to know people there. This was the first phase of the *NomadicMILK* project. It resulted in various products. A film was made about the fieldtrip that has been presented at various locations. These screenings were mostly combined with a visual presentation by our robot prototype of an actual GPS recorded route walked by one of the Fulani herdsman we met. We also compiled a booklet about the story of our fieldwork. As this chapter is being written, the project team is still busy making preparations for the second phase, the execution of the project proposal that was written partly based on our fieldtrip experiences. The third phase will consist of the final presentation of the project in various locations.

This chapter addresses three central themes of the *NomadicMILK* project: mobility, nomadism, and technological mediation. I will also try to connect several theoretical perspectives and reflections with our experiences from the fieldtrip.

Mobility

One of the central themes in *NomadicMILK* is mobility. Following social geographer Tim Cresswell I will define mobility as 'meaningful movement.' Although mobility is often understood in terms of specific possibilities for movement, it is just as much shaped by all kinds of limitations. In the classical view of space and place, which goes back to Greek philosophy, space is an abstract entity, a kind of empty box. When people create and experience meaningful positions in space, you get places. Place in this view is 'lived space.' Philosopher Michel de Certeau reverses this idea. According to him, space is not abstract but personal and constructed. He considers space as 'practised place'. Through movement individuals create new spaces for themselves out of predefined ('produced') places. De Certeau gives the example of walking through a city, an activity he sees as potentially subversive once people develop *tactics* to move around in ways that go against the super-imposed *strategies* that prescribe ways of using space. In this view, mobility becomes a way of creating room for the development, experience, and expression of identities. One of the concerns of our *NomadicMILK* project is how mobility plays a role in the (economic) identities of specific actors or participants, in this case Fulani and Peak Milk distributors.

What is the role of mobility in *NomadicMILK*? Sociologist John Urry has made a distinction between four kinds of travel. Although in practice they may be hard to distinguish from each other, I will apply his categories to our preliminary insights in both the Fulani and Peak Milk economies in order to render the theme of mobility in *NomadicMILK* more concrete.

NOTE 2
> Cresswell, T. *On the Move: Mobility in the Modern Western World*. New York: Routledge, 2006, p. 2-3.

NOTE 3
> Certeau, M. de. *The Practice of Everyday Life*. Berkeley: University of California Press, 1984, p. 117.

NOTE 4
> Urry, J. *Sociology Beyond Societies: Mobilities for the Twenty-First Century*. London/ New York: Routledge, 2000, p.49-76.

so I could show how cows
milk...in the stable...

There are...copies of Nomo...

> See fig. 4.10, p. 210

The first kind of mobility Urry identifies is physical movement of objects. In our case the mobility of milk functions as a 'white line' throughout the project. Fulani products (fresh milk and *nonno*, a kind of yoghurt) and Peak Milk products (condensed milk in cans and milk powder in bags) both function as a temporary form in a chain of products and their travels. In the case of the Fulani, the milk finds its origin in movements of grazing cattle and herdsmen. Esther explained to Fulani families we met during our fieldtrip that in the Netherlands dairy farmers bring feed to their cattle, while in Nigeria they bring their cattle to where 'feed', so to speak, can be found. Other product mobilities are part of this chain as well. When the owner of a herd wants to know how his cows, which may be grazing in some place at a distance of fifteen daytrips, are doing, he will send someone on a motorbike, as the son of one of the families we made contact with explained to us. Those bikes are mostly imported from China. Increasingly, he told us, mobile phones, coming from Europe or Asia, are used as well. In this context another kind of product mobility involves livestock drugs. Fulani women transport the Fulani milk to nearby markets, most often as *nonno* in calabashes. Commonly the *nonno* is eaten on the spot. Other people may buy fresh milk directly from the Fulani and take it home.

In the case of Peak Milk, the chain consists of cow milk from Poland, New Zealand, or the Netherlands, which is sold on the world market in the form of powdered products, shipped to the harbor in Lagos, Nigeria, loaded onto trucks, and driven to the Peak factory near Ikeja. In this factory the raw milk products are processed into canned condensed milk or powder milk bags. Big trucks subsequently transport the cans and bags to large distribution centers throughout the country, while also smaller trucks are used to transport Peak Milk to small-sized distribution centers. From here the products go to wholesalers. Next, distributive traders pick up boxes of Peak products and take them to their smaller storage facilities, where small merchants buy small quantities, often no more than a few cans or bags at the time, and offer them for sale at local markets. Consumers generally use these products in tea, which they drink either at home or at roadside stalls. Finally, many Peak Milk cans have a second life. If not recycled, they are used as domestic items (storage bin, cooking tin) or as children's toys.

Another kind of mobility Urry identifies is physical travel of people. In our example, people are involved in both milk economies of course. The Fulani herdsmen will move their cattle from one grazing ground to the next, even though in actual practice the situation is frequently reversed: the cows herd themselves, as it were, and the herdsmen merely follow them. These mobility patterns may vary from a daily tour in the vicinity to journeys that last many months during seasonal changes. Herdsmen also travel in search of livestock drugs. In this respect one of the veterinarians we met told us that these herdsmen often find and administer fake medicine. Veterinarians themselves may also travel to the herds to inoculate the cattle. Furthermore, the Fulani women travel to nearby markets, where consumers go to purchase the milk products. In the case of Peak Milk, there is a whole chain of people who physically travel. In Nigeria we met a major official from Apappa Harbor in Lagos, a trucker who transports the shipments to the factory, people who work in the Peak factory and operate the machinery, truckers who move the finished products, wholesale vendors, intermediate merchants, and sellers and buyers. Another aspect of the actual mobility in the context of this project is that of the *NomadicMILK* team itself. In a 'the-making-of' film on our project, attention is paid to the project's inception and the various kinds of mobility patterns involved.

The third category identified by Urry, virtual mobility, takes place within a more or less closed system. Although Urry is mostly referring to movement within digital worlds, this idea of virtuality may also be applied to *NomadicMILK*. The traditional nomadic lifestyle of Fulani can be seen as a virtual system in which mobility plays an important role as a survival strategy. As such it involves a dynamic system that is open to change, such as the use of new transport and communication technologies. Apart from this, there are many external influences that change the system of nomadic lifestyle patterns, such as population pressure, sedentarization, climate changes, ethnic tensions, and political and legal changes. Likewise, this virtual kind of mobility can be applied to Peak Milk distribution. At a local level, Peak operates with-

We were able to film very nice shots in the harbor.

Hey, Esther, watch it! Truckers and Fulani meet!

> See fig. 4.11, p. 212

> See fig. 4.11, p. 212

in a global market structure, but just like the Fulani herdsmen, Peak has to adapt to changing circumstances. *NomadicMILK* exposes these two 'virtual economic systems' of traditional nomadism and global nomadism by juxtaposing them in their local context in Nigeria. I believe it is useful to apply the idea of virtual mobility to these dynamics because it makes clear that nomadic lifestyle as an economic system is constantly 'on the move'. One aspect of *NomadicMILK* is to show the flexibility and adaptability of nomadism.

Finally, there is the category of imaginary mobility, probably the most intangible of all mobilities. At this point, the members of the audience become participants in the mobility patterns that *NomadicMILK* visualizes. In the final presentation of the project, movements by the audience will be very important. During this presentation, to be held in a museum setting, the audience will be invited to walk part of the various routes that figure in *NomadicMILK* – drawn to scale on the ground by the sand robot – to get a first-hand impression of the spatial mobility involved. The audience will thus embark on an imaginary journey along the routes of Fulani herdsmen and Peak distributors.

It is possible to identify a second, more abstract kind of imaginary mobility as well. Western and Nigerian audiences are bound to have preconceived views on how nomadic people live and how a global economy works. The project will address the possible discrepancy between imagined preconceptions and actual visualized reality (which is also dynamic) – a concern that invites the audience to make an abstract journey by moving from their preconceptions to the reality shown by the project. If it will cause the audience to adjust its preconceived notions, this also is a mode of imaginary travel. In a sense the members of the audience will thus become nomads themselves, if at least they understand that both their preconceptions and the reality shown by the project do not so much involve static situations, but situations that are constantly *evolving*.

Nomadism

Nomadism is another central theme of the *NomadicMILK* project. In his book *On the Move* (2006), Tim Cresswell argues that mobility has become a root metaphor for contemporary understanding of culture and society. According to Cresswell, there have been two conflicting views on mobility and nomadism, which he calls *sedentary metaphysics* and *nomadic metaphysics*. Sedentary metaphysics involves an outlook on the world that implicitly takes sedentary life as the norm. As such this life is rooted, stable, safe, orderly, and rational, while mobility – and especially nomadic peoples such as gypsies, wanderers, and vagabonds – symbolizes chaos, disruption, fear, and a threat to society's order. By contrast, nomadic metaphysics involves a point of view that stresses the many positive connotations of mobility. It is progressive, exciting, contemporary, and anti-establishment, while rootedness, or things that are static and bounded, comes with the negative connotations of being reactionary, dull, and of the past. Cresswell's work is important because it shows how mobility and nomadism are suffused with symbolic connotations and values.

NOTE 5
> Cresswell (op.cit. noot 2), p. 26.

One of the dangers looming over *NomadicMILK* is that it may be understood from *within* either one of these metaphysics. From a sedentary perspective, the project may appear an attempt to capture a lost way of life, or an adventurous 'search for the last nomads in Africa.' But from a nomadic perspective, the project may all too easily appear a celebration of (neo-)nomadic lifestyles, as a metaphor for postmodern identities and actualities. This may be the case even more so because of the use of new media. Some members in the audience may well consider a focus on nomads, mobility, and technology to be fashionable…

NomadicMILK seeks to balance these two extremes. The project hopes to offer a view on current nomadic lifestyles, and show their flexibility and adaptability. Visions of what is rural often come with connotations of being archaic, unchanging, stabile, and rooted. It is quite common for rural life to be contrasted with city life, which is seen as hectic, fluid, and mobile. One of the challenges of *NomadicMILK* is to show that life in rural areas is equally in flux. On a local basis new economic strategies are invented and applied all the time, while changing circumstances are integrated into so-called 'traditional' lifestyles such as nomadism, as is underlined by considering Peak Milk distribution as a form of global nomadism.

One of the criticisms of nomadic thinking is that it is only metaphorical and says little or nothing about nomadism as an actual way of life. 'This explains why nomadic thought easily slides into mere romanticizing nomadism while also, paradoxically, pinning down 'real' nomads as having a fixed role. In this respect, we encountered an interesting phenomenon during our first fieldtrip. When farmers had just finished harvesting their crops (corn, sorghum, or millet), they were happy to have Fulani cows come onto the field and graze off the cuttings to the ground. This saved these farmers a lot of work regarding the preparing of the land for another yield. Moreover, the cow droppings were also an excellent fertilizer. For the Fulani, the advantage was that their cattle could graze in the vicinity of their (semi-)permanent settlements instead of having to move much further away. This cooperation between the sedentary farmers and the (semi-)nomadic Fulani shows that the boundaries between what is sedentary and nomadic are fluid. In Nigeria we found the two communities to exist side by side in relative harmony. Perhaps more knowledge about actual contemporary nomadic life will contribute to moving nomadic thought ahead?

One funny kind of idea we had during our fieldtrip involved a possible parallel between the project and the 'taming' of the Wild West. Nigeria, as a kind of wild territory, has a bad reputation for being lawless, corrupt, and dangerous; it is a place few people dare to go, yet at the same time it offers abundant opportunity, such as doing wonderful art-science projects! Our second association applied to the use of new technologies to tame and domesticate its unexplored terrain. GPS and mobile technologies are used to map and order scarcely known ways of life, far removed from 'civilization'. A third association we had pertained to the participants in our project versus the mediated icons of the Wild West. Fulani herdsmen are like the cool cowboys from western movies, while Peak Milk truckers are the archetypical rough road warriors as depicted in genres such as the road movie and the trucker movie. We realized how our views of their ways of life had been colored from the start through the prism of our mediated knowledge, stressing difference, regarding African ways of living as taking place 'elsewhere' and 'in another age'.

At the risk of falling into the trap of celebratory 'nomadic metaphysics', we add a final note on 'nomadic thinking.' Our world has become more mobile, or so it appears. The same applies to our ways of knowing the world: 'weak thought' or 'nomad thought' is willing to transgress academic disciplines. In this sense the *NomadicMILK* project as an art-science collaboration can be seen as a contemporary metaphor for cross-boundary understanding in the various disciplines. Art, science, and philosophy meet and move together.

NOOT6
> Ibid. p. 45

Technology and Mediation

How do new media help to create a sense of place and make it visible to an audience? This project makes extensive use of technologies. At the time of writing, we are in the process of testing out various technologies. The following is based partly on these tests and project presentations so far, and partly based on our ideas about what the final results should look like. We use GPS (global positioning system) devices to record participants' routes. Participants may also use high-quality mobile phone-cameras to record their audio-visual media or organize their mobility patterns. An automated drawing robot will 'print' routes into the landscape and show them to the participants as well as to audiences. We also work with film to record comments from participants and to show the making of the project itself. At special screenings this material will be shown to audiences. We use the internet (web) to convey the results, but it also serves as a vehicle of collaboration among the people involved.

Let us consider a number of the mediations that occur as part of our project. GPS, mobile technologies, and the robot mediate between the implicit experiences and knowledge of the landscape and routes of the participants, and making them public. Both Fulani herdsmen and Peak distributors will move and collect GPS tracks, and possibly also their personal impressions of the routes in photos, sound, and video. Next, these are shown to them with the request to tell about what they see. So technologies are used in the project as a narrative medium, exposing what was formerly not visible, and asking people to make their implicit knowledge explicit.

GPS and mobile technologies also mediate between different levels of awareness about mobility and place among the participants involved. A heightened awareness of one's own mobility is likely to occur as a result of using technologies. These moments are extremely interesting. Film is used to capture these moments of increased self-reflectivity.

> See fig. 4.06-09, p. 208

Furthermore, our presentation (robot, GPS tracks, video) mediates between ('native') knowledge and ('western') audiences. How can we transfer the knowledge of the participants and show it to other people? Here, new technologies with their 'realistic' language and tactile properties – as in the robot-created track – can translate and transfer the experiences and narratives of participants to a wider audience.

Our presentation mediates between the audience's implicit and overt preconceptions of mobility and nomadism, and of Nigeria, and the audience's willingness to *move*, to acquire new understanding of the current (economic) reality. In a very real sense the project challenges the audience to embark on a nomadic trip as well, both physically (partly walking the same scaled route) and imaginary (as a transgression of their 'sedentary thinking' into new regions), thus hoping to move people into new directions.

Finally, the project team is very much aware that the use of very modern new technologies in a project that takes place in Nigeria and depicts a way of life that is generally regarded as belonging 'to another time' is likely to increase the perception and impact of the project. Probably there are people who think it is questionable to introduce new media in this context of African nomadism. Such a view, however, implicitly denies the participants involved the power to shape technologies in their own ways. We want to show the inventiveness with which nomadic Nigerians adopt and adapt innovations. Rather than seeing them as victims – powerless people subjected to the outside influence of technologies – we like to show their creativeness and flexibility.

In conclusion we would argue that the use of new media mediates between what we as producers of the project wish to show and the audience's expectations. Media are not a gimmick to evoke a 'shock-effect' ('Look at those African nomads play with hyper-modern technologies!'), but a means to question preconceptions. Locative media in this project will therefore convey a sense not only of the 'other' localities, but just as much of our own localities. By bridging gaps between different localities (here/there, us/them) and modalities (there it is …/ is that right?), we turn locative media into *interlocative* media.*

NOTE 7
> See for further orientation: D'Andrea, A. 'Neo-Nomadism: A Theory of Post-Identitarian Mobility in the Global Age.' in: *Mobilities* 1 (2006), 1: 95-119; Kockelkoren, P. 'Art as Research?' in: *Proceedings AIAS Conference 'Mediated Vision'*. 2005; Low, S.M. and D. Lawrence-Zúñiga. *The Anthropology of Space and Place: Locating Culture*. Malden (MA.): Blackwell, 2003.

Esther Polak

Esther Polak is a visual artist, born and living in Amsterdam. After working as a layout editor for a range of magazines for some time, she developed an interest in the mutual influence of text and image. This led into a broader field of interest: the technologically, socially, and culturally mediated gaze. Her main concern as an artist is with the visualization of the experience of space. In her view, today's international food trade is an exciting field that can be explored in an artistically relevant manner. To do so, art practice provides a playground where this experience of space can be examined as such, but where it can also be visualized and made tangible, primarily as an expression of what in today's world is happening *space-wise*. The *NomadicMILK* project, executed in Nigeria, also started from this approach. (see www.nomadicmilk.net)

Polak has been involved in two similar projects. The *MILKproject* (2004), a collaboration with Ieva Auzina and RIXC for the center of new media culture in Riga (Latvia), showed what happened space-wise – by tracking and visualizing the routes of all people involved – during a trans-European dairy transport between Latvia and the Netherlands. The recorded tracks were shown to the participants, who then commented on their own routes and daily life. These comments constitute the heart of the project, which resulted in an installation and a website. Surprisingly, this project managed to enter the heart of EU political decision-making: it was presented at a meeting in Brussels at the end of 2004, attended by the agricultural ministers of all EU countries. In 2005 it won the Golden Nica for interactive art at Ars Electronica (see www.milkproject.net)

The second GPS-based project was *AmsterdamREALTIME* (2002), a diary in traces. Ten residents of Amsterdam were asked to carry along a GPS tracer for six weeks. They participated in a real time mapmaking project in which their routes through town were made visible on a projection screen in the exhibition space. The participants were asked to go about their normal daily business and switch on the GPS tracer each time they went out. The traces on the screen constitute an alternative, highly individual map of the city. This was a joint project of Esther Polak, Jeroen Kee, and Waag Society. (see http://realtime.waag.org)

Michiel de Lange

TEAM 4
> Biography scholar

Michiel de Lange is a PhD candidate in the Faculty of Philosophy, Erasmus University Rotterdam (www.eur.nl). His research project, which is called Playful Identities (www.playful-identities.nl), addresses the influence of mobile communication technologies on the experience and construction of personal and cultural identities. Earlier, he was a student in cultural anthropology at the University of Amsterdam. In 2000, for his final thesis, he studied the use of digital media in Indonesia. Before he started his PhD project, he worked for several years with Nederland Kennisland (www.kl.nl), a think tank that initiates innovative projects in the field of the knowledge economy. As a volunteer and free-lancer he was involved in a digital training ground in East Amsterdam, Cybersoek (www.cyber-soek.nl), where people from the Indian neighborhood meet and learn to work with new media. Michiel de Lange writes a weblog on his research and the art/science project, available at http://blog.bijt.org.

Over 'kennisproductie'

 – *BAK, basis voor actuele kunst, Utrecht*

TOELICHTING

> *For English see p. 230*

In het vocabulaire van de hedendaagse kunst en de diverse institutionele praktijken zijn termen als 'kennisproductie', 'artistiek onderzoek' en 'discursieve praktijk' stevig verankerd, en ze vormen als zodanig een wetenschappelijke uitdaging voor de kunst. Dit is duidelijk terug te zien in de systematisering en institutionalisering van het kunstonderwijs – alsof de veelheid aan kunstpraktijken zou kunnen worden 'gedisciplineerd' en gecategoriseerd – en in de vele evenementen bij kunstinstellingen (symposia, kunstenaarslezingen, seminars en leesgroepen) die zich richten op kennis.

Op uiteenlopende gebieden, van kunst tot wetenschap, lijkt intussen de zogenaamde kennisproductie een niet eerder vertoond belang te vertegenwoordigen en is zij de focus geworden van commerciële, politieke, economische en culturele eisen. Het maken van aanspraak op de commercialisering en politisering van kennis is alomtegenwoordig. Zo zei premier Balkenende onlangs in een toespraak aan de universiteit van Wageningen: 'Kennis, innovatie en ondernemingsgeest zouden het fundament moeten vormen van de toekomstige (economische) groei.' Wat hier wordt bepleit, is de maatschappelijke bruikbaarheid van kennis of, in meer rechtstreekse bewoordingen, de disciplinerende en winstgevende waarde van kennis. Kennis wordt bekrachtigd als zij past bij het huidige overheidsbeleid en zijn verwevenheid met de belangen van ondernemingen.

De kunst heeft echter de mogelijkheid om aan de dwangbuis van deze instrumentalisering te ontkomen. De artistieke ontsnappingsroutes gaan juist uit van '*indiscipline*' (het loskomen van het denken in discipline(s)), het *onproductieve* en *non-kennis*. Zij bieden een manier om de normatieve eisen van het neoliberalisme, dat bovenal innovatie en vooruitgang nastreeft, in twijfel te trekken. Deze alternatieve routes moeten verder worden onderzocht omdat ze de kunst het meeste potentieel leveren. Hiermee kan de kunst niet alleen de wetenschap ter discussie stellen, maar ook – iets om niet uit het oog te verliezen – de eenzijdige politieke en economische ambities van onze tijd.

> Voor Nederlands zie p. 220

Concerning 'Knowledge Production'

– BAK, basis voor actuele kunst, Utrecht

Terms such as 'knowledge production', 'artistic research', and 'discursive practice' have settled firmly in the vocabulary of contemporary art and institutional practices and present the field with a 'scientific challenge'. We see this clearly in the systematization and institutionalization of art education – as if the multiplicity of art practices could be 'disciplined' and categorized – or we observe knowledge put on display in the plethora of events in art institutions: symposia, artists' talks, seminars, and reading groups.

In fields from science to art, the arena of so-called knowledge production seems to enjoy an unprecedented prominence and is the focus of a multitude of commercial, political, economic, and cultural demands. The claims being staked in the commercialization and politicization of knowledge are ubiquitous; just think of a recent speech by Dutch Prime Minister Jan Peter Balkenende given at Wageningen University in the Netherlands: 'Knowledge, innovation, and entrepreneurial spirit would be the foundations of future (economic) growth.' What is celebrated here is the social utility of knowledge, or to put it more bluntly, the disciplinary and profit value of knowledge. Knowledge is affirmed when it suits the current governance and its partnership with the corporate.

Yet art has a way of escaping the straitjacket of such instrumentalisation. It is an escape route paved with *indiscipline*, the *unproductive*, and *non-knowledge*, all of which challenge the normative demands of neoliberalism, which applauds innovation and progress above all. These alternative trajectories need to be explored as the greatest potentials of art. They constitute an artistic challenge not only to science, but also, let us not forget, to the political and economic desires of our times.

Something's Brewing BIER

artist Edith Abeyta
scholar Judith Thissen

> See fig. 5.1, p. 262

Brands and products are intended to be 'read' as warm-blooded able-bodied characters. What they lack, more often than not, is a convincing story.

A convincing story is memorable.
It sells.

The BIER Story

When hegemony just won't do!

JUDITH THISSEN, EDITH ABEYTA
> Utrecht/Los Angeles,
  September 2007

In a series of speeches made in 2000, the French sociologist Pierre Bourdieu appealed to scholars, artists and writers to join forces to fight the tyranny of the market and renew the tradition that refuses to leave the world to the blind forces of economics. He called upon us to mobilize against the forces that consign 'cultural works to the common fate of interchangeable commodities subject to the same laws that apply to corn, bananas, or citrus fruits.'

NOTE 1
> Pierre Bourdieu, *Firing Back: Against the Tyranny of the Market 2* (2003), p. 64

We took up Bourdieu's call to fire back. With *Something's Brewing* BIER, we hope to make a contribution to the debate on the impact of neoliberal politics in the art world. We want to mobilize people to support a cultural production that is not oriented towards commercial or promotional ends and not subject to the verdicts of those who control the main channels of communication.

Amidst the preparations for the CO-OPs exhibit at Scheltema, we took a moment to pause to reflect upon our project: its past, present and future, its contingencies and contradictions. *Something's Brewing* BIER was supported by institutions that frequently seek immediate gratification and short-term symbolic profit at the expense of long-term social benefits. Their growing emphasis on competition, productivity and visibility are prime examples of the intrusion of commercial logic and market ideology in the field of art, culture and education.

The following notes and images are compiled from the files of our archives. Together they relate our BIER story. The reader is warned that every mode of narration is meant to produce certain meanings and perhaps to obscure others. Our story is no different in this respect, but we hope that these same raw materials will inspire other histories and analyses.

Something's Brewing BIER bears the imprint of many individuals who have, for better or for worse, touched us and shaped our artistic and scholarly development. We want to take this opportunity to thank them all.

Open Call to Design a Beer Label

> See fig. 5.2, p. 264

> Design by Hague Williams

Open call to design a label for *Something's Brewing BIER* a collaborative project by Edith Abeyta and Judith Thissen. The project is part of the CO-OPs program www.co-ops.nl initiated by the Netherlands Organization for Scientific Research (NWO) and seeks to understand the processes of commercialization in the cultural field by launching an art beer on the Dutch market. The brewery will be located at Hotel Mariakapel: www.hotelmariakapel.nl, with Robert Tower in residence as the brewer.

Requirements: Design to be formatted into the shape as shown on the reverse side. The 'label' is a slipcover, machine sewn, fitting over the top of a standard 12oz. beer bottle.

Medium: Open

Special notice for academics and writers without sewing machines or artistic inspiration: you can also send us a textual design for a 'fabric' and we'll make the slipover for you. Possible themes: beer & popular culture, consumerism, the commercialization of art/culture/everyday life... anything you like or don't like about beer and beer brewers (please don't hesitate to contact Judith if you wish to discuss your contribution: judith.thissen@let.uu.nl)

Deadline: April 1, 2007

Digital Designs: Email to edithabeyta@gmail.com

Analog Designs: mail to Judith Thissen, Utrecht University, Institute for Media & Representation, Kromme Nieuwegracht 29, 3512 HD Utrecht, Netherlands

All designs will be included in a final presentation/exhibition in November/December 2007 at the Lakenhal Museum in Leiden, the Netherlands www.lakenhal.nl

Select designs will be reproduced and put into action in the Something's Brewing public events to be held April-June 2007 throughout the Netherlands. Please include a web link and an one to two sentence bio with your submission.

> Design by David Michaellee

Nanobeer

Some figures: California began the year 2007 with 82 nanobreweries in operation. Approximately 400 nanobrewers are operating in the United States and they are estimated to increase at a rate of 3 or 4 per week, bringing handcrafted small batch beer closer to the public. No figures are available for Europe. In the Netherlands, BIER was the first beer distributed using insights from nanotech research.

Nanotechnology refers broadly to a field of applied science and technology whose unifying theme is the control of matter on the molecular level in scales smaller than 1 micrometer, normally 1 to 100 nanometers. It is a highly multidisciplinary field, drawing from applied physics, materials science, chemistry, and mechanical engineering. Much speculation exists as to what this new technology will mean for the future of science and society. Experts believe that nanotechnology will truly impact every aspect of our lives. The potential benefits of nanofoods – foods produced using nanotechnology – are astonishing according to advocates of the technology, who promise enhanced flavor and nutrition (among other things).

The impetus for nanotechnology comes from a renewed interest in colloidal science, which was introduced in 1861 by Scottish scientist Thomas Graham. Many familiar substances, including beer and paints are colloids. Today, it is possible to manipulate the nanostructures of these materials thanks to a new generation of analytical tools and processes such as electron beam lithography and molecular beam epitaxy (MBE), a method of depositing single crystals, which was invented in the late 1960s at Bell Telephone Laboratories by J. R. Arthur and Alfred Y. Cho. Two main approaches are used in nanotechnology. In the 'bottom-up' approach materials and devices are built from components that assemble themselves by principles of mutual molecular recognition. In the 'top-down' approach, nano-objects are constructed from larger entities without atomic-level control (put simply: the molecules have nothing to say). According to Industrial Nanotech, one of the world's largest corporate brewers is already experimenting with this latter method in its brewing process. For the last decade, the food industry has been investing millions of dollars in nanotechnology research and development. In the forefront of nanofood development is Kraft Foods. In 2000, it took the industry's lead when it established the Nanotek Consortium, a collaboration of 15 universities and national research labs.

Why nanobeer?

> Microscopic view of
Oktoberfest BIER
© Michael W. Davidson &
The Florida State University
Research Foundation

A major Dutch food research group studying the options for more sustainable food production and consumption, has concluded that most micro-brewery beers do not taste as good as nanobeers. The group surveyed consumer evaluations of the taste of BIER and found that the taste is much better compared to traditional micro-brews. This, they say, is because even the best micro-brew beer have fibers with a minimum diameter in the micrometer range. Nanobeer is textured down to nanometer dimensions. To get consumers to appreciate micro-beers even better and thus consume more moderately (a general trend when consumers switch from mass-produced to micro-brewed beer), the group says, the fibers will have to be miniaturized as well. However, master brewer Robert Tower disagrees with this interpretation of the survey. He says, it is all about doing things on a conceptual nanoscale, that is: doing it yourself. Inspired by an exhibition on nanotechnology at the Museum of Jurassic Technology (Los Angeles), Tower decided to approach the brewery design for BIER from a radically different perspective, brewing much smaller batch sizes than usual and relying exclusively on manual labor. Meeting with students at the Food Science and Technology Department at UC Davis, he told them that the results were awesome:

> See fig. 5.04, p. 266

> Shortly before leaving Europe, I was able to sample all three of the beers I brewed while there. (...) The Irish red ale was a rich bouquet of malt and raisin/prune notes. It was the kind of beer that really sticks to your ribs (excellent for breakfast I might add). The Oktoberfestbier was dry yet malty with a bold toasty biscuit flavor, just as it should be. The American IPA was HUGE! It packed a whollop of malt quickly balanced by firm bitterness and an explosion of hop aroma. I've never brewed an IPA this extreme before, I surprised even myself.

Tower now advises prospective brewers to use mashing kettles and fermentors no larger than 15 gallons/50 liters (for further details see his nanobrewery starting kit). He believes that a combination of Slow Food practices and nanoscale approaches opens up an entirely new prospective for hobby and commercial brewers, but he also warns us that nanotechnology as it is understood by the food and beverage industry is bad for the environment. According to the Center for Responsible Nanotechnology the range of possible ecological damage is vast as it will tempt the use of very small products, which can easily turn into nanolitter that will be hard to clean up. This is not the case with BIER, Tower points out. BIER is bottled in standard 12 oz/33 cl bottles, which can be recycled by the consumer or returned to one of the local BIER distribution points in the Netherlands and California.

> Please visit www.constructotower.com/ homebrew.html

Robert Tower

Robert Toweris a commercial brewer trapped in the time, place and circumstances of a hobby brewer. This has led to both disastrous and successful results, as well as inspired yet unorthodox plans and comical solutions. An avid reader of brewing literature, Mr. Tower has been brewing with intention for six years. He lives and brews in Los Angeles.

QUOTE
> Pierre Bourdieu /
  Loïc Wacquant, *An Invitation to
  Reflexive Sociology* (1992), p. 17

A field is simultaneously a *space of conflict and competition*, the analogy here being with a battlefield, in which the participants vie to establish monopoly over the species of capital effective in it – cultural authority in the artistic field, scientific authority in the scientific field… and so forth – and the power to decree the hierarchy and 'conversion rates' between all forms of authority in the field power.

Utrecht Research Center for Beer Culture

At Utrecht University, a team lead by historian dr. Judith Thissen seeks to understand the social and political significance of the conspicuous convergence that is occurring between the field of culture and the field of economics, focusing on the changing cultural practices of beer brewers and beer consumers since the late 19th century until the present-day. According to Thissen, beer offers excellent opportunities to investigate the commercialization of culture and culturalization of the economy, because it is widely consumed in a broad range of cultural and social contexts, and thus entails an almost intrinsic linkage between economic, cultural and social practices. Moreover, beer brewers – small and large – frequently bring art and culture into play to promote their products and boost sales. Artists and designers are hired to create hip brand images, while more traditional brands are embedded in local, regional or ethnic cultural heritage to give them an aura of authenticity and artisan craftsmanship. The beer industry constantly seeks to merge the cultural, the social and the economic. The industry draws in particular on the repertory of popular culture and practices (forms of sociability) but also makes inroads into the domain of middle-brow and high culture, be it usually in more subtle ways, like arts sponsoring. Finally, beer consumers frequently build their own subcultures and communities around certain brands or beer-related activities, a phenomenon that is investigated by Thissen's students by way of participatory research.

Thissen and her research team use the work of Pierre Bourdieu as their main theoretical framework. Bourdieu (1930-2002) was professor of sociology at the Collège de France. He was an acclaimed intellectual and scholar, whose best known book is *Distinction: A Social Critique of the Judgment of Taste* (1979). In the Humanities, Bourdieu's sociology of culture has proved a fertile research instrument to think the relation between culture and economy. However, as dr. André van der Velden – a close collaborator of Thissen – explains, 'from a present-day perspective his work seems to reflect too much the "old" social constellation in which the fields of economy and culture were relatively autonomous. There is no doubt that over the last decades, this social constellation has profoundly changed under the forces of globalization, technologization and mediatization.' For this reason, an important aim of their project is to rethink Bourdieu's work (especially his field theory) in order to strengthen its power to analyse contemporary developments. 'Our critical dialogue with Bourdieu will be based upon a reading of his work and on other theories of culture, especially on recent sociological studies,' Thissen adds. 'I am convinced that some of the approaches in the Arts and Humanities will also play a role, but the social sciences seem to have a broader interest in the changing relation between culture and economy, and hence they offer a better entry.' Thissen met Bourdieu in the 1980s, when she studied in Paris. Inspired by his courses, she decided to dedicate her research to issues of social inequality.

> Hermanus Verwoorde
(private collection)

> Verwoorde with a pushcart of
De Krans Lager beer, ca. 1900
(private collection)

The research project at Utrecht University, tentatively called *Beer & Bourdieu in the Age of the Experience Economy*, started in 2005 and is funded for five years by a major grant of the Netherlands Organization for Scientific Research (NWO) within its Transformations in Art and Culture program. In 2007, the funding was extended to an international art-science collaboration with the American multi-media artist Edith Abeyta and nanobrewer Robert Tower. To further advance these scholarly and artistic activities, they are now seeking support for the Utrecht Research Center for Beer Culture, a center of excellence that will be named after the Utrecht beer trader Hermanus Verwoorde (1876-1943). The center is planned to open its doors in 2008 in the historical building of the former Brouwerij De Krans. It will be the first major research centre in the Netherlands to develop a broad, empirically focused account of cultural change in the field of beer production, distribution, and consumption, and its economic, social and political implications. The center will bring together the theoretical and methodological expertise in disciplines as diverse as History, Economics, Media Studies, Arts, Sociology, Brewing Science, and Nanology. Integral part of the URCBC approach are Mobile Research Centers that operate world-wide as nomadic satellite offices.

The URCBC is highly motivated in its endeavor to make a scientific and artistic contribution to the development of knowledge about the dynamics of culture in different local, national and transnational contexts and to the formation of new creative communities and interactions. It does so by focusing on a number of central themes and by conducting sound research and experiments, resulting in a significant output of high-quality scientific international articles and books, as well as art exhibits, beer tastings and other events directed at the general public. The broad research agenda will be focused around five themes: Beer, Culture and Politics; Transformations in Art and Culture; Cultural Economies; Shifting Stakes of Social Fields; Beer History and Archeology. More themes will be identified in the future.

Two reasons make the URCBC necessary and promising. One is the increasing importance of beer and other commodities in the identity politics of individuals, regions and nations. The other lies in the remarkable developments in the area of art-science collaborations. Between them, these two factors open many new perspectives for a research center with considerable social and political value. By initiating and stimulating cutting-edge joint research activities and the pairing of creativity with innovation, the URCBC intends to meet the growing expectations for social usefulness of academic and artistic practices.

Information for donors

Your gift can really make a difference

The Utrecht Research Center for Beer Culture is a not-for-profit institution funded in large part by the revenues generated by the sales of BIER and the BIER brew pub that will open on the premises of our Utrecht headquarters. We are currently applying for grants and other forms of additional funding from the European Science Foundation, ERICarts, the Getty Foundation and several art foundations in the Netherlands. If you want to support the URBC by making a donation, or if you have any questions regarding the center please contact:

Dr. Judith Thissen

Department of Media and Culture

Utrecht Research Center for Beer Culture

Kromme Nieuwegracht 29

NL 3512 HD Utrecht

Phone: +31 30 253 9982

Email: judith.thissen@let.uu.nl

> See fig. 5.09-11, p. 270

The URCBC welcomes individual as well as institutional contributions. One of the ways to express our gratitude is by listing our donors' names in URCBC honor rolls. If you would like to honor a family member, business associate, community leader, scientist, artist or other with your contribution please let us know.

In 2007, consistent support from BIER aficionados has allowed the URCBC to open a Mobile Research Center in Moscow, Russia. You can take pride in knowing your generosity is helping to bring talented artists and scholars together to surprise us with what they discover and create.

5 February 2007

> Excerpt email from: Judith
Thissen / Edith Abeyta
To: Krien Clevis
(Curator), Antje Melissen
(Communication)

We feel that our strength as a project/team is that we are small, resource-ful, flexible and can move and make decisions quickly as well as being in-clusive, participatory and delicious. We want our project to be defined by us not in response to a beer sponsor or the financial needs of the over-all CO-OPs-program.

Hence, these are our requests:

1. Complete autonomy: In no way should our project be altered, influ-enced or affected because a corporate brewer or any other brewer is going to sponsor CO-OPs. We don't want to be asked or feel pressure to pander or not have a critique because they are providing funds and/or free beer.

2. Equal billing as a beer sponsor. Our BIER-'logo' on all printed material, acknowledgement that *Something's Brewing* BIER is also a sponsor of CO-OPs.

3. We don't want neither money nor bottles from the sponsor. We would appreciate additional funding for our project (to cover international travel expenses) but only via NWO and as long as the above conditions still apply.

4. The Something's Brewing-team will exclusively serve it's own hand-crafted beer. If the sponsor provides free beer for CO-OPs-events, it can be served by the institution that is hosting the event.

5. One possible question from our audience that might arise is why is Heineken or any another corporate brewer sponsoring the event when one of the projects that is supported by CO-OPs is researching the impact of corporatization of culture by large breweries. Can CO-OPs-issue a statement we can present?

> See fig. 5.13, p. 272

Merry-Beth Noble

The beer label design I produced was inspired by the branding and color scheme of the label from the Netherlands' home brewery, Heineken. Because I am interested in branding and package design that is somehow representative of cultures or countries as subject matter for my work, Heineken was a natural choice for Something's Brewing because of the project's Dutch location.

I created a label that looks like fashion design for a beer bottle, by using fabric and vinyl with sparkles and lace. The objective is to give the Something's Brewing bottle personality, femininity and allow the design to directly compete for attention with the multi-national brewer. If they happen to be in the same room as each other, … the viewer will have to decide who is the best dressed.

QUOTE
> Frances Taylor Paterson,
   Cinema Craftsmanship (1921)

There is another element which must be present in the plot: all authorities seem to be agreed upon the dramatic necessity of struggle.

Art in the Age of Mobility

– Edith Abeyta

I have had a variety of workspaces during my stay in Europe. Three if I don't count the trains, apartments, hotel rooms, and bars where I continued to work when a 'studio' was not available or accessible. Fortunately, for me and the project, I developed portable work strategies prior to my art residency in the Netherlands. Lack of studio space has been a chronic problem in Los Angeles where real estate and gentrification is high. Working portable with non-traditional materials made the difference between the project realizing success and it being a complete waste of time. Hotel Mariakapel, the initial residency space, was not equipped to provide artists working with traditional materials a way to work. It lacked tools, facilities, and resources to construct even the most basic work. What it did have was an abundance of space.

Upon our arrival to the art residency, 5 April 2007, we were shown our living space but no mention was made of a work space. At the time there were 10 -14 students from an Amsterdam art school (Rietveld Academie), who were also utilizing the building. Some were working and living there, others only working and a few using it for storage. There was a communal kitchen comprised of a small refrigerator, two burner electric hot plate, sink, dishes, glasses, utensils, coffee pot, and tea kettle. The area was stacked with dirty dishes, old food, trash, and empty food and drink containers. Our contact provided us with an edited version of this kitchen near our living space – two burner electric hot plate, tea kettle, coffee pot, dishes, utensils, and a sink without water connections (later we stumbled upon a small working refrigerator we relocated to our 'kitchen').

Living Space at Art Residency

If you look closely at the photo on the right there is a door in the background. Behind this door is a room with a furnace and gas meter. It had two windows, was warm, and approximately 200 square feet. After re-locating a student's project and supplies I set-up my studio in it.*

Clean-up was a bit challenging as there were only two very small bathroom sinks and one shower in the wing we were in. I could have cleaned my screens in the shower but as it was the only shower facilities for all the residents of the whole building I did not want to dirty it with textile ink. There was a small paint sink located in another section of the building. ↑

On 16 May 2007, I moved my work space from the furnace room to the chapel, the exhibition space of Hotel Mariakapel. A large, open, bright and airy space, I, surprisingly, found refuge in a church. ↑

Setting it up as a workspace consideration had to be made for the public as an open studio was scheduled for 20 May. Prior to my arrival in the Netherlands I had hoped to have a public workspace where visitors and passerby could stop in, discuss the project and participate in art making. With a very minimal social network I envisioned this as a strategy to expand my social connections in a city and country where I knew almost no one and with an interest in demystifying the art process I was looking forward to working in a 'public' studio. ↑

It seemed to be working out until a meeting on Thursday, 24 May changed everything.

On Thursday, 24 May, 2007 we were notified by the owner of the building that demolition works would begin on Tuesday. Immediately, we had to re-think our position and the only way to do this was to leave. We headed to Amsterdam for privacy and a chance to discuss the situation and our options. The director of the institution who was out of the country maintained she had no knowledge of the extent of the work. She left it to an intern who had agreed to volunteer one day a week to smooth over the situation. We later found out the owner of the building had notified the arts organization in January 2007 that the building would not be inhabitable during the demolition.

> See fig. 5.06-8, p. 269

Friday, 25 May 2007 the arts organization representative presented a few options:

1. We could relocate to the wing of the building that was to remain intact. The kitchen could be relocated (simple enough as it doesn't take much to unplug a hot plate and tea kettle) and they could transform

one of the toilets into a shower by Tuesday (it was the Friday of a three day holiday weekend). We were a bit perplexed as earlier in the week we were told there was not any money in the budget to cover the cost of printing a postcard for the exhibition, approximately, 100 euros, but maybe the students they 'hired' and were paying with a free room had special shower building skills.

2. We could move into the apartment of the director, husband and infant daughter who were out of the country but would be returning before we were leaving.

3. They would pay for us to move into a bed and breakfast. A bit difficult to make art in as well a bit confusing of an offer as aforementioned 100 euros was hard to come by.

What really was at stake?
Certainly not art or an exhibition

What does one do when the building where one was invited to live and work under goes a major interior demolition? Move out, of course, but where? We had five days to find a place to live, relocate the brewery, pack equipment, supplies, art, bottles and 200 liters of beer.

Tuesday, 29 May, 2007 morning at 7:00 a.m. the demolition began.*

Relocation of the brewery, equipment, and supplies into a room not scheduled to be torn down.*

Returning two weeks later, 7 June, 2007 to the demolished art space to pick-up the brewery and supplies we were surprised as to how fast the walls and ceiling could be removed in such a large building. *

For the project to continue with even the slightest resemblance to how we envisioned it we had to refuse their offers, move out and find new living and working space. Not easy to do on such short notice in a country with a densely populated cities and low vacancy. A friend in Munich agreed to temporarily give up his flat so that we could live there while Judith was seeking for alternative accommodation.* Fortunately, she was able to tap into her networks and resources at the University of Utrecht.

She made arrangements with a short stay housing organization for a studio apartment in the city center and with the help of her colleagues found two empty classrooms at the University of Utrecht for work and storage space.

Plot interest exists when a state of wonderment is created concerning unfolding events or developing character. In this wonderment there must be present an element of doubt. The audience or reader *hopes* that certain events will transpire, yet *fears* they may not take place. Therefore suspense may be defined as a hope plus a fear.

BLOG www.edithabeyta.net

> Posted on June 8, 2007 by
Edith Abeyta

I Need a Curandera and a Pitcher of Mojitos (or two)...

Last night after two meetings, bottling 100 liters of beer and loading up a van, I drove from Hoorn to Utrecht navigating the Dutch highway system on my own. Deliriously ending up in Utrecht at 23:36 to find out that at the 21:00 meeting my collaborator had with the head person from NWO and the CO-OPS program, the NWO secretary, and the director of Hotel Mariakapel decided they would have an exhibition of the Something's Brewing project without the two of us. Student documentation would be exhibited in the form of photographs, video interview with Bob and I, a banner which is currently a runner on the floor with felt letters spelling out '(when hegemony just won't do),' beer that we brewed, and a presentation by the aforementioned NWO head about the project. As of last week we had to cancel the exhibition because the building I was invited to do the residency began a radical interior demolition. [...] In the next few days there will be a statement posted here and the *Something's Brewing*-blog about the hijacking of our project and the complete infringement of out intellectual property. We will probably be asking cultural supporters to send emails to these institutions on our behalf and in support of intellectual freedom (we hope to draught a sample letter and post the file on both of the blogs).

Without the support of family, friends, and colleagues both in Europe and the U.S. we would have not been able to come as far as we have. We continue to resist the business as usual practices of the art world and domination.

Responses

chimatli says:
June 8th, 2007 at 11:36 am

Damn, who thought it could get worse?

Marshall says:
June 9th, 2007 at 5:30 pm

What you're experiencing is the same disconnect that has disillusioned me in regards to European artists and arts professionals. A mix of unconscious disrespect for American art and working methods, combined with an almost dinosaur-like inability to adapt to situations seems to derail their ability to work with Americans. Don't be afraid to be bold and burn bridges on your way out - your responsibility to yourself is to realize the work you need to make and grab any opportunities that present themselves.

Marshall says:
June 9th, 2007 at 5:34 pm

One more thing... Is the beer still your property? What portions of the project are within your possession or reach? I quote from Frank Herbert's *Dune*: 'Who has the power to destroy a thing, controls a thing.'

Edith says:
June 11th, 2007 at 5.57 am

Thanks for the comments.
I am currently free of the Hoorn art cartel and am safely situated at the University of Utrecht. We were able to remove all the brewing equipment, most of the beer, and all the art, materials, and equipment. More extensive updates and photos will be posted as we make our way through it.
Get worse indeed whoever thought it could escalate?
Los Angeles one of the most ambitious, competitive cities in the u.s. now seems like a friendly, small town. If you have any doubt, do an art residency in Hoorn.
And... who needs artists any more?
Speculators have figured out a way to increase their profits by using art-

ists as a way to describe and market their properties and now arts organizations and institutions no longer need artists, well, that's probably
not exactly correct, they need the artists' c.v. and documentation of the
artists' work to write their grant [application] but they don't need them
to produce work, it's such a hassle to work with artists, anyway, especially if they are still operating in the archaic realm of object making, this
requires, tools, materials, and a space to work, can't you all just give up
these luxuries – any mediocre, temporary, solution will suffice as long as
it is on camera.

And... hegemony – that's just some weird American word that's hard to
pronounce

And... how can anyone screw up a project with beer?

How can all the pleasure be extracted from such a guaranteed symbol
of festivity?

EL CHAVO! says:

June 11th, 2007 at 10:08 pm

I agree with Marshall, time for some creative bridge burning! Maybe
hand out all the beer at a local plaza? Bottle hurling as an experiment in
projectile dynamics? Something, anything, to get that bad taste of good
beer turned sour by the cartel.

Merry-Beth Noble says:

June 12th, 2007 at 6:03 pm

Edith's comments are a warning to us all about the power of the image.
Images are in charge, they rule the land, even if they are false. This re-
minds me that it is important to question the image, even if it presented
as truth. Often we praise the documentation and photos of the 'project',
when there is little or no substance behind the work. We should continu-
ally question the integrity of what we are looking at.

Likewise, as artists, we must be aware that our images and creative products are frequently hijacked by unsavory people and companies who use
this work as a meal ticket, as prestige or as validation to receive money.
The mis-use of our creative product ranges from the labeling of ware-
houses as 'artist lofts' or 'arts districts' in real estate, to securing government grant money with proposals for mysterious non-existent events.

This falsification at the artist's expense seems to becoming more and more common. Someone is making money in all this madness, and it usually isn't the artist.

Statement Edith Abeyta and Judith Thissen

Thank you for coming this afternoon.

You expected an exhibition by the Something's Brewing BIER team. Unfortunately we had to cancel that exhibition last week because our project has been hijacked by the very forces that we are fighting. In other words, hegemony worked.

What you see today is *not* our work. If you want to know more about who we are and our project, please check our blog:

  http://somethingsbrewing.wordpress.com/

Bureaucracy must release its choke-hold on the artist before art can re achieve a primary role in the generation of cultural values. While the exploitation of artists by the art bureaucracy is subject to criticism, artists support existing inequities by their participation. For the artist to create meaningful art in the next century he must stand outside class stratification and oppose the despiritualization and commodification of art.

QUOTE
> R. Cronk, *Art on the Rebound* (1996)

QUOTE
> Continuation of R. Cronk, *Art on the Rebound* (1996)

Revolution in art has become a force of resistance. The vanguard artist [and the scientist] must be secure in his own acts of subversion and defiance. Either that or he will compromise his ideals and innovative spirit to compete in a market controlled by economic forces and bureaucratic self-interest.

The Falling Rate of Intelligence, Part II

– Russell Jacoby

RUSSELL JACOBY is professor of History at the University of California Los Angeles. His books include *Picture Imperfect: Utopian thought for an Anti-Utopian Age* (2005), *The End of Utopia: Politics and Culture in the Age of Apathy* (1999) and *The Last Intellectuals* (1987). He is a member of the American Historical Association and Honorary Life Vice President of the American Pessimist Society.

Once upon a time when I was more of a Marxist than I am now, I published an article on the 'Falling Rate of Intelligence', which applied Marx's idea of 'the falling rate of profit' to knowledge or intelligence. Alas I am proof of its thesis: I no longer understand my train of thought. In fact I cannot even find the piece. No one I know has ever heard or seen it.

The article had something to do with the how intelligence succumbs to the same forces that structure production. Inasmuch as automation accelerates, the amount of living labor in each commodity diminishes, which is the very definition of efficiency and progress. We make more with less labor. But for Marx this leads to a decline in profit which derives from living labor. Capital responds by increasing production; it cranks out more (and cheaper) stuff but makes less 'profit' from each item. Just so with intelligence: we have more of it–and less. More is inputted, spread, published, blogged, emailed, texted, xeroxed, posted, i-poded, downloaded and uploaded, but less living thinking informs any particular item. We face an industrialized tsunami of idiocy – and there is no where to run. Today we all live in intellectual low countries without high ground. Not even the Maeslant Barrier (Maeslantkering) can save us.

Doctors of Dialectics, of course, must find moments of resistance and reversal. And there are some. Just as the fall of the profit rate can end with an economic crisis, so the relentless decline of the intelligence may lead to a breakdown. Yet it is difficult to anticipate how this would look. Would a stupefied people simply stop responding to alarms clocks and advertising and emerge from their work stations to smash the means of idiocy?

Apart from general crises, challenges come from what might be called guerilla actions against commodification within the advanced countries. People could write letters with fountain pens, for instance. I sometimes show my students how this is done. They have never seen a hand-written letter. Yet anti-commodification runs up against sharp limits. Fountain pens cost fifty times the price of a throw-away markers, a fact that itself illustrates advanced capitalism. Only the well-healed can afford hand-made goods made with artisanal ingredients. In a toney California coastal town I walked into a upscale bakery, which promised organic and pesticide-free goods. The store looked and smelled oddly, however. Where were the cakes and tarts? I had missed part of the sign. This boutique baked only organic dog biscuits for pampered pets.

Of course, this does not exhaust the guerrilla actions that include political protests and launching of anti-brands. The danger in the latter, in brief, consists of incorporation, niche-marketing or suppression. Ben & Jerry's may have begun as small Vermont ice cream outfit that defended the family farm, but it is now owned by an Anglo-Dutch multinational, Unilever. Ad-Busters offers an 'anti-Nike' sneaker, but is this a protest or just hip footwear? For these and other anti-brands the verdict is not in. Stay tuned. Or rather: don't. Smash your head-phones, mobiles and i-pods.

Care must be taken that
every hole is plugged;
that every loose string is tied
together;
that every entrance and exit
is fully motivated, and they
are not made from some
obviously contrived reason;
that every coincidence is
sufficiently motivated to
make it credible; that there is
no conflict between what has
gone on before,
what is going on currently,
and what will happen in the
future.

QUOTE
> Lewis Herman, A Practical
Manual of Screen Playwriting
(1974)

BIER Experiences

09.06.2007	*Back to the Roots* Event Imagine IC, Amsterdam (première)
10.06.2007	Hotel Mariakapel, Hoorn
23/24.06.2007	De Kift concerts Oerol Festival Vijfpoort, Terschelling
26.06.2007	Open Studio Utrecht University
30.06.2007	CO-OPs Mid-Manifestation 'Sonnenborgh', Utrecht
06.07.2007	Pete Jordan's *Dishwasher* Event ABC Treehouse, Amsterdam
29.11/09.12.2007	CO-OPs Inter-territorial Explorations in Art and Science, De Lakenhal in Scheltema, Leiden (finissage)

> See fig.5.12, p. 271

There is action, and history, and conservation or transformation of structures only because there are agents, but agents who are acting and efficacious only because they are not reduced to what is ordinarily put under the notion of individual and who, as social organisms, are endowed with an ensemble of dispositions which imply both the propensity and the ability to get into and to play the game.

QUOTE
> Pierre Bourdieu, *La noblesse d'Etat* (1989), p. 59

Cast

Charlene Abeyta

Edith Abeyta

Rob Abeyta Jr.

Joseph Adkins

Rheim Alkadhi

Danielle B. Ashton

Marshall Astor

Luis Banuelos

John M. Bennett

Oleg Buryan

Nicky Cacavas

Barry Camps

Amy Caterina

> Amy Caterina

Juan Angel Chávez

Lina Chavez

EL CHAVO!

Melissa Cisneros

CJEP

Krien Clevis

Jasper Coppens

De Kift

Beth Elliott

Staci Gabrielli

Jacquelyn Garity

Michael Gentleman

Elske Gerritsen

Candace Greenburg

Anne Greenwood

Mary Guedon

Narendra Haynes

Marco Heijne

J. Christiaan Heydenrijk

Bill Hickey

Ingrid Van Hoof

An van der Hoorn

Alex Jacobs

Russell Jacoby

Anthony Johnson

Jan de Jong

Amy Joy Jordan

Pete Jordan

Louise van der Kaaden

Ursula M. Kammer-Fox

Peter Kirusha

Hans Lenders

Andrea Lien

Betsy Lohrer Hall

Ian Lynam

Julie Marcheschi

Annemarieke van Maris

Anita Martinez

Susanna Meiers

Antje Melissen

Ramón Menasanch

David Michaellee

Marissa de la Mora

Merry-Beth Noble

Kimberly Nowells

Victor Perez

Celfine Petrulak

Radah

Annejet Riedijk

Trisha Rinaldi

Michael Row

Frans Ruiter

Inge-Marlies Sanders

Claudia Schouten

Allyson Shaw

Patrícia Sousa

Alex van Stipriaan Luïscius

Femke Stokkel

Judith Thissen

Robert Tower

Melissa Trochez

André van der Velden

Ester Verhoeven

Verwoorde family

Joncquil de Vries

Jonathan Ward

Wim ter Weele

Hague Williams

Paula Van Zijl

Kitty Zijlmans

Danielle van Zuijlen

Wam Zuurstra

Rob Zwijnenberg

American Book Center

Amsterdam

Amsterdams Fonds voor de

Kunst

Imagine IC

Hotel Mariakapel

Mondriaan Stichting

NWO

Universiteit Utrecht

Edith Abeyta

> Biography artitst

Edith Abeyta (1966) is an installation artist who lives in Los Angeles. Her work has been shown locally and nationally. Recent solo exhibits include *I Miss You* (Acorn Gallery, Los Angeles, 2006) and *Can't Get No Satisfaction* (Walled City Gallery, San Pedro, 2005). From 2004 to 2006 she was assistant director of the Watts Towers Arts Center in Los Angeles. She co-founded an artist run gallery and served on the board of the Arroyo Arts Collective. Abeyta works with materials that have been abandoned, thrown away, shunned and otherwise have become trash. Considered meaningless, these materials linger on the streets where she finds them and brings purpose to their post-use existence. She explores the undisclosed narratives that these salvaged and scavenged objects inherently contain. Taking scissors to discarded mattresses, saws to cast away furniture, stooping to investigate bits of found paper she combines the re-purposing of post-consumptive artifacts with traditional women's craft methods to investigate various aspects of production and consumption.

Judith Thissen

> Biography scholar

Judith Thissen (1962) is Assistant Professor of Media History at Utrecht University. Her interests reach across fields into media studies, social history, and cultural economy. Over the past decade, her research and writing has concentrated on the politics of popular entertainment in early twentieth century America. She has published work in *Theatre Survey*, *Cinema Journal* and *KINtop* and has contributed to several anthologies, including *The Art of Being Jewish in Modern Times* (2007), *Going to the Movies: Hollywood and the Social Experience of Cinema* (2007) and *American Silent Film: Discovering Marginalized Voices* (2002). Her current research project *Beer and Bourdieu in the Age of the Experience Economy*, investigates the conspicuous convergence between culture and economics that is occurring in contemporary Western society. It is a four-year project within the framework of the Transformations in Art and Culture program. The central concern of *Beer & Bourdieu* is with the social dynamics and political significance of the commoditisation of art and culture. Thissen is particularly interested in the function of the media within this process, which she seeks to understand from a historical perspective and to theorize by rethinking Pierre Bourdieu's sociology of culture. The art-science project *Something's Brewing BIER* was part of her field work.

FIG. 5.1.
> (p. 263)

FIG. 5.2
> Pattern slipcover/label

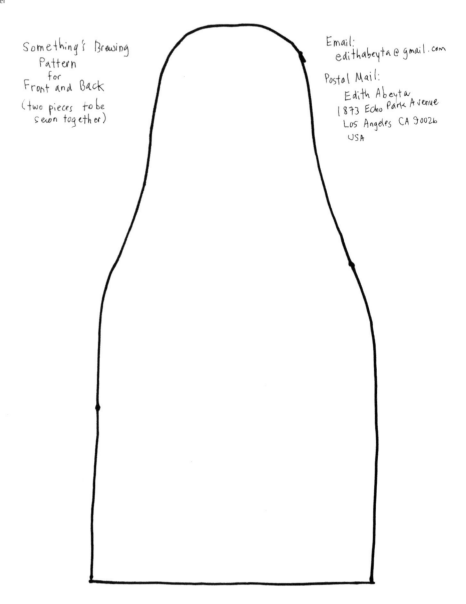

Something's Brewing
Pattern
for
Front and Back

(two pieces to be
sewn together)

Email:
edithabeyta @ gmail.com

Postal Mail:
Edith Abeyta
1 873 Echo Park Avenue
Los Angeles CA 90026
USA

FIG. 5.3
> Brown-bag prototype,
  Edith Abeyta

Something's Brewing

BIER

FIG. 5.04
> Brewing and bottling

Something's Brewing
Pattern
for
Front and Back

(two pieces to be
sewn together)

Email:
edithabeyta@gmail.com

ПОЕХАЛИ!
[POÉ:HALI]

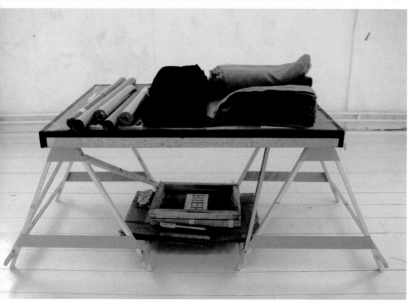

FIG. 5.09-11
> Something's Brewing BIER,
  Utrecht University 2007,
  Photographs by Annemarieke
  van Maris

FIG. 5.13
> (p. 272) Photo compilation

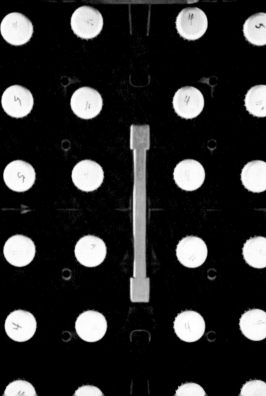

Back to the Roots

TOELICHTINGEN

> Team 6

kunstenaars Jetty Mathurin, Marcel Pinas e.a.
wetenschapper Alex van Stipriaan

> Biografieën, p. 292

> For English see p. 305

Je wilt weten waar je vandaan komt,
maar je wilt voorál ook weten waar je nu bent!
– Alex van Stipriaan

Identificatie, creolisering en roots

De mens is een groepsdier en wil daarom meestal ergens bijhoren. Dat gebeurt door groepsvorming. En aan de basis van die groepsvorming ligt identificatie, een gevoel van gelijkenis en verwantschap. Groepsvorming vindt overigens minstens zozeer ook plaats door desidentificatie, oftewel uitsluiting. Degenen die daar het slachtoffer van zijn delen op hun beurt op zijn minst weer het samen buitengesloten zijn. Zij profileren zich op hun beurt ten opzichte van de buitensluiters, maar soms ook in groepjes ten opzichte van elkaar. En zo ontstaat een steeds onontwarbaarder dialectiek.[*]

Tegelijk zien we een ontwikkeling dat hoe groter de verbanden van identificatie worden, met als grootste de mensheid als geheel, hoe meer de mens ook geneigd lijkt te zijn zich te willen onderscheiden met waar hij/zij vandaan komt, letterlijk en figuurlijk. Het is maar zeer de vraag of de kosmopolitische wereldburger, die zich volgens sommigen, als product van voortgaande globaliseringprocessen, overal even thuis voelt en geen verleden lijkt te hebben, ook echt aan het ontstaan is.[*] Want even zo hard zien we een benadrukking van het lokale, het eigene, het unieke, het zuivere. De geschiedenis is dan het pad dat wordt bewandeld om die eigenheid te vinden en te benadrukken. Dat is niet nieuw. We zien dat op een persoonlijk vlak in de vorm van stambomen van machthebbers die daarmee hun unieke positie legitimeren, of het nu om vorstelijke dynastieën ging in Azië, Europa of pre-Columbiaans Amerika, of om de al of niet directe afstamming van de profeet Mohammed. Met het ontstaan van naties en later de constructie van natiestaten en van bijvoorbeeld het idee van onderscheiden

NOOT 1
> Zie bijvoorbeeld Abram de Swaan, 'Identificatie in uitdijende kring', in: *Amsterdams Sociologisch Tijdschrift*, 20:3 (1994), 6-23; ook: David Berreby, *Us and them: understanding your tribal mind*. London, 2006.

NOOT 2
> Zie bijvoorbeeld het werk van Saskia Sassen.

rassen, kregen ook dergelijke grotere verbanden van (des)identificatie een scheppingsverhaal, en een stamboom met wortels om hun uniciteit aan te tonen. In die wortels zou de essentie van de groep(scultuur) te vinden zijn.

Anno nu leert de geschiedenis van globalisering – sinds circa 1500 – dat er door migratie, beweging, contact, confrontatie, uitwisseling en wat dies meer zij aan al of niet gedwongen interactie, bewust en onbewust beïnvloeding plaats vindt die ook weer tot nieuwvorming leidt. In dat proces spelen (ongelijke) machtsverhoudingen absoluut een rol, maar de uitkomsten staan niet vast. Vaak wordt dit tegenwoordig omschreven als creolisering. Dat proces van (ongelijke) interactie, selectie en nieuwvorming kan zich in alle dimensies van het menselijk samenleven voordoen van, kunst en cultuur tot economie, politiek, religie of wetenschap.

NOOT 3
> Zie Alex van Stipriaan, *Creolisering: Vragen van een basketbalveld, antwoorden van een watergodin.* Oratie Erasmus Universiteit Rotterdam, 2000.

Cultuuressentialisme en daaraan gekoppeld fundamentalisme is de andere kant van creolisering. Creolisering produceert hybride nieuwvormingen, fundamentalisme produceert nieuwe zuiverheid. Samen vormen zij twee kanten van dezelfde medaille van cultuurverandering door interactie. In beide ideeënwerelden claimen mensen wortels, individueel en in groepsverband, eenduidig en eenvormig of veelvormig en onontwarbaar verknoopt.

Geschiedenis van dit project en de vraag om wortels

De meeste metaforen die betrekking hebben op afstamming referen aan bomen. Mensen zijn ergens geworteld, ze hebben een stamboom, en ze behoren tot een bepaalde tak van een familie. Maar in tegenstelling tot bomen en planten zijn de menselijke wortels niet zichtbaar. Misschien dat daardoor ook niet iedereen aan hetzelfde denkt als het gaat om wortels, of *roots*, zoals de meesten nu in *global* Engels zeggen. Sommige mensen lijken zelfs meer wortels te hebben dan andere. Met name migranten in multiculturele samenlevingen lijken over meer en duidelijker roots te beschikken dan niet-migranten, soms zelfs nog na vele generaties. Zij worden dan ook bij voortduring met hun 'anders' zijn geconfronteerd. Eens te meer geldt dat voor volken in diaspora, wier diaspora identiteit zelfs afhankelijk is van die *roots*.

Moderne globaliseringprocessen zijn er dan ook waarschijnlijk de reden van dat in het alledaagse spraakgebruik *roots* een ingeburgerd (!) begrip is geworden. Massaal zijn mensen de laatste paar eeuwen in beweging geraakt en over alle mogelijke grenzen heen – soms gedwongen – met elkaar in contact gekomen. Enerzijds vervaagden daardoor die grenzen, anderzijds werden er nieuwe door geconstrueerd. Vaak leidde het tot een zoektocht naar en benadrukken van een (nieuwe) authentieke identiteit gebaseerd op een al of niet vermeende gemeenschappelijke herkomst. In de negentiende en twintigste eeuw werd er op groepsniveau gemeenschappelijkheid mee geproduceerd. In de eenentwintigste eeuw lijkt daar een juist heel individuele component aan te worden toegevoegd.

NOOT 4
> Zie bijvoorbeeld Benedict Anderson, *Imagined communities; Reflections on the origin and spread of nationalism.* London, 2006 (1983).

Je kunt de krant niet openslaan of er is wel weer iemand die naar de *roots* van iets of iemand verwijst. Politici, muzikanten, religieuze leiders, modeontwerpers, koks, dansers, schrijvers, overal wordt verwezen naar *roots* als een claim op echtheid, authenticiteit, van de eigen persoon, de eigen intenties, of het eigen product. Met name in de kunst en zeker in de muziek, is 'rootsy' al een veel gebruikte term, die meestal in de positieve zin van 'echt', 'oer' of 'oorspronkelijk' wordt gebruikt, zij het wel vooral 'met de connotatie van 'etnisch' en daar wordt dan 'niet-westers' mee bedoeld. *Roots* blijkt zelfs een soort ziekte te zijn waartegen je je kunt verzetten, maar die uiteindelijk dan toch sterker is dan jezelf. Dat blijkt althans uit de woorden van Anil Ramdas, bekend publicist in Nederland van Hindostaans-Surinaamse achtergrond, die onlangs, na ruim een half jaar terug te zijn in Suriname bekende:

NOOT 5
> Op een internationale sociaal-wetenschappelijke conferentie in Brazilië, waar schrijver dezes onlangs aan deelnam kwam de term 'rootsy' voorbij met betrekking tot muziek, carnaval ('Carnival in Bahia is so much more rootsy than Rio') en religie (rastafari en candomble).

> Suriname was voor mij een vreemd land. Goed, ik was er geboren en getogen, tot mijn negentiende, maar ik woonde al langer in het buitenland dan in Suriname... [Maar] langzaam deed zich de besmetting voor. Eerst noemde ik het misplaatste nostalgie, want wat is dat nou voor onzin, je ineens weer Surinamer gaan voelen, terwijl je je hele leven had verzet tegen roots gevoel; in Suriname, in India, niks roots, mensen hebben geen wortels omdat ze geen planten zijn, ze hebben benen [...]. Maar de besmetting zette zich voort, de ziekte werd heviger...*

NOOT 6
> Anil Ramdas, 'Onechte vreemdeling', in: *NRC-Handelsblad*, 27 aug. 2007.

Toch is het nog maar kort geleden dat in het niet-Engelstalige deel van de wereld met betrekking tot culturele herkomst voornamelijk de lokale term voor 'wortels' werd gebruikt. *Roots* was, ook hier, toch vooral een begrip gereserveerd voor de Afrikaanse diaspora die het gevolg was van de transatlantische slavernij.

Roots dat was Afrika voor de nazaten van slaven. De voor de hand liggende reden voor die interpretatie was de wereldwijde bestseller *Roots* van de Afro-Amerikaanse historicus Alex Haley. Waarschijnlijk nog meer de vele malen herhaalde tv-serie die op dat boek was gebaseerd. Zo vertelde Herby, een van de leden van dit project dat dit het enige tv-programma was waarvoor hij als kleine jongen van zijn moeder tot laat mocht -en misschien zelfs wel moest- opblijven. Ook Kwinsie herinnert zich dat er bij het zien van de serie flink 'gejankt' werd indertijd. De serie behoort tot de canon van de Afrikaanse diaspora. Het was Haley namelijk gelukt, met behulp van alle mogelijke historische bronnen, om te achterhalen waar zijn voorvaderen vandaan kwamen en hun hele geschiedenis sinds de komst vanuit Afrika te beschrijven. Haley stamde af van Kunta Kinte een Mandinka, een in de beeldvorming krijgshaftig volk uit hedendaags Gambia, die bovendien van koninklijke bloede bleek te zijn geweest. Ondanks dat er later nogal wat kritiek op Haley's werk(wijze) is gekomen, is het de aanzet geweest voor een groeiend aantal mensen in de Afrikaanse diasopra, met name in de VS, om ook naar hún *roots* op zoek te gaan.

Roots, de serie

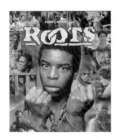

Zodoende werd *roots* min of meer synoniem aan Afrikaanse wortels. Er vond, eerst onder de Afro-Amerikaanse avant garde, later ook in bredere lagen, een soort re-identificatie met Afrika plaats. Dat concentreerde zich vooral op enkele landen, met name Senegal, Ghana en in wat mindere mate ook Benin, Nigeria en Mali. Daar waren belangrijke koninkrijken geweest, het was relatief gemakkelijk bereisbaar en met name in de twee eerst genoemde waren nog de meest tastbare sporen van het slavernijverleden te vinden. Zodoende konden bepaalde plaatsen zoals de slavenforten van Goré, Elmina en cape Coast uitgroeien tot ware bedevaartsplaatsen voor Afro-Amerikaanse *roots*-zoekers. Dat komt op anderen soms wat gekunsteld over, maar voor mensen die in de geschiedenisboeken van hun eigen land werden genegeerd en altijd letterlijk als tweederangsburgers waren behandeld, waren Afrikaanse *roots* een nieuwe manier om hun eigen geschiedenis te (her)schrijven. *Roots* werd een zoektocht naar eigenheid, zelfbewustzijn, spiritualiteit.

Er was echter een groot probleem, vrijwel niemand bleek in staat een Afrikaanse voorgeschiedenis te reconstrueren die maar enigszins in de buurt kwam van wat Alex Haley was gelukt. De archiefbronnen bleken daar absoluut ontoereikend voor. Die bronnen waren dan ook hoofdzakelijk geproduceerd door Europeanen die geen belang hadden bij de identiteit van hun slaven. In tegendeel zelfs, ze hadden zoveel mogelijk geprobeerd die Afrikaanse sporen uit te wissen door hun slaven na een anonieme, mensonterende overtocht over de Atlantische Oceaan van een nieuwe identiteit te voorzien. Afro-Amerikanen, op zoek naar hun eigen historisch verhaal en culturele en geografische achtergrond stuitten dus niet alleen op een volstrekt eurocentrische geschiedschrijving waarin zij niet voorkwamen, maar bovendien op een bijna fysieke afgrond van anonimiteit die hun voorouders had verzwolgen. In die periode, rond de jaren zeventig van de vorige eeuw nam dan ook een veel geëngageerder soort historisch en antropologisch onderzoek een hoge vlucht. Daarbij werd ook van nieuw bronnenmateriaal gebruik gemaakt zoals orale overlevering en immateriële cultuur. Zo konden veel beter vergelijkingen met Afrikaanse culturen worden gemaakt en verbanden gelegd, maar een echte sprong over de oceaan, op individueel of familieniveau bleef nog buiten bereik.

Maar toen, ergens aan het eind van de jaren 1990, kwam DNA-technologie in beeld als instrument om individuele afstammings- en verwantschapslijnen te traceren. Bepaald niet toevallig behoorden Afro-Amerikanen in de VS tot de eersten die zagen dat dit een fantastisch instrument was om de brug naar Afrika te slaan. Al gauw werd deze techniek dan ook door wetenschappers voor een groter publiek, en in toenemende mate ook op commerciële basis, aangeboden. Het principe is dat iemands DNA-profiel wordt vergeleken met een zo groot mogelijke hoeveelheid DNA-samples van DNA-profielen uit de landen waar ooit de *enslaved Africans* waren weggehaald. De samples van vertegenwoordigers van de specifieke groepen waarmee het individuele

NOOT 7
> Zie bijvoorbeeld Bryan Sykes, *The seven daughters of Eve.* London en New York, 2001.

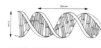

> Zie fig. 6.03, pag 296

sample het meest overeenkomt is dan hoogstwaarschijnlijk de groep waar iemands voorouders toe hebben behoord. Met enkele simpele handelingen: wangslijm afnemen en dat opsturen naar een gespecialiseerd laboratorium, een aantal weken wachten – op de op zich wel ingewikkelder processen rondom isoleren van het DNA en matchen in de database – en de uitslag van welke etnische groep in welk Afrikaans land je afstamt valt gewoon in de bus. Door je vervolgens in die groepscultuur te verdiepen en er wellicht zelfs naar toe te gaan werd het plotsklaps mogelijk voor mensen in de Afrikaanse diaspora een tot dan toe grotendeels onbeschreven deel van hun individuele achtergrond, hun individuele identiteit veel meer concrete invulling te geven. *Roots* konden eindelijk voor iedereen zichtbaar worden gemaakt. Of?

Back to the Roots, op zoek naar wortels

Gestimuleerd door deze voorgeschiedenis en door *roots*-projecten in de VS en Engeland heeft Alex van Stipriaan, een Afro-Nederlands *roots*-project onder de vlag van CO-OPs geïnitieerd. Als historicus – en museum conservator – doet hij al vele jaren onderzoek naar Afro-Caribische geschiedenis en cultuur, met name de Surinaamse en Antilliaanse. Hoe duidelijker de *roots*-lijnen in de Afrikaanse diaspora getrokken beginnen te worden via DNA, des te meer rees bij hem de vraag hoe je je die roots nu concreet moet voorstellen. Is het iets geografisch, iets cultureels, iets etnisch, zijn ze inderdaad eenduidig aan te wijzen, leiden ze onherroepelijk naar Afrika c.q. iets Afrikaans, kortom, waar hebben we het eigenlijk precies over en hoe zien *roots* eruit?

Om daar achter te komen is een groep samengesteld van twee gevestigde kunstenaars en zes jong-volwassenen met een artistiek talent, allemaal met een Afro-Caraïbische achtergrond.* De eerste twee hebben door hun leeftijd en artistieke status al een stukje geschiedenis achter zich en daardoor wellicht ook een concreter beeld bij wat (hun) *roots* zijn. De jongeren hebben zich allemaal al in hun eigen artistieke veld(en) bewezen de gewone amateurstatus ontstegen te zijn, maar weten nog geen van allen welke kant hun loopbaan verder op zal gaan. Hun referentiekader ligt meer in de hoek van de *urban popular culture* dan die van de gevestigde kunstwereld en hun leeftijd verhindert dat

NOOT 8
> Suriname wordt hierbij tot het Caraïbisch gebied gerekend. De kunstenaars Jetty Mathurin en Marcel Pinas hebben beiden een Surinaamse achtergrond; van de groep jongeren hadden in eerste instantie er vijf een Afro-Surinaamse achtergrond en drie een Afro-Antilliaans/ Arubaanse achtergrond. Van de laatsten haakten er na verloop van tijd om privé-redenen twee af.

ze al erg vastzitten in jargon of conventies. Zij hebben dus nog niet zoveel geschiedenis, maar wel veel toekomst en een open blik.

Al eerder bezig geweest zijn met *roots* is bepaald geen voorwaarde voor deelname. Wél belangstelling om daarover na te denken en het vermogen het eigen proces op een of andere wijze zichtbaar vorm te geven. Daarnaast geldt voor alle deelnemers dat ze nu in Nederland gevestigd zijn en voorheen nog nooit in Afrika zijn geweest.[9] Het eerste is niet alleen handig voor de organisatie, maar voegt de mogelijkheid toe dat als *roots* liggen op een plaats waar de deelnemers zich nu niet bevinden, dat dus ook in het Caraïbisch gebied zou kunnen zijn. Naast deze onderzoeksgroep is ImagineIC[10] en NiNsee[11] gevraagd met hun eigen expertise te participeren, kwam er komt een projectcoördinator[12] en bracht een filmer het hele zoekproces in beeld.[13] Alex van Stipriaan leidt het hele project en verzorgt (mede) de wetenschappelijke input.

Tot de resultaten van het project behoren in ieder geval de individuele expressies van ieders (zoeken naar) roots. Ook wordt er een korte audio-visual over het gezamenlijk onderzoek gemaakt, die als onderdeel van Marcel Pinas' installatie 'Reconnecting Africa' in het Tropenmuseum de komende jaren te zien is. Daarnaast wordt in een volgende projectfase een langere documentaire film en andere, multimediale producten geproduceerd met en over de deelnemers van Back to the Roots.

Toen de groep werd samengesteld aarzelde niemand om mee te doen. Hoe verschillend iedereen ook tegenover het verschijnsel *roots* stond – van '*zeker weten, die liggen in Afrika*' tot en met '*ik heb er eigenlijk nog nooit echt over nagedacht*'– iedereen wilde meedoen. Het spannende van een DNA-onderzoek en de eventuele bonus van een reis naar Afrika droegen daaraan natuurlijk ook bij. Het idee was dat iedereen op zo veel mogelijk manieren op zoek gaat naar *roots*, van familieonderzoek, gesprekken en lezen tot en met introspectie in jezelf en het traceren van een vooroudervolk via DNA. Een deel van de groep zou dan ook werkelijk verder gaan op dat DNA-spoor, een ander deel niet. Dat geeft de mogelijkheid te onderzoeken wat de fysieke aanwezigheid in een tot dan toe onbekend *roots*-land met iemand doet, vergeleken met iemand die 'zijn/haar *roots*-land' alleen van plaatjes en be-

NOOT 9
> De enige uitzondering hierop is beeldend kunstenaar Marcel Pinas, die slechts tijdelijk in Nederland is gevestigd en ooit een vluchtig bezoek aan Gambia had gebracht.

NOOT 10
> ImagineIC is het beeld en verhalencentrum van en voor migranten in Amsterdam Zuidoost, dat het project vooral in infrastructurele sfeer ondersteunde, met name Liane van der Linden en Evelyn Raat, en uit wier netwerk een deel van de jongeren kwam.

NOOT 11
> Namens NiNsee (Nationaal Instituut Nederlands Slavernijverleden en Erfenis) is met name sociologe Aspha Bijnaar aan dit project verbonden, terwijl ook historicus Frank Dragtenstein bijdroeg.

> Verno (l) en Stacey (r) bij Marcel Pinas' installatie 'Reconnecting Africa' in het Tropenmuseum

NOOT 12
> Dineke Stam, historica, als zelfstandige werkzaam aan Intercultural Museum and Heritage Projects.

NOOT 13
> In de eerste fase werd het proces gefilmd door Manu Hartsuyker; begin 2007 nam productiehuis Beeld het over, met name, Alfred Edelstein, Julia Emmering en cameraman Frank van Helden. Ook werd een eigen camera aangeschaft waarmee de deelnemers zelf elkaar tijdens het proces filmden.

schrijvingen kent. Door dat alles heen speelt vanaf het begin de vraag, die overigens opmerkelijk weinig wordt gesteld: *roots*, héb je die of máák je die?

Genealogie, verwantschap en DNA

De complicaties van die laatste vraag komen we voortdurend tegen in de keuzes die we tijdens onze speurtocht hebben gemaakt. Zo zijn we er vanuit gegaan dat Afrika in ieder geval deel uitmaakt van ieders historische wortels. Niet alleen staat de Caraïbische slavernijgeschiedenis daarvoor garant, maar bovendien hoeven de groepsleden, afgezien van Alex en Dineke, maar naar elkaar te kijken om een Afrikaanse herkomst te kunnen vermoeden. Toch kan schijn bedriegen. Zo hield biogeneticus Leon de Windt, te gast bij een van onze bijeenkomsten, ons voor dat 'ras' een van de slechtste categorieën is om gemeenschappelijkheid op te zoeken:

> De genetische verschillen tussen verwanten zijn waarschijnlijk groter dan tussen hen en een Aboriginal in Australië. Wij kunnen dat niet geloven omdat we zo naar uiterlijk kijken, maar uiterlijk is vrijwel het enige waaraan je de term 'ras' kunt ophangen, verder is daar geen biologische grond voor.

Dat neemt niet weg dat de spiegel bij onze groep eerder naar Afrika wijst dan bij een witte groep. Maar ras is een sociale constructie, geen biologisch gegeven. Oftewel het was een – gecalculeerde – keuze om voor *roots* die kant op te zoeken.

Eens te meer geldt dat voor de volgende keuze richting Afrika: namelijk te beginnen met het onderzoeken van het DNA in de moederlijke lijn. Eerder onderzoek wees uit dat Afro-Caribiërs – een term gebaseerd op uiterlijk, maar ook op een gemeenschappelijk verleden van slavernij op basis van dat uiterlijk – in de maternale DNA-lijn in 98% van de gevallen in Afrika uitkwam. Zo bezien draagt de hele groep waarschijnlijk Afrika in zich, wat dat dan ook moge zijn. Dat er naast het *roots*-onderzoek in de eigen (familie-) omgeving, tegelijk ook in de richting van Afrika gekeken zou worden lag dus voor de hand. Maar een keus was het wel. We hadden namelijk ook eerst voor de paternale lijn kunnen

> Glynis, Herby, Verno, Marcel en Jetty terug van archiefonderzoek.

> Biogeneticus Leon de Windt in gesprek met historicus Frank Dragtenstein tijdens een bijeenkomst in NiNsee

kiezen en dan, zo wees eerder onderzoek uit, bestond er een kans van één op drie á vier dat het spoor niet naar Afrika, maar naar Europa zou leiden, als gevolg van het feit dat veel Europese kolonisten kinderen verwekten – al of niet onder dwang – bij Afro-Caraïbische vrouwen.

Uiteindelijk maakten we in het toenemend aanbod van DNA-*Roots*-aanbieders voor de deelnemers ook nog de keuze voor het laboratorium van African Ancestry (AA). Deze instelling is ooit begonnen als onderzoeksproject van de Afro-Amerikaanse Howard University, en de directeur ervan is daaraan ook nog steeds verbonden. Van verschillende zijden is er kritiek geuit op deze instelling en ook onze eigen ervaring getuigt ervan dat openheid niet hun sterkste kant is. Toch hebben zij wel de langste ervaring op het terrein van Afrikaans DNA-onderzoek en, gebaseerd op hun eigen claims, beschikken ze over een database met meer dan 20.000 DNA-*samples* uit West- en Centraal Afrika waarmee gematcht kan worden. Het feit dat hoe groter de omvang van de verzameling DNA is, des te groter ook de kans dat de match waarde heeft, deed ons besluiten toch voor AA te kiezen, met als uitgangspunt: het is een indicatie, geen 100% waarheid.

Duidelijk is in ieder geval dat met de uitslag kritisch moet worden omgegaan. Misschien is het zelfs eigenlijk nog een beetje te vroeg om op basis van dit soort onderzoek duidelijke verbanden te leggen. Voor de vraag: wat zijn *roots* en hoe zien ze eruit is dat echter misschien juist wel zo interessant. Dat blijkt ook, want ondanks alle voorbehoud, kritiek en slagen om de arm (zie ook verderop) blijkt DNA-onderzoek en de uitslag daarvan een zeer dwingende uitwerking te hebben op alle betrokkenen. De eerlijkheid gebiedt te zeggen dat wij daar zelf aan hebben meegewerkt door van tevoren te stellen dat we naar een van de landen zouden gaan waar het (maternale) DNA-spoor ons naar zou verwijzen. Daarmee werd toch gesuggereerd dat DNA een betrouwbare indicator voor *roots*-onderzoek is. Dat is het natuurlijk ook wel, in zoverre dat we nu verder kunnen gaan dan in de tijd van Alex Haley's onderzoek, maar nog steeds onder heel veel voorbehoud. Heel opmerkelijk in dat verband was de opmerking van biogeneticus De Windt: 'Misschien gaan jullie niet op zoek naar de voorouders, maar zijn het de voorouders die jullie roepen.'

NOOT 15
> Zie de website van Cambridge University: www.admin.cam. ac.uk/news/dp/2003021301 (laatst bezocht 17-8-2007); de on line nieuwsbrief van Boston University, *BU Bridge* van 10 Oct 2003.

NOOT 16
> Het mag duidelijk zijn dat met name tijdens de slavernij verkrachting van zwarte vrouwen door witte mannen geen uitzondering was.

NOOT 17
> Zie bijvoorbeeld *Time Magazine* 5 July 2005, 'Can DNA reveal your Roots?' Ook Paul Harris, 'The genes that build America' in: *The Observer*, July 15, 2007.

NOOT 18
> Dr. Richard Kittles van Howard University en de directeur van African Ancestry claimt er 10 jaar over te hebben gedaan om DNA te verzamelen van zo'n 21.000 mensen van een kleine 100 verschillende etnische groepen in West- en Centraal Afrika.. Emily Crawford, DNA-identifies African roots for Black Americans, Site Columbia University: www.jrn.columbia.edu/studentwork/cns/2004-04-05/658.asp (bezocht 10-02-2006).

> Zie fig. 6.04, p. 296

Roots?

Voordat de (maternale) DNA-uitslagen bekend werden sprak iedereen in de groep tevoren uit waar hij/zij dacht dat het spoor zou uitkomen. Vanaf dat moment verdween overigens al ieder voorbehoud en zijn alle deelnemers gaan spreken in termen van 'ik kom uit…', of: 'mijn voorouders komen uit…', of zelfs: 'ik ben een…'. De meesten dachten toch wel aan Ghana, met daarbij een beeld van een martiaal en cultuurrijk volk met een lange geschiedenis, zoals de Ashanti. Dat was hen overigens ook altijd verteld – 'Surinamers en Antillianen komen oorspronkelijk uit Ghana.' Maar bovendien worden sommigen op straat regelmatig aangezien voor Ghanezen, door… Ghanezen. Alleen Jetty had een sterk gevoel dat haar voorouders uit Kameroen zouden blijken te komen, waarin wellicht meespeelt dat ze een Kameroenese pleegdochter heeft.

Toen een voor een de uitslagenenveloppen waren opengemaakt en iedereen zijn eerste emoties had verwerkt (opmerkelijk: vrijwel niemand had een eerste uitroep in het Nederlands, het was bij de meesten het Amerikaanse 'oh my god…' en bij een paar het Sranan 'mi gado'/mijn god, of stilte), bleek niemands spoor naar Ghana te leiden en Jetty's voormoeder kwam niet uit Kameroen. In plaats daarvan bleek een drietal uit te komen in Kameroen, maar bij verschillende volken, één in Senegal, één in Guinee Bissau en drie in Sierra Leone en/of Liberia, waarbij één tegelijk ook in Guinee Bissau en Senegal uitkwam. Voor de 'Kameroenezen' was binnen de kortste keren het lang geïnternaliseerde idee van Ghana verruild voor Kameroen. Guinee Bissau werd door de betrokkene wel vaag maar interessant gevonden, de Mandinka van Senegal bleek het volk van Kunta Kinte te zijn, dus ook niet verkeerd, maar bij de 'Sierra Leonezen' en 'Liberianen' was de teleurstelling van hun gezichten af te lezen. Zij kregen geen *roots*land om trots op te zijn, maar zagen meteen de journaalbeelden voor zich van burgeroorlog, bloedvergieten, kindsoldaten en verminkingen. Voor hen was de uitkomst van de DNA-test dus bepaald geen eerste keus, opnieuw een indicatie dat *roots* niet (alleen) iets is wat je hebt, maar ook wat je wilt of (niet) kiest.

Vervolgens besloten we met de 'Kameroenezen' plus onze gevestigde kunstenaars Jetty en Marcel wier spoor naar het lastig bereisbare

> Stacey ontmoet een man van 'haar' volk de Mafa.

> Herby in discussie met 'zijn' Fulani, zie ook fig. 6.13-20, p. 298.

> Jetty improviseert een kritische performance in het Fulani dorp Abga.

Liberia en Sierra Leone liep, naar Kameroen te gaan en daar ieders *roots*-ervaring verder te gaan onderzoeken. Charissa, Verno en Kwinsie bleven 'thuis' en zouden van daaruit verder gaan met hun rootsonderzoek. 'Thuis' is natuurlijk een heel interessant woord in dit verband. Zo lijkt in ieder geval van de jongeren niemand plannen te hebben ooit ergens anders dan in Nederland te (willen) wonen. Toch kunnen de 'thuis' gevoelens wel nieuwe invullingen krijgen door *roots*-ervaringen. Bijvoorbeeld Stacey kan zich moeilijk voorstellen dat ze ergens anders dan in Nederland zou wonen. Maar, zegt ze, 'op mijn 18de ben ik naar Suriname gegaan en daar kreeg ik een gevoel dat ik in Nederland nooit had gehad. Nu móet ik er ieder jaar naar toe. Ik zag heel bewust de schoonheid en de rijkdom die dat land heeft. Ook een gevoel van geluk en van vrijheid; ook al heb je daar genoeg dingen die niet goed zijn of geregeld worden. Dat vond ik toch iets om over na te denken, van goh, hoe zie ik mezelf eigenlijk nu in déze maatschappij? Hoe voel ik me híér [in Nederland]?'

Inmiddels is daar nu ook een 'Afrika' gevoel bij gekomen, iets wat er op een abstracte manier altijd wel was – 'daar kom ik oorspronkelijk vandaan' – en wat ze ook wel vorm gaf door bijvoorbeeld Afrikaanse dans te leren, maar dat pas door Kameroen concreet is geworden: 'ik ga zeker terug'.

'Een gevoel van thuiskomen' is in het algemeen een uitdrukking die vaak te horen valt uit de mond van mensen die in diaspora leven en op een gegeven moment voor het eerst het 'homeland' bezoeken. Dat geldt ook voor onze groep. Van de jongeren die in Nederland geboren zijn en ooit al eens een tijdje naar Suriname of naar de Nederlandse Antillen en Aruba gingen heeft vrijwel iedereen zo'n thuis-komen-gevoel meegemaakt. Nu gebeurde dat opnieuw met degenen die meegingen naar Kameroen. Dat thuiskomen was vooral herkenning. Het eten, de muziek, de sfeer op straat, de bouwstijl, de omgangsvormen, soms zelfs de taal en motoriek. En voor iedereen geldt dat ze zich qua uiterlijk veel meer deel van het geheel voelen dan in Nederland. Tegelijk bracht de relatieve vertrouwdheid ook verwarring, want er was ook veel dat níet herkend of verwacht werd. Zo bleek Herby alleen

> Gwen en Charissa tijdens een van de 'Roots' besprekingen.

> See fig. 6.23, p. 303

> De overgrootvader van Verno op St. Eustatius.

> Charissa en Verno

> Marcel en Jetty

> Glynis, Stacey, Herby, Gwen

> Kwinsie

> Herby

acceptabel als Fulani, wanneer hij zich tot de Islam zou bekeren, Jetty en Glynis ontdekten dat de donkerste mensen soms als tweederangs burgers werden behandeld en de echte gastvrijheid bij de een werd door de commerciële benadering van anderen soms teniet gedaan. Toch werd de gezamenlijke reis als heel verrijkend ervaren en maakte zich van iedereen een *roots*-gevoel meester. Alleen, en dat had zich van het begin af aan al afgetekend, *roots* is maar ten dele voor iedereen hetzelfde.

Roots heeft in ieder geval voor alle deelnemers aan dit project te maken met een geografische plek, of liever gezegd meerdere plekken. *Roots* is de plek waar de directe verwantengroep vandaan komt, namelijk Suriname of de Antillen en Aruba. Daarnaast is het de plek waar de verre voorouders vandaan kwamen voor ze in slavernij gebracht werden. En – met enige aarzeling – is het ook de plek waar ieder in Nederland is opgegroeid en inmiddels ook al sporen heeft achtergelaten. Ook blijkt, niet onverwacht, dat voor degenen die naar Kameroen zijn geweest dit land, of meer algemeen 'Afrika', een veel duidelijker plek als lokaliteit van *roots* te zijn geworden dan voor degenen die niet mee zijn gegaan.

Daarnaast gaat *roots* heel erg over gevoel, en dat wordt veel individueler beleefd. Voor Jetty, nog geboren in de koloniale tijd, is het in ieder geval een gevoel van bevrijding van de last van het verleden en ruimte voor het positieve: 'je wilt weten waar je vandaan komt, maar je wilt voorál ook weten waar je nu bent!'

Tot haar verbazing onderging zij voor het eerst van haar leven en geheel onverwacht midden in Kameroen een rituele reiniging (in Sranan een *wassie*), die qua vorm en intentie net zo in Suriname had kunnen plaatsvinden. Jetty: Voor Marcel blijkt *roots* vooral ook een herinnering aan zijn jeugd en de cultuur die verloren dreigt te gaan en gekoesterd moet worden. Tegelijk kwam hij erachter dat de vragen die hij zichzelf en zijn omgeving al zijn levenslang stelt ook niet door 'Afrika' beantwoord worden.

Je vroeg [in Suriname] aan die ouderen van waarom dit of dat? Maar ze kunnen het niet verklaren. Maar hier [in Kameroen] kom je het wéér tegen. En zij kunnen het óók niet verklaren. Je kunt er alleen naar verwijzen van: dat hebben ze meegenomen uit Afrika. [...] dat verruimt je bagage en het creëert meer mogelijkheden voor mij als kunstenaar.

> Stacey met haar moeder

Voor de jongeren loopt het *roots*-gevoel uiteen van gevoelens van respect voor en verbondenheid met de voorouders, ook in spirituele zin, en het besef in een – voortgaande – traditie te staan tot en met het besef tot vele tradities te behoren en nu een duidelijker verhaal te hebben dat later aan de kinderen kan worden doorverteld.

> Dineke met gids Francis

Al in een vroeg stadium van dit project werd duidelijk dat de gezamenlijkheid van *roots* vooral zat in de gemeenschappelijke speurtocht, het samen gedeelde proces – en natuurlijk het samen 'iets hebben' met Afrika, met de voormalige Nederlandse koloniën in Zuid-Amerika het Caraïbisch gebied en met zwart zijn in Nederland. Daarnaast was het een individuele zoektocht, met individuele introspectie en gevoelens en individueel verschillende talenten om dat vorm te geven. Er is dan ook niet gepoogd tot een gezamenlijk eindproduct te komen. Ieder heeft zijn *roots* op eigen wijze verwerkt en inmiddels ook al een aantal keren gepresenteerd. Dat beklijft in ieder geval in de filmbeelden die tijdens het hele proces zijn gemaakt en waarvan een compilatie nog vele jaren in het Tropenmuseum zal worden getoond als nieuw element bij de installatie 'Reconnecting Africa' die Marcel Pinas daar maakte. Jetty's nieuwe theatershow, '7', is inmiddels grotendeels opgebouwd rond haar *roots*-ervaringen in dit project. Marcel verwerkt zijn *roots*-ervaring onmiskenbaar verder in zijn nieuwe werk met onder meer beelden uit Afrika. De verwerkte ervaringen van de jongeren zullen te zien zijn op de *Roots* web site die de Wereldomroep opent evenals in hun publieke presentaties met muziek (Herby en Kwinsie), rap, poetry slams en spoken word (Verno en Gwen), dans (Charissa), performances (Stacey) en beeldende kunst (Glynis). In dat verwerkings- en vormgevingsproces zit iedereen nog middenin. We gaan dan ook gezamenlijk verder, wat hier volgt is dus een momentopname, want waarschijnlijk zijn *roots* per definitie *work in progress*.

> in de bus door Kameroen

> Aspha en Jetty in NiNsee

DNA

–   *Column door Dineke Stam*

> Zie *DNA* in het Engelse gedeelte p. 318

Marcel Pinas

Marowijne, Suriname, 1971, beeldend kunstenaar, exposities in vele landen, tot eind 2008 *artist in residence* aan de Rijksakademie van beeldende kunsten in Amsterdam.

'De beelden die ik heb geschoten in Kameroen ga ik verwerken in een video-installatie. Het zijn beelden die me weer terugbrengen naar die heel mooie momenten in mijn jeugdjaren in het binnenland van Suriname. De manier hoe wij goederen gingenp transporteren van de kostgrondjes naar de kleine steden, tot in Moengo. Ja, een makkelijke manier om spullen te vervoeren.'

Charissa Doelwijt

Paramaribo 1987, kwam in 1991 naar Nederland. Heeft de HAVO afgerond, gaat psychologie studeren, danst al zes jaar streetdance/hiphop en treedt op

'In mijn dansstuk heb ik geprobeerd verschillende culturen uit te beelden. Ik heb gebruik gemaakt van Indiaanse dans, Creoolse dans, Afrikaanse dans, Aziatische dans en hedendaagse dans. Mijn moeder en ik hebben daar een pakje bijgemaakt die al die elementen ook heeft. Door dit alles bij elkaar te mixen en aan elkaar te knopen is mijn dansstuk ontstaan. En omdat ik een mengelmoes ben, past dit helemaal bij mij. Het gevoel dat ik bij dit dansstuk kreeg, is blij te zijn met wie je bent. Vooral als je voortkomt uit verschillende culturen. Probeer zoveel mogelijk te leren uit die verschillende culturen. Misschien ontdek je zo, meer van jezelf. CREATE YOUR OWN HEARTBEAT!!'

Stacey Esajas

Amsterdam 1983, afgestudeerd in Media Entertainment Management, werkt op kantoor, treedt op als performer en stand-up comedian.

> Zie *To my mothers...* in het Engelse gedeelte op p. 319

Herby Goedhard, Kwinsie Cruden

Amsterdam 1979, studeert sociaal pedagogische hulpverlening, zingt en speelt al bijna vijftien jaar in de band *Ondrofeni*, beste vriend is Kwinsie, Amsterdam 1981, studeert Communicatie, werkt in een winkel, zingt en speelt ook in *Ondrofeni*.

Herby en Kwinsie spelen in de band Ondrofeni (Ondervinding). Herby nam percussie-instrumenten mee uit Kameroen en voegde die toe aan zijn CO-OPs gelegenheidsensemble. Met Afrikaanse percussie, een elektrische basgitaar en een Afro-Surinaams winti-lied voegden zij verschillende *roots* tot een geheel.

'Voor mij is Suriname eigenlijk gewoon een onderdeel van Afrika. En omgekeerd. [...] maar ik hoor ook bij Europa, ik hoor bij Nederland, ik ben er geboren, ik woon er, dus ik vond dat ik de basgitaar er in moest voegen. Bovendien is het voor mij gemakkelijker om het erbij te hebben want dan weet ik op welke toon ik moet zingen...(!!).'

Gwen Denswil

Rotterdam 1982, studeerde Small Business and Retail Management, werkt maar gaat eigen zaak beginnen, deed veel urban vrijwilligerswerk, reist en dicht.

De Bamileke prinses

[...]

Geschiedenisles op school

Gwen: 'Waar komen jouw ouders vandaan?'
Jan: 'Uit Nederland.'
Gwen: 'En jouw voorouders?'
Jan: 'Ook uit Nederland'
Gwen: 'en hun ouders?'
Jan: 'Ook uit Nederland en hun ouders kwamen uit Duitsland.'

Jan: 'Waar komen jouw ouders vandaan?'
Gwen: 'Uit Suriname.'
Jan: 'En hun ouders?'
Gwen: 'Uit Suriname.'
Jan: 'Ja, maar waar komen ze écht van-daan, hun ouders?'
Gwen: 'Uit Afrika.'
Jan: 'Ja, dat telt niet, dan kan ik net zo goed zeggen dat mijn voorouders uit Europa komen. Dat is zo vaag.'
Gwen: '...' (stormt huilend de klas uit)

Glynis Terborg

Paramaribo 1973, dochter en muze van Jetty Mathurin, tekstschrijver, producent; dicht en schildert.

> Zie *Mama Africa* in het Engelse gedeelte op p. 321

Verno Romney

Hoogeveen 1983, studeert hbo elektrotechniek, werkt in meubelzaak, doet mee aan poetry slams en rapt in new-style hip hop groep *TK-Jive*.

> Zie *The apple and the tree* in het Engelse gedeelte op p. 321

Jetty Mathurin a.k.a. Stanley

Paramaribo 1951, speelde in vele tv-films en tourt nu met haar zevende one woman show door Nederland, theater alter ego's zijn street wise *Stanley* en levens-wijze *Taante*.

[...]
weet je wat ik heb gemerkt toen ik terug
kwam in Nederland?
Ik ben zo rustig geworden.
Ik ben niet meer zo boos.
Ik kan het los laten.
Ik was altijd boos toch.
Boos! Boos! Boos!

Boos bij de bakker.
Boos op het postkantoor.
Boos bij de slager.
Ik was boos op de straat.
Boos op mijn werkgever.
Op den duur had ik geen werkgever meer. Ik
was alleen maar boos.
Nu niet meer. Het hoeft niet meer.
Het is mooi geweest.
Ik bepaal nu zelf wat ik mee wil nemen

en wat ik los wil laten.

Tot slot: valkuilen en resultaten van dit project

> Alex filmt Herby filmt Marcel filmt.

Wat heeft de samenwerking wetenschap en kunst nu opgeleverd? In ieder geval een serieuze ontdekkingsreis waarin is gepoogd combinaties te maken van ratio en emotie, van harde feiten en zachte spiritualiteit, van historische methode en artistieke zoektocht, van geavanceerde technologie en rauwe gevoelens. Dat levert een heleboel leerzaams op. De wetenschapper kan veel meer begrijpen van allerlei sociale en historische processen als hij zich niet beperkt tot de 'harde data' maar ook de 'zachte' kant van de vormgegeven emotie als onderzoekscategorie insluit. De kunstenaar kan in zijn artistieke zoektocht geholpen worden door de vragen die de wetenschapper helpt stellen en de onderzoeksexpertise die hij/zij inbrengt. Ze hebben een gezamenlijk verhaal te vertellen, met verschillende dimensies, dat alleen verteld kan worden door elkaars 'gegevens' te gebruiken.

Tegelijk blijken er ook leerzame overeenkomsten te zijn. Zowel in kunst als in wetenschap zijn vrijheid en conventies cruciale categorieën. Dat bleek bij alle verschillende disciplines die in dit project zijn gehanteerd, van archiefonderzoek tot filmbeelden produceren en van schilderen tot schrijven. De vrijheid om te maken en te onderzoeken wat je wilt in combinatie met de conventies van hoe je dat dan moet doen om je publiek te overtuigen van jouw 'verhaal', verschillen tussen kunst en wetenschap in inhoud, maar zeker niet in omvang of kwantiteit. Dat betekent dat er misschien wel meer emotie (vrijheid) is in de wetenschap dan gedacht en in de kunst meer ratio (conventies) dan gedacht.

Ook in een van de cruciale onderdelen van dit project, het gebruik van DNA-technologie, blijkt die dichotomie tussen ratio en emotie een heel belangrijke rol te spelen en misschien wel de belangrijkste valkuil van het geheel te zijn. DNA-technologie bleek voor het eerst de sprong over de oceaan mogelijk te maken met een connotatie van onfeilbare, harde wetenschap. Het resultaat was dan ook dat de landen en volken die het DNA-onderzoek uitwees door de deelnemers vrijwel kritiekloos werden geïnternaliseerd. Toch hadden we alleen nog maar de DNA-moederlijn gevolgd en kan de uitslag van de vaderlijn naar heel andere landen en groepen wijzen, inclusief Europa. Voor welk *roots*-land moet je dan kiezen? Ook bestonden de landen die nu eigen zijn geworden als zodanig nog niet in de tijd van de slavenhandel en is er in de tussenliggende eeuwen door vele volken in Afrika druk gemigreerd. Waar het spoor nu dus uitkomt kan toen heel ergens anders zijn geweest. Waar liggen dan je *roots*? Ook wordt alleen de rechte lijn van moeder op moeder op moeder en van vader op vader op vader in het DNA-onderzoek gevolgd, maar ook alle zijtakken leveren natuurlijk een genetische bijdrage en in ieders persoonlijk leven is duidelijk dat ook andere verwanten dan die in directe lijn en ook symbolische verwantschap een rol spelen in wie je bent. Wat zijn dan *roots*? En ook het DNA-onderzoek zelf staat nog in de kinderschoenen. Zo zijn er eigenlijk veel grotere en liefst ook verdere in de tijd terug gaande databases van DNA-samples nodig om met zekerheid iemand in het hier en nu te kunnen verbinden met een specifieke groep in het daar en toen. Waar al helemaal schimmig over wordt gedaan is hoe de grote gespecialiseerde instellingen als *African Ancestry* eigenlijk aan hun materiaal komen.

Het geeft soms zelfs een gevoel van neokoloniale antropometrie. Dit roept meteen een morele vraag op of het DNA wel op respectvolle wijze is verkregen en of DNA niet ook hoort tot de categorie 'menselijke resten' die niet zonder toestemming van de betrokkene of diens nazaten mag worden gebruikt of zelfs getoond. Dat neemt niet weg dat het DNA-onderzoek voor ons project van groot belang is. Het blijft hoe dan ook een beter hulpmiddel om verder te komen in de historische speurtocht dan vroeger het geval was, en het stelt in staat juist te onderzoeken hoe deze technologie wordt gebruikt en dat kritisch te bevragen. Zo was het opvallend dat ondanks alle bezwaren er toch een grote aantrekkingskracht voor en misschien wel romantisch geloof in de 'waarheid' van DNA bleef bestaan. Dat gold tot op zekere hoogte de deelnemers in ons project, maar vooral ook de bovengemiddelde media-aandacht die dit project trok. Ondanks de veel grotere breedheid van het project focusten de journalisten voornamelijk op het DNA-onderdeel en op 'Afrika' als *roots*. Dat *roots* op z'n minst ook ten dele individuele constructies blijken te zijn die veelvormig zijn en in de loop der tijd misschien ook kunnen veranderen is kennelijk geen aantrekkelijk verhaal.

NOOT 20
> Zie David van Duuren e.a. *Physical anthropology reconsidered; human remains at the Tropenmuseum.* Amsterdam, 2007.

De opgave om een concept als *roots* vorm te geven, artistiek en weten-schappelijk, staat nog in de kinderschoenen, maar vruchtbaar lijkt het zeker. De combinatie en interactie van de verschillende betrok-ken disciplinaire discoursen, impliciet en expliciet, levert nieuwe 'ver-halen' op of op z'n minst nieuwe dimensies aan bestaande verhalen. Spiritualiteit, voorouders, historische pijn et cetera zijn nog nauwe-lijks onderzochte of toegepaste categorieën in de sociale wetenschap. Anderzijds zal het nog niet vaak voorgekomen zijn dat kunstenaars gebruik maakten van archieven, wetenschappelijke bibliotheken en laboratoria voor hun persoonlijk onderzoek en het verhaal dat zij wil-len vertellen. Wat het ons in ieder geval opleverde was dat door bezig te zijn met *roots* zoeken ver weg in tijd en ruimte, vooral ook bleek te gaan over de vormgeving van het hier en nu.

TEAM 6
> Biografie wetenschapper

Alex van Stipriaan

Alex van Stipriaan Luïscius (1954), historicus. Promoveerde in 1991 cum laude op *Surinaams contrast. Roofbouw en overleven in een Caraïbische plantagekolonie, 1750-1863* (Leiden 1993). Was werkzaam als universi-tair docent aan de Vrije Universiteit en later de Erasmus Universiteit. Werd daar in 1997 hoogleraar Niet-Westerse Geschiedenis, en doet dat sinds 2005 parttime, met als specialisatie de Caraïbische geschie-denis. Daarnaast is hij sinds die tijd ook parttime conservator cultuur en geschiedenis van Latijns Amerika & het Caraïbisch gebied bij het Tropenmuseum in Amsterdam. Publiceert veel over Afro-Caraïbische geschiedenis en cultuur met name die van Suriname. Superviseert met prof. Dr. Marlite Halberttsma het NWO-TKC-programma Globalization and Cultural Heritage. Publiceerde recentelijk met drie anderen een on-derzoek naar cultureel erfgoed van de slavernij *Op zoek naar de stilte... Sporen van het slavernijverleden in Nederland* (Leiden/Amsterdam 2007). Is de initiatiefnemer en projectleider van het Co-OPs-project *Back to the Roots* en werkt daarnaast onder meer aan een groot project over en met Surinaamse Marrons.

Jetty Mathurin

TEAM 6
> Biografie kunstenaar

Jetty Mathurin (1951) theatermaakster en actrice. Geboren in Paramaribo, sinds eind jaren 1960 in Nederland. Van huis uit onderwijzeres en logopediste. Begon tweede helft van de jaren tachtig aan een theatercarrière, met onder meer haar bekende personage *Taante*. Later kwam daar de streetwise *Stanley* bij. Toert inmiddels door Nederland met haar zevende onewomanshow '7'. Was verder te zien in theaterprogramma's als 'Faja', 'De Koningin van Paramaribo', 'Thuis' en 'de Vagina Monologen' en speelde in veel tv-series waaronder Baantjer', 'Costa', 'Blauw Blauw', 'Otje' en 'Bradaz', en 'Boks' en kreeg grote bekendheid met haar rol als 'Smorrie' in de tv-serie 'Vrouwenvleugel'. Ze presenteert programma's en schrijft columns. Gaf vanaf het begin mede vorm aan *Back to the Roots*.

Marcel Pinas

TEAM 6
> Biografie kunstenaar

Marcel Pinas (1971), beeldend kunstenaar in Suriname. Werd opgeleid aan het Nola Hatterman Instituut in Paramaribo - waar hij nu zelf ook les geeft - en aan het Edna Manley College of Visual Arts in Jamaica. Hij exposeerde inmiddels in diverse Caraïbische landen, New York, Parijs, Lissabon en een handvol andere Westeuropese landen. Van 2007 t/m 2008 is hij *artist in residence* op de Rijksakademie voor beeldende kunsten in Amsterdam. Hij is een zoon van N'dyuka Marrons, nazaten van degenen die de slavernij ontvluchtten en in het Surinaamse bos hun Afrikaanse erfenis opnieuw gingen vormgeven. In die traditie gaat hij verder, op geheel eigen wijze. Op uitnodiging maakte hij in 2006 in het Tropenmuseum de installatie 'Reconnecting Africa' die daar 10 jaar te zien is. Een audiovisual van *Back to the Roots* wordt nu deel van de installatie. Een voorlopig overzicht van Pinas' werk is bijeengebracht in '*Kibri a kulturu*, Marcel Pinas' (Vlasblom Art and Projects, Benningbroek 2006).

FIG. 6.01
> Foto / *Photo*: Glynis Terborg

Hypervariable Segment I (HVSI starting at position 16024) of mtDNA:

```
TTCTTTCATG  GGGAAGCAGA  TTTGGGTACC  ACCCAAGTAT  TGACTCACCC  ATCAACAACC

GCTATGTATT  TCGTACATTA  CTGCCAGCCA  CCATGAATAT  TGTACGGTAC  CATAAATACT

TGACCACCTG  TAGTACATAA  AAACCCAATC  CACATCAAAA  CCCCCCCCTC  ATGCTTACAA

GCAAGTACAG  CAATCAACCT  TCAACTATCA  CACATCAACT  GCAACTCCAA  AGCCACCCCT

CACCCACTAG  GATATCAACA  AACCTACCCA  TCCTTAACAG  TACATAGTAC  ATAAAGCCAT

TTACCGTACA  TAGCACATTA  CAGTCAAATC  CCTTCTCGCC  CCCATGGATG  ACCCCCCTCA
```

Sequence Similarity Measure: 100%
This means that your sequence is 100% the same as sequences from the Temne in Sierra Leone today.

The bold letters indicate DNA sequence patterns that you share with the Temne.

DNA (afkorting van *Deoxyribo Nucleic Acid*), in het Nederlands *desoxyribonucleïne zuur* geheten, een bestanddeel van de chromosomen dat verantwoordelijk is voor de overdracht van alle (erfelijke) eigenschappen van moeder- op dochtercel; DNA komt ook voor in vele virussen. Elk molecule DNA is opgebouwd uit vele duizenden *nucleotiden*, elk bestaande uit een stikstofhoudende base, een pentose en een fosfaatgroep. De base is gebonden aan de reducerende

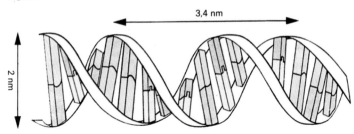

3,4 nm

2 nm

DNA. Schema van een stukje DNA-molecuul

CERTIFICATE OF ANCESTRY

African Ancestry hereby certifies that

N. N.

Shares Maternal Genetic Ancestry with

the Temne people living in Sierra Leone

Based on a MatriClan™
analysis performed on
March 16, 2007

Rick Kittles, Ph.D.
Scientific Director

FIG. 6.05-06

> Veel overleg en planning: hier
in het KIT met Marcel, Eveline
(ImagineIC), Jetty, Alex; en
bij Alex thuis: Dineke, Jetty
en Herby met Julia en Alfred
van filmproduktiehuis Beeld /
Many meetings and much plan-
ning: here in the KIT with Marcel,
Eveline (ImagineIC), Jetty, Alex;
and at home at Alex: Dineke,
Jetty and Herby with Julia and
Alfred of film production com-
pany Beeld.

FIG. 6.07-12

> Bijeenkomsten van de
Rootsgroep: Kwinsie in
ImagineIC, Gwen en Charissa,
Jetty en Aspha in het NiNsee,
Herby op de eerste bijeen-
komst, Glynis, Herby, Verno,
Marcel en Jetty terug van on-
derzoek in het Nationaal
Archief, Biogeneticus Leon de
Windt in gesprek met historicus Frank Dragtenstein tijdens
een bijeenkomst in Imagine
IC, Charissa en Verno /
Meeting of 'Roots'-group
Kwinsie at ImagineIC, Gwen
and Charissa, Jetty and Aspha
at the NiNsee, Herby at the first
meeting, Glynis, Herby, Verno,
Marcel and Jetty on their way
back from their research trip to
the National Archive, Biogenetic
researcher Leon de Windt in
conversation with historian
Frank Dragtenstein during a
meeting at Imagine IC, Charissa
and Verno.

FIG. 6.13-20
> In de bibliotheek van het KIT;
in de bus door Kameroen;
Stacey bij 'Reconnecting
Africa'; Herby in discussie met
'zijn' Fulani; Jetty en Marcel
aan de kust in Kameroen;
Glynis, Stacey, Herby, Gwen;
Marcel filmt Kameroenese
straatbeelden; Dineke
overlegt met Kameroenese
gids Francis; Stacey, Gwen
en Herby na de uitzending
bij de Wereldomroep / In
the library of the KIT; in the
bus through Cameroun; Stacy
at 'Reconnecting Africa';
Herby in discussion with 'his'
Fulani; Jetty and Marcel at
the Cameroun; Glynis, Stacey,
Herby, Gwen; Marcel filming
city life in Cameroun; Dineke
in conversation with guide
Francis; Stacey, Gwen and Herby
after the broadcasting of the
Wereldomroep.

FIG. 6.21
> (p. 299) Marcel Pinas'
installatie 'Reconnecting
Africa' in het Tropenmuseum /
Marcel Pinas installation
'Reconnecting Africa' in the
Tropical Museum, Amsterdam.

FIG. 6.22
> Fotocompilatie /
  Photo compilation Marcel Pinas

FIG. 6.23
> De rode aarde van Afrika /
  Africa's red earth
  (Foto/*Photo*: Glynis Terborg).

Back to the Roots

artists Jetty Mathurin, Marcel Pinas a.e.

scholar Alex van Stipriaan

COMMENTARY

> Team 6

> Biographies, p. 324

> *Voor Nederlands zie p. 275*

You want to know where you are from,

but also – and even more so – you want to know where you are now!

– Alex van Stipriaan

Identification, Creolization, and Roots

Most of us have a herd instinct and therefore we want to belong to something. This happens through group formation. This process is grounded in identification, feelings of connection and affinity. Group formation, however, occurs at least as much through non-identification, or exclusion. Those who are thus victimized share at least being excluded together. They develop an identity vis-à-vis those who exclude them, but they potentially do so in groups among each other as well. All this gives rise to an increasingly harder to disentangle dialectic.

At the same time we see that human beings are more inclined to distinguish themselves based on their (literal and symbolic) roots when the entities of identification grow larger, with humanity itself serving as the largest possible entity. It is questionable, however, whether we are really witnessing the emergence of a large group of cosmopolitan world citizens, who as product of ongoing globalization processes, as some argue, feel equally at home everywhere and do not seem to have a past anymore. After all, there is currently as much stressing of what is local, individual, unique, or pure. In this respect, history is the path toward finding self-identity and also emphasizing it. The issues involved seem hardly new, though. At an individual level, for instance, leaders have long legitimized their power on the basis of their family origin, whether it involved royal dynasties in Asia, Europe, or pre-Columbian America, or an issue such as being a more or less direct descendant of the prophet Mohammed. After the emergence of nations and, later on, the construction of nation-states and the notion of distinct races also such larger entities pursued forms of identification that underlined their uniqueness, as in specific roots, stories of origin,

NOTE 1
> See, for instance, Abram de Swaan, 'Identificatie in uitdijende kring', in: *Amsterdams Sociologisch Tijdschrift*, 20:3 (1994), 6-23; see also David Berreby, *Us and them: understanding your tribal mind.* London, 2006.

NOTE 2
> See, for instance, the work of Saskia Sassen.

and genealogies. In these links with a more or less invented past one would be able to find the essence of a specific group (culture).

Today the history of globalization – since about 1500 – has taught us that migration, mobility, contact, confrontation, exchange, and other forms of free or forced interaction go together with implicit or explicit influencing that also leads to new social and ethnic forms. Power relations certainly play a role in that dynamic, but the outcomes are not given. This is often described today as creolization.[3] As a process of (unequal) interaction, selection, and the forming of new identities, creolization may occur in all dimensions of social life, from art and culture to the economy, politics, religion, or science.

NOTE 3
> See Alex van Stipriaan, *Creolisering: Vragen van een basketbalveld, antwoorden van een watergodin*. Inaugural Lecture, Erasmus University Rotterdam, 2000.

Cultural essentialism and its associated fundamentalism is the opposite of creolization. If creolization produces hybrid new identities, fundamentalism (re)produces purities. As two sides of the medal, however, they contribute to cultural change through interaction. And people on both sides lay claim to roots, individually or as a group, and in ways that are either unambiguous and uniform or multifarious and impossible to disentangle.

This Project's History and the Call for Roots

Most metaphors associated with lineage refer to trees. People are *rooted* somewhere, they have a *family tree*, and they belong to a specific family *branch*. But in contrast to the roots of trees and plants, human roots are invisible. Perhaps this explains why not everyone has the same in mind when using the word *roots*, as has become the word of choice in *global* English. Some people even seem to have more roots than others. Notably migrants in multicultural societies seem to have more, or more pronounced, roots than the others, sometimes even after many generations. They also tend to be confronted with their being 'different' all the time, which is all the more true for diasporic peoples, whose diaspora identity even depends on their more distant roots.

It seems that modern globalization processes have contributed much to turning roots into an everyday notion. At a massive scale human beings have begun to move around during the past centuries and come into contact with each other by crossing all sorts of boundaries, sometimes involuntarily so. This has both blurred these boundaries and resulted in the construction of new ones. Frequently, this has led to a search for or emphasizing of (new) authentic identities based on a more or less assumed common origin. In the nineteenth and twentieth centuries this helped produce a sense of cohesion at the group level, whereas in our current era a very individual component seems to have been added onto it.

NOTE 4
> See, for instance, Benedict Anderson, *Imagined communities. Reflections on the origin and spread of nationalism.* London, 2006 (1983).

Today we cannot open a newspaper, or we will run into someone who refers to the roots of someone or something. Politicians, musicians, religious leaders, fashion designers, chefs, dancers, writers – they all refer to roots as a way to lay claim to the genuineness or authenticity of their identity, intention, or product. Particularly in art and especially in music, *rootsy* is a common term, used mostly positively in the sense of 'real', 'primeval', or 'original', be it mainly connoting 'ethnic', or 'non-western'. Having roots even appears to be some sort of disease you cannot fight and that in the end is stronger than you are. This much is suggested at least by the words of Anil Ramdas, a leading Dutch publicist of Hindu-Surinamese background, who recently, after being back in Suriname for over six months, acknowledged:

NOTE 5
> At an international social-science conference in Brazil, recently attended by the author, the term 'rootsy' was used with respect to music, carnival ('Carnival in Bahia is so much more rootsy than Rio') and religion (rastafari and candomble).

> Suriname was a strange country to me. Okay, I was born and raised there, until age 19, but I lived elsewhere longer than in Suriname. ... [Still] gradually I became infected. At first I called it displaced nostalgia, because it was utterly nonsensical to start feeling to be a Surinamese person again, while your entire life you resisted such sense of roots. When I was in Suriname before, and in India: no roots; people have no roots because they are no plants, and they have legs instead [...]. But this time the infection persisted; the disease grew more serious....

NOTE 6
> Anil Ramdas, 'Onechte vreemdeling', in: *NRC Handelsblad*, 27 August 2007.

And yet until recently the notion of roots was rarely used in non-English-speaking countries throughout the world. To refer to cultural origin in general each language had its own word. Also in Dutch, the English word 'roots' at first exclusively applied to the African diaspora that resulted from transatlantic slavery.

In this context, 'roots' was a word that for the descendants of slaves was synonymous with Africa. The obvious reason for this interpretation was the worldwide bestseller *Roots* (1976) by the Afro-American historian Alex Haley, as well as, if not more so, the TV series based on the book that has been shown many times and in many countries. One of the participants in our project, Herby, told us that this was the only TV program for which he as a small boy was allowed by his mother to stay up late – if she did not force him to do so. Another participant, Kwinsie, remembers that when first watching this series 'many tears' were shed. The series belongs to the canon of the African diaspora. By relying on all sorts of historical sources, Haley had managed to track down where his own ancestors were from and he also described their entire history since their leaving of Africa. Haley was a descendant of Kunta Kinte. He was a Mandinka, known as a warlike people living in what today is Gambia, and he also proved to be of royal descent. Despite later criticisms of Haley's work and approach, his book stimulated a growing number of people throughout the African diaspora, but particularly in the US, to go in search of their roots as well.

Roots, the Series

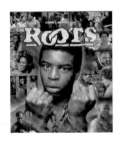

In this way the concept of 'roots' became more or less synonymous to African roots. There was first among the Afro-American avant-garde and, later on, also on a broader level some sort of process of re-identification with Africa. The effort concentrated on several countries in particular, notably Senegal and Ghana and, to a lesser extent, Benin, Nigeria, and Mali. These countries had been the home of major tribal kingdoms, and they were fairly easy to travel and especially in Senegal and Ghana tangible traces of the slavery past were still found. Accordingly, specific sites soon evolved into places of pilgrimage for Afro-American roots-seekers, such as the slavery fortresses in Goré, Elmina, and the Cape Coast. This may seem rather contrived to outsiders, yet for people who until the 1960s were basically ignored in the history books of their own country and who had always been treated literally as second-rate citizens, African roots were a new way to (re)write their own history. The preoccupation with roots became a focus for the search for identity, self-awareness, spirituality.

However, a huge problem presented itself before long: almost no one seemed able to reconstruct their individual African history in a way that anywhere came near to what Alex Haley had managed to accomplish in his case. The archival sources proved way insufficient. These sources had been produced chiefly by Europeans who had no interest in the identity of their slaves. On the contrary: they had tried hard to wipe out African traces by granting their slaves, after an anonymous and degrading transatlantic crossing, a new identity. Afro-Americans in search of their own past history and cultural and geographical background thus ran up against not only a completely Eurocentric historical record in which they did not figure, but also encountered a well-nigh physical abyss of anonymity that seemed to have swallowed their ancestors. In the 1970s this in part stimulated a much more engaged approach in historical and anthropological studies that also relied on new kinds of sources, such as oral history and intangible culture. This allowed for establishing links and much better comparisons with African cultures, but taking an actual leap across the ocean in search of family or specific ethnic roots would continue to be beyond the reach of most for the time being.

But then, somewhere in the late 1990s, DNA technology came into view as instrument for tracking down individual lineages. And it was no coincidence that Afro-Americans in the US were among the first to consider it a great tool for bridging the gap with Africa. Quite soon scientists made this technology available to the public at large, increasingly also on a commercial basis. The new technology's basic approach relies on comparison between a person's DNA profile and, ideally, a maximal quantity of DNA samples of DNA profiles from the countries from whence the enslaved Africans were taken. If an individual's DNA sample reveals many matches with samples from one group, this is most likely the group to which this person's ancestors belonged. The procedures involved are very simple: you have to take a saliva sample, send it to a specialized laboratory, wait for a few weeks – since the actual isolating of the DNA and database matching does involve quite complex processes – and the resulting information on the ethnic group and African country from which you originate is delivered to your mailbox. By learning more about that group's culture and perhaps even visit the country, it suddenly became possible for those in the African diaspora to fill in a hitherto largely blank page of their individual past and identity, thus rendering it much more concrete.

NOTE 7
> See, for instance, Bryan Sykes, *The seven daughters of Eve*. London and New York, 2001.

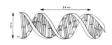

> See fig. 6.03, p. 296

NOTE 8
> Suriname is seen her as part of the Caribbean. Artists Jetty Mathurin and Marcel Pinas both have a Surinamese background; in the younger group five had an Afro-Surinamese background and three an Afro-Antillean/Aruban background. For personal reasons two of the latter group quit after some time.

NOTE 9
> The one exception is visual artist Marcel Pinas, who only resides temporarily in the Netherlands and had once briefly visited Gambia.

NOTE 10
> ImagineIC is the image and story center of and for migrants in Amsterdam Zuidoost. It provided support to our project mainly in terms of infrastructural aspects, with contributions from Liane van der Linden and Evelyn Raat in particular, while its network included some of our younger participants.

NOTE 11
> For NiNsee (National Institute of Dutch Slavery Past and Heritage) particularly sociologist Aspha Bijnaar contributed to our project, while also historian Frank Dragtenstein provided input.

Eventually this technology was going to make it possible to uncover everyone's roots. Or would it?

Back to the Roots

Inspired by this context and by roots projects in the US and England, I decided to start up an Afro-Dutch roots project under the banner of CO-OPs. As historian – and museum curator – I have been studying Afro-Caribbean history and culture for many years, especially that of Suriname and the Netherlands Antilles. The more clearly the roots of those in the African diaspora could be established via DNA, the more I began to wonder in what ways this also rendered roots more concrete as concept. Are roots largely a matter of geographical, cultural, and ethnic concerns? Can roots be unequivocally identified? Do they irrevocably lead to Africa or something African? In short, what in fact are we dealing when talking about roots and what do they look like?

To find out, we put together a group of two established artists and six young adults with artistic talent, all having an Afro-Caribbean background.[*] The first two, based on their age and artistic status, already have a history of their own behind them and hence they perhaps have a more substantial image of what (their) roots are. The young adults have already proved themselves in their respective artistic field(s) by moving beyond amateur status, but none of them has a very specific sense of their further career. Their frame of reference is rather the context of urban popular culture than that of the established art world, while their age keeps them from being attached to fixed jargon or conventions. Although they do not have much of a past yet, they have a lot of future and an open gaze.

The participants in the project did not so much have to demonstrate any previous concern with roots, but they were expected to have an interest in it as well as the talent to render their reflection visible in some artistic form. Furthermore, all selected participants had never been to Africa before and were currently residing in the Netherlands.[*] This was not just convenient in terms of organizing the project, but it also allowed for the possibility to link the participants' sense of roots to another place, the Caribbean. Aside from this research group, ImagineIC[*] and NiNsee[*] were asked to contribute their expertise. This implied that a project coordinator was added, while a filmmaker was going to record the entire search process. I supervised the overall effort and monitored the scholarly input.

NOTE 12
> Dineke Stam, historian, works at Intercultural Museum and Heritage Projects.

NOTE 13
> In the first phase the process was filmed by Manu Hartsuyker; early 2007 production company Beeld took over, especially Alfred Edelstein, Julia Emmering, and cameraman Frank van Helden. We also obtained our own camera that was used by participants to film each other during the process.

The project's results will at least comprise the individual expressions of (the search for) roots by the participants and a short audiovisual on the collective study that will be integrated in Marcel Pinas' 'Reconnecting Africa' installation, which will be on view for several years in the Amsterdam Tropenmuseum. Furthermore, in a next phase of the project a longer documentary film and other multimedia products will be produced with and about the participants of Back to the Roots.

When the group was put together, none of the candidates hesitated to participate. No matter how differently the participants addressed roots as a phenomenon – ranging from '*surely, mine are in Africa*' to '*I have never really thought about it*' – everyone wanted to join in. The exciting aspect of a DNA test and the possible bonus of a trip to Africa also contributed to this eagerness of course. The idea was that everyone was going to search for their roots in as many as possible different ways, such as on the basis of genealogy, interviews, and study of literature and sources, but also through introspection and tracing ancestry via DNA. Next, some would actually further pursue the DNA track by going to Africa, while others would not. This would make it possible to compare the difference between actual experience of a hitherto unknown country of roots and knowledge of such country that was exclusively based on images and descriptions. From the start, it was a prevailing concern whether people actually have roots or whether they merely construct them – an issue that in general tends to be dealt with surprisingly little.

Genealogy, Affinity, and DNA

The various implications of inborn or constructed roots we encountered repeatedly in decisions we made during our quest. For one thing, we assumed that Africa was at least part of all participants' historical roots. This was tied not just to the Caribbean history of slavery, but also to the fact that members of our group – except Dineke and me – merely had to look at each other to suspect some African origin. Still,

> Verno and Marcel (l) and Stacey (r) at Marcel Pinas' installation *Reconnecting Africa* in the Tropenmuseum.

NOTE 14

> Dr. Leon de Windt is molecular biologist who performs genetic-cardiologic research at the Hubrecht Institute in Utrecht. He has a partly Antillean background. With our Roots group he discussed the benefits and disadvantages of DNA technology on 11 December 2006 in ImagineIC.

> Glynis, Herby, Verno, Marcel, and Jetty return from doing archival work.

> Biogeneticist Leon de Windt talking to historian Frank Dragtenstein at a meeting in NiNsee.

NOTE 15

> See the website of Cambridge University: www.admin.cam. ac.uk/news/dp/2003021301 (last visited 17-8-2007); the online newsletter of Boston University, BU Bridge of 10 October 2003.

NOTE 16

> Especially during slavery rape of black women by white men was hardly an exception.

NOTE 17

> See, for instance, Time Magazine 5 July 2005, Can DNA reveal your Roots? See also Paul Harris, 'The genes that build America', in: The Observer, July 15, 2007.

appearances can be deceptive. In this respect biogeneticist Leon de Windt, a guest at one of our meetings, told us that 'race' is one of the worst categories for tracing shared background:

> Genetic differences among relatives are probably larger than between them and an Aboriginal in Australia. We find that hard to believe because we pay so much attention to outer appearance, but appearance is virtually the only parameter for distinguishing the term 'race' because beyond that it has no biological basis.

This is not to say that in our group the mirror rather pointed to Africa than to a white group. But it is important to keep in mind that race is a social construction, no biological fact. In other words, it was merely a decision, albeit a calculated one, to look for roots in that direction.

Our next step, however, equally pointed to Africa: our decision to begin examining the DNA in the maternal line. An earlier study established that in Afro-Caribbeans the maternal DNA line ended in Africa in 98% of the cases. This meant that all participants were likely to have roots in Africa. It was only natural, then, that aside from studying the aspect of roots in their own (family) environment they would also look toward Africa. But it was a choice. After all, we might also have decided to first pursue the paternal line, which would imply, as earlier research had shown, a chance of one out of three or four that the track would lead to Europe rather than Africa, on account of the fact that many European colonists fathered children with Afro-Caribbean women, be it coerced or not.

In the end we took another decision for our participants by selecting the laboratory of African Ancestry (AA) from among the various – and increasing – number of providers of DNA testing for roots. This facility started out as a research project at Howard University, an all Afro-American college in Washington DC, and its early director is still associated with it. From various sides criticisms have been leveled at AA, and our experiences confirm that openness is not their forte. But this facility does have the longest experience in African DNA testing, and based on its own claim it has a database of over 20,000 DNA samples from West and Central Africa used for establishing matches. The larger the database, the bigger the chance that a match has any value and this made us decide in favor of working with AA. We were expecting to be provided with results that would offer clues on individual roots, not 100% truths.

It is clear, though, that in this context the test results should be interpreted with caution. Perhaps it is even a bit too early to draw firm conclusions based on this kind of research. In the light of our conceptual concern with the nature of roots or what they might look like, however, a provisional outcome or prudent approach can also be productive. This also proved to be the case, for despite all our caution and reserve about the testing and its results (see also below), the latter still had a very compelling effect on all involved. It should be added that as organizers of the project we were partly responsible for it because in advance we put forward to go to the countries that the (maternal) DNA traces would point us to. This plan implicitly suggested that DNA is a reliable indicator for roots research after all. Although in some ways it is, to the extent that we can now go much further than at the time when Alex Haley wrote his book, much of the data involved is provisional. Strikingly, in this respect, was the remark by biogeneticist De Windt: 'Perhaps you do not go and search your ancestors, but is it your ancestors who are calling you.'

Roots?

Before the (maternal) DNA results became known, all our participants talked about their hunches and feelings about the possible outcome. As it happened, from that moment all discretion and reserve seemed to evaporate, and the participants started talking in terms of 'I'm from ...,' or 'my ancestors are from ...,' or even 'I am a ....' Most were thinking of Ghana, thereby having an image in mind of a martial and colorful people with a long history, such as the Ashanti. This was also something that had been told to them when growing up: 'Surinamese and Antilleans originally come from Ghana.' And out on the streets some were several times identified as Ghanese, by ... Ghanese. Only Jetty had a strong guess that her ancestors were from Cameroon, an assessment whereby she may have been influenced by the fact that she has a foster daughter from that country.

NOTE 18
> Dr. Richard Kittles of Howard University and Director of African Ancestry claims to have needed ten years to collect DNA of some 21,000 people from some 100 different ethnic groups in West and Central Africa. Cf. Emily Crawford, DNA identifies African roots for Black Americans, Columbia University: www.jrn.columbia.edu/studentwork/cns/2004-04-05/658.asp (visited 10-02-2006).

> See fig. 6.04, p. 296

When one by one our participants were opening the letters with the results that had come in the mail, they first took some time to take in the news. Strikingly, almost no one exclaimed their surprise or dismay in Dutch, while most said something like 'oh my god…', whereas a few used the Sranan phrase 'mi gado' (my god), or they simply said nothing. As it turned out, the ancestral track of none of our participants led to Ghana, nor did Jetty's ancestral mothers come from Cameroon. Instead, three of our participants proved to have roots in Cameroon, but in different peoples, one in Senegal, one in Guinea-Bissau, three in Sierra Leone and/or Liberia, and one in both Guinea-Bissau and Senegal. In no time our 'Cameroonese' replaced their long internalized idea of Ghana with Cameroon. One of the participants referred to Guinea-Bissau as vague but interesting. The Mandinka were Kunta Kinte's people, so this was quite good news for our participant 'from Senegal', but those whose roots were traced back to 'Sierra Leone' and 'Liberia' could hardly hide their disappointment. They did not get a roots country to be proud of, but immediately revisited the news footage in their mind of civil war, bloodshed, child soldiers, and dismemberments. To them, the outcome of the DNA test did not coincide with their roots country of choice, which is another indication that you do not (only) have roots, but that you also construct them as more or less likable.

Subsequently we decided to travel to Cameroon with our 'Cameroonese' participants plus our established artists Jetty and Marcel, whose past led to Liberia and Sierra Leone – countries that are hard to travel in today. The aim was to further explore each one's roots experience. Charissa, Verno, and Kwinsie stayed 'at home' and would pursue their roots research from there. 'Home' is of course an ambiguous word in this context as well. Among the youngsters in our project at least, no one seemed to have plans to go and live elsewhere and leave the Netherlands at one point. And yet roots experiences may add to another specific sense of 'home'. Stacey, for example, could barely imagine herself to be living somewhere else but in the Netherlands. Despite her certainty about this, however, the issue is a little more intricate. As she elaborated: 'At age 18 I went to Suriname and there I got a feeling I had never had in the Netherlands. Now I

> Stacey meets a man of 'her' people, the Mafa.

> Herby in discussion with 'his' Fulani, see also fig. 6.13-20, p. 298.

> Jetty improvises a critical performance in the Fulani village Abga.

absolutely have to go to Suriname every year. I was very aware of the beauty and the wealth of that country; also a feeling of happiness and freedom, even though there also many things that are wrong or not organized very well. This was something, I felt, I had to ponder, like, how in fact do I see myself in this society now? How do I feel here [in the Netherlands]?'

Meanwhile, she has added another piece to her identity, a more tangible sense of 'Africa'. This had always been there in an abstract manner – 'that's where I'm originally from' – and she had also explored it by, for instance, learning African dance. But it became real only by going to Cameroon: 'I certainly will go back.'

NOTE 19
> The availability of such courses already tells you something about the perception of 'Africa', for it seems doubtful that anywhere in the world courses are offered about 'European' dance.

'A feeling of homecoming' is an expression that is often heard from people who are living in diaspora and at one point visit their 'homeland' for the first time. It also applied in our group. The younger members – who were born in the Netherlands and already went back for some time to Suriname or the Netherlands Antilles and Aruba – virtually all experienced such sense of homecoming. Now this also, or again, happened to those who joined the trip to Cameroon. The sense of homecoming was mostly based on recognition: the food, music, the atmosphere in the streets, the architecture, the social conduct, and sometimes even the language and the way people move. And all claimed that in terms of appearance they felt much more part of the whole than in the Netherlands. At the same time, the relative familiarity also caused confusion, for there was also much that was not being recognized or expected. For instance, Herby found out that he would be acceptable as Fulani only if he would convert to Islam. Jetty and Glynis discovered that the blackest individuals were sometimes treated as second-rate citizens, while genuine hospitality in some places was offset by forthright commercial approaches elsewhere. Still, the collective journey was seen as very enriching and it triggered in all a more sustained sense of roots.

> Gwen and Charissa during one of the Roots meetings.

> See fig. 6.23, p. 303

> The great-grandfather of Verno on St. Eustatius.

As seemed clear from the beginning, the exact meaning of roots will differ from one person to the next. But for all participants in this project roots have to do with a geographic place, or, rather, multiple

> Charissa and Verno

> Marcel and Jetty

> Glynis, Stacey, Herby, Gwen

> Kwinsie

> Herby

places. They have their roots where their immediate group of relatives is from, namely Suriname or the Antilles. In addition it is the place where ancestors were from before being brought into slavery. And, with some hesitation, it is also the place where each one of them grew up in the Netherlands and where meanwhile they have left traces as well. Not surprisingly, those who went to Cameroon have a better grasp of this place, or, more generally, 'Africa', as a locality of roots than those who did not join on our trip.

Furthermore, having roots has much to do with specific feelings and this is also experienced much more individually. For Jetty, born in the colonial era, exploring her roots has caused a feeling of liberation from the burden of the past and created more room for what is positive: 'You want to know where you are from, but also – and even more so – you want to know where you are now!' In the middle of Cameroon, much to her amazement she underwent for the first time in her life, and very unexpectedly, a ritual purge (in Sranan a *wassie*), which in terms of form and intention was exactly as it could have been done in Suriname. In the case of Marcel, his sense of roots appears to apply mainly to memories of his youth and of his culture that threatens to be lost and should be cherished. Yet he also discovered that some of the questions he has been asking all his life about himself and his environment were not simply answered by going to 'Africa'.

> You asked those elders [in Suriname] why this or that? But they could not explain these things. But here [in Cameroon] you saw it again. They were unable to explain things as well. You can only refer to it in terms like: they took that along with them from Africa. ... it broadens your scope and it creates more possibilities for me as an artist.

For our younger participants, their new sense of roots varied from feelings of respect for and connectedness with ancestors, also in a spiritual sense, and the awareness of being in an ongoing tradition to the realization that they belong to many traditions. At least they now have a clearer story that later on can be passed on to their children.

Already at an early stage of the project it became clear that whatever was shared by our participants was mainly in the shared quest itself, the communal process – and of course the collective sense of 'having something' with Africa, with the former Dutch colonies in Latin America, the Caribbean, and with being black in the Netherlands. In addition, the quests for roots in our project also comprised a decidedly individual dimension, with individual introspection and feelings and different talents to express them artistically. We did not try, then, to arrive at a collective final product. All participants have dealt with their roots in their own way and also presented their work a few times already. This will be reflected in a more lasting manner in the film images made throughout the process, a compilation of which will be shown for many years in the Tropenmuseum as a new element of the 'Reconnecting Africa' installation by Marcel Pinas. Jetty's new theater show, '7', is largely built around her roots experiences in this project. Unmistakably, Marcel is further absorbing his roots experience in his new work, which includes images from Africa. Artistic evidence of the various experiences of our young participants will be on view on the Roots website set up by Wereldomroep, as well as in their public presentations with music (Herby and Kwinsie), rap, poetry slams and spoken word (Verno and Gwen), dance (Charissa), performances (Stacey), and visual art (Glynis). Everyone is still in the middle of digesting things and finding processes for expressing them, which is why we collectively go on with our project. What follows below is work-in-progress – much in the same way as roots are always part of work-in-progress by definition.

> Stacey with her mother

> Dineke with guide Francis

> on the bus through Cameroon

> Aspha and Jetty in NiNsee

DNA

– Column by Dineke Stam

Is it all in the genes?

99% of my DNA – my genes – is similar to that of all other humans, and slightly less to that of other animals. I share genes with a simple loaf of bread.

Genes are not what determines me.

I like DNA – if it brings us unexpected encounters;

if it brings us connections with people you wouldn't otherwise have met.

I like it if it confronts us with history,

if it brings out long-silenced episodes of human history such as the slave trade,

if it stimulates an ongoing search.

I don't like DNA if it is regarded as a source of me,

as a centre of what could be important.

What someone in a lab sees in a particle of my body might be a small part of my history.

What I can find in written records or in beliefs and customs that have traveled through continents and generations, in intangible heritage, in paintings and music teaches me so much more –

so many more complicated matters.

What matters is the living body,

With the heartbeat

With the skin

With the brains

With the questions

With poetry, music, words, dreams

and above all

with other people

past and present

Marcel Pinas

Marowijne, Suriname, 1971, visual artist. He has had exhibitions in many countries; until the end of 2008 he is *artist in residence* at the Rijksakademie van beeldende kunsten in Amsterdam.

'The images I shot in Cameroon I will use in a video installation. They take me back again to the pleasant moments of my childhood in the interior country of Suriname; just how we transported goods from the small plots of land to the small towns, way up to Moengo; yes, it was an easy way of transporting goods.'

Charissa Doelwijt

Paramaribo 1987, came to the Netherlands in 1991. Graduated from high school (havo), plans to study psychology; has been doing streetdance/hiphop for six years and performs.

'In my dance piece I have tried to visualize various cultures. I made use of Indian dance, Creole dance, African dance, Asian dance, and contemporary dance. Together with my mom, I made an outfit that has these various elements as well. By mixing them and tying them together, my dance piece came into being. And because I am a hodgepodge myself, this suits me perfectly. The feeling I got from this dance piece is to be happy with who you are, especially when you are a product of different cultures. Try to learn as much as possible from those various cultures. Perhaps you will thus discover more of yourself. CREATE YOUR OWN HEARTBEAT!!'

Stacey Esajas

Amsterdam 1983, graduated in Media Entertainment Management, works in an office, is performer and stand-up comedian.

To my mothers...
[...]
Verse IV
The chains are no more. I'm free to go by plane and not by boat, to a place that no longer is my home,
but that I still want to know.
Hoping to find what remains of me? Looking at the faces I see, do any of them look like me?
Do I recognize an aunt, an uncle or a cousin maybe?
Pff, that's not necessary for this old wound to heal. I only have to close my eyes and focus on what I feel...
I feel I'm a part of Africa and Africa is in me.
All my sweet mothers, I hope you can see that this daughter has returned because she is free.
Because know you I don't, but forget you I won't.
Even though for a long time I've been gone, I know my roots in Africa belong.

I will not call them slaves no more, they were my mothers before

Herby Goedhard, Kwinsie Cruden

Herby, Amsterdam 1979, studies social-pedagogic work, sings and for almost fifteen years has been playing in the band *Ondrofeni*, best friend is Kwinsie, Amsterdam 1981, studies communication, works in a store, sings and also plays in *Ondrofeni*.

Herby and Kwinsie play in the band Ondrofeni (experience). Herby brought along with him percussion instruments from Cameroon, and added them to his CO-OPs occasional ensemble. With African percussion, an electric bass guitar and an Afro-Surinamese winti-song they put together various roots into a new whole.

'For me Suriname is in fact just a part of Africa. And vice versa. ... but I also belong to Europe, I belong to the Netherlands, I'm born here, I live here, so I found that I had to put in the bass. It is also easier to have one in the band because thus I know how to strike the right note when singing.... (!!).'

Gwen Denswil

Rotterdam 1982, studied Small Business and Retail Management, has work, but will start her own business, did much urban volunteer work, travels and writes poetry.

The Bamileke princess

[...]

History class at school

Gwen: 'Where do your parents come from?'
Jan: 'From the Netherlands.'
Gwen: 'And your ancestors?'
Jan: 'Also from the Netherlands.'
Gwen: 'And their parents?'
Jan: 'Also from the Netherlands and their parents came form Germany.'

Jan: 'Where are your parents from?'
Gwen: 'From Suriname.'
Jan: 'And their parents?'
Gwen: 'From Suriname.'
Jan: 'Yes, but where are they, their parents, really from?'
Gwen: 'From Africa.'
Jan: 'Well, that doesn't count, for I might as well say that my ancestors are from Europe. It's so vague.'
Gwen: '.........' (runs out of the classroom, crying)

Glynis Terborg

Paramaribo 1973, daughter and muse of Jetty Mathurin, writer, producer, poet and painter.

Mama Africa

Own your future
To own your future
must you know your past?
To hold in your hands
your own destiny,
Must you be able to see yourself fully?
Recognize yourself in the images you see?
On the billboards,
recognize yourself in magazines
and schoolbooks and on tv.
To know your calling,
must you know when you 're being called?
I knew
when I heard
my ancestors whisper my name.

Verno Romney

Hoogeveen 1983, studies electrical engineering, works in furniture store, participates in poetry slams and raps in new-style hip hop group TK-Jive.

The apple and the tree
They say the apple doesn't fall far from the tree
And the fallen apple eventually becomes a seed
The seed grows up becomes a tree
Which then sees its apple leave
In time you'll have a row of trees
Which we call family
A family tree, yes, that indeed
From seed to seed to seed to seed
An apple falls, a bird flies by
and takes the apple high in the sky
He eats the apple as time flies by
and drops the seed beyond the eye
Now this seed is alone
In a place that's not its home
Doesn't know so gives his own
permission and says 'Here I'll grow'
A tree who'll be
wait you'll see
the first in a row of family trees

Jetty Mathurin a.k.a. Stanley

Paramaribo 1951, acted in many TV films and tours the Netherlands with what is her seventh one woman show, theater alter egos are Taante and streetwise Stanley.

[...]
Do you know what I noticed when I came
back to the Netherlands?
I have become so serene.
I am not so mad any longer.
I cannot let go.
I was always mad, wasn't I?
Mad! Mad! Mad!

Mad when at the bakery.
Mad at the post office.
Mad at the butcher's.
I was mad in the streets.
Mad at my employer.
In time I had no employer anymore. I was
just being mad.
Not anymore. It is not necessary anymore.
Enough is enough.
I now determine on my own what I want to
take along

and what I want to let go.

Finally: This Project's Pitfalls and Results

What has our art/science collaborative effort generated? For one thing, it involved a serious journey of discovery whereby we tried to strike a balance between reason and emotion, hard facts and soft spirituality, historical method and artistic quest, advanced technology and raw feelings. This has resulted in many valuable things that we can learn from. Scientists may understand much more about all sorts of social and historical processes if they do not limit themselves to 'hard data', but also include the 'soft' side of the expressed emotion as research category. Artists, in their artistic search, can be helped by the questions that scientists pose and the input of their research expertise. Artists and scientists have a shared story to tell, with different dimensions, which can only be told by using each other's 'data'.

At the same time there are useful similarities in art and science. In both, freedom and conventions are crucial categories. This was clear in all the different disciplines we relied on in this project, from archival study to film and from painting to writing. The freedom to create and explore whatever you want, in combination with the conventions of how you should go about doing it to convince your audience of your 'story', differ in art and science in terms of content, but not in terms of scale or quantity. This means that there is in science perhaps more emotion (freedom) than thought, in art perhaps more reason (conventions) than emotion.

> Alex films Herby films Marcel films.

Moreover, in one of the crucial elements of this project, the use of DNA technology, the dichotomy between reason and emotion proved to play a major role and as such it was perhaps this project's main pitfall. DNA technology functioned largely as an unerring mechanism of hard science for establishing genetic roots and origins. Consequently, our participants uncritically internalized test results on their genetic past as cold fact. But these results were only based on maternal lineage, which means that the paternal lines may well refer to vary different countries and groups of origin, including European ones. If so, to which country should you give priority as your roots country? Furthermore, many of today's countries did not even exist a hundred years ago, let alone at the time of the early slave trade, while in the intervening centuries many peoples have migrated within Africa itself. So knowing more about roots in terms of ancestors does not automatically imply information about rootedness in a very specific country or geography. Another issue is that DNA testing in this context concentrates on either a straight line from mother to mother to mother or from father to father to father, but also the various collaterals in the indirect lines of decent of course provide genetic contributions. In everyone's personal life it is clear that other relatives than those who are in a direct line play a role in who you are, as is equally true of the various symbolic senses of kinship or affinity. What, then, do roots really amount to? Likewise, DNA research itself is scarcely out of the egg. The databases of DNA samples need to be greatly expanded and also reach back further in time, if at least someone in the here and now can be accurately linked to a specific group in the there and then.

Finally, another obscure aspect is how the large specialized facilities such as *African Ancestry* in fact build their database of DNA samples. The secrecy at times appears to echo the troublesome tradition of neo-colonial anthropometry. One of the first questions is moral in nature: was DNA sampled in a respectful way? On a more abstract level the issue arises whether DNA belongs to the category of 'human remains', and if so, this would of course imply a host of rules as to its usage for research and the consent of either those involved or their descendants.[20]

NOTE 20
> See David van Duuren et al., *Physical anthropology reconsidered; human remains at the Tropenmuseum*. Amsterdam, 2007.

All this is not to deny the significance of DNA testing for our project. It was definitely a tool that helped our historical searches further along, while its very usage also allowed us to explore how, exactly, this technology is deployed and how to be critical of it. However, it was striking to see that despite all concerns and even objections to DNA testing, it continued to have a large appeal, perhaps because of the romantic belief in the 'truth' of DNA. This was true to some extent of the participants in our project, but also, and especially so, of the above-average media-attention this project managed to attract. Despite the much wider scope of the project, the journalists mainly focused on the DNA aspect and on 'Africa' as roots. That roots prove to be at least in part individual constructions that are multifaceted and perhaps can change over time is, apparently, no attractive story.

The task of giving shape to roots as a concept, artistically and scholarly, is still in its infancy, but it surely involves a fertile field. The combination and interaction of the various disciplinary discourses, implicit and explicit, lead to new 'stories', or at least to new dimensions of existing stories. Spirituality, ancestors, historical pain, etcetera are categories that have hardly been applied or studied in social science. On the other hand, it also seems a rather new development that artists make use of archives, scholarly libraries, and laboratories for their personal research and the story they want to tell. It struck us that the exploration of roots in various ways, faraway and nearby in both time and place, is also very much about the shaping of the here and now.

Alex van Stipriaan Luïscius

Alex van Stipriaan Luïscius (1954) is a historian. In 1991 he earned his PhD (with distinction). The title of his dissertation is *Surinaams contrast. Roofbouw en overleven in een Caraïbische plantagekolonie, 1750-1863* (Leiden 1993). He worked as an assistant professor at the Free University (Amsterdam) and at the Erasmus University (Rotterdam), where in 1997 he became full professor of History of Non-Western Countries. His area of specialization is Caribbean history. Since 2005 he has been working part-time at the university, while he also took a part-time job as curator of Culture and History of Latin America & the Caribbean at the Tropenmuseum in Amsterdam. He publishes much on Afro-Caribbean history and culture, notably on Suriname. Together with Prof. Dr. Marlite Halbertsma, he supervises the NWO-program Globalization and Cultural Heritage (as part of Transformations in Art and Culture). Recently, he co-published (with three other people) a study of slavery's cultural heritage (*Op zoek naar de stilte... Sporen van het slavernijverleden in Nederland*, Leiden/Amsterdam 2007). Alex van Stipriaan is initiator and project leader of the CO-OPs-project *Back to the Roots*, but he also works on other projects, including a major project about and with Surinamese Maroons.

Jetty Mathurin

Jetty Mathurin (1951) is a theater performer and actress who was born in Paramaribo and has been living in the Netherlands since the late 1960s. She was trained as a school teacher and as a speech therapist. In the second part of the 1980s she embarked on a career in theater; one of her well-known characters is *Taante*, while another one, later on, is streetwise *Stanley*. In 2007 she toured the Netherlands with her seventh one-woman show, entitled '7'. She has participated in many theater programs, such as 'Faja', 'De Koningin van Paramaribo', 'Thuis', and 'De Vagina Monologen'. She has been on the cast of many Dutch TV-series, including 'Baantjer', 'Costa', 'Blauw Blauw', 'Otje', 'Bradaz', and 'Boks'. She became known in particular for her role of 'Smorrie' (in the TV-series 'Vrouwenvleugel'). Jetty Mathurin also presents programs and writes columns. From the start she has contributed to the development of *Back to the Roots*.

Marcel Pinas

Marcel Pinas (1971) is a visual artist based in Suriname. He was trained at the Nola Hatterman Institute in Paramaribo, where he now teaches, and at the Edna Manley College of Visual Arts in Jamaica. He has had exhibitions in various Caribbean countries, New York, Paris, Lisbon, and a handful of other West-European countries. In 2007-2008 he is *artist in residence* at the Rijksakademie van beeldende kunsten in Amsterdam. He is a son of N'dyuka Maroons, descendants of those who escaped slavery and recovered and reworked their African heritage in the forests of Suriname. In his own special way Pinas follows in this same tradition. In 2006 he was invited to create the installation 'Reconnecting Africa', which will be on view at the Tropenmuseum in Amsterdam for ten years. An audiovisual from *Back to the Roots* will become part of this same installation. A preliminary survey of his work is presented in '*Kibri a kulturu*, Marcel Pinas' (Vlasblom Art and Projects, Benningbroek 2006).

CO-OPs

– *Ingeborg Reichle*

TOELICHTING

> *For English see p. 330*

INGEBORG REICHLE is een kunsthistorica die momenteel onderzoek verricht aan de Academie
van Wetenschappen, Berlijn-
Brandenburg, Duitsland. Haar
belangstelling gaat vooral uit
naar beeldproductie in kunst
en wetenschap. Zij is lid van de
interdisciplinaire onderzoeksgroep 'De Wereld als Beeld'.
Haar proefschrift, *Kunst aus dem
Labor. Zum Verhältnis von Kunst
und Wissenschaft im Zeitalter der
Technoscience* (Springer, 2005)
handelt over kunst, kunstmatig
leven en biotechnologie in het
technologische tijdperk.

Nog niet eerder waren wetenschap en kunst zo duidelijk aanwezig in
onze maatschappij als in de huidige tijd. Dit heeft vooral te maken
met de technologisering en de toenemende esthetisering van bijna
alle aspecten van het menselijke leven. Als gevolg van deze ontwikkeling lijken de tot nu toe streng bewaakte grenzen tussen de als tegengesteld geldende twee 'culturen', wetenschap en kunst, te verschuiven
en zelfs af en toe op te lossen. Sinds Charles Percy Snow (1905-1980) in
zijn voordracht over deze twee culturen bijna een halve eeuw geleden
kunst en wetenschap verschillende halfronden toewees, werden zowel
de wetenschappelijke alsook de esthetische disciplines met vergaande
ontwikkelingen in de technologie en media geconfronteerd. Door de
verbreding van het begrip kunst, de snel toenemende beeldrijkheid
van de massamedia en de esthetisering van consumptiegoederen verliest de wereld van de kunst steeds meer aan contour. Vergelijkbaar
met deze ontwikkeling wordt de wetenschap door haar steeds grotere
maatschappelijke betekenis tegenwoordig als deel van een onontwarbaar netwerk van politieke en economische belangen gezien. Grote
delen van de natuurwetenschappen zijn tegenwoordig ingebed in een
hecht netwerk van wetenschap, techniek en maatschappij - een maatschappij die zich steeds kritischer ten opzichte van de 'verworvenhe-
den' van de wetenschap opstelt.

Als gevolg van de transformatie van onze postindustriële maatschappij naar nieuwe maatschappelijke vormen zoals de zogenaamde
'kennismaatschappij', nemen in het tijdperk van globalisering zowel
de wetenschappen als de ontwikkeling van nieuwe technologieën een
sleutelpositie in.

De wereldwijde samenwerking van hooggespecialiseerde onder-
zoekteams en de systematische productie van kennis in de industrie
hebben in de laatste decennia tot een sterke toename van wetenschappelijke kennis geleid. Dit heeft tot gevolg dat aan de ene kant de wetenschap steeds dichter tot de ontraadseling van de geheimen van de natuur komt; aan de andere kant leidt deze ontwikkeling ertoe dat veel

mensen de maatschappij niet meer begrijpen en een nieuwe oriëntatie zoeken.

In de laatste jaren hebben vooral kunstenaars de steeds actueler
wordende vraag naar de positie van de mens in de huidige wetenschap
gethematiseerd en tot onderwerp van het maatschappelijke debat gemaakt. Dit om enerzijds over de gevolgen van de nieuwe wetenschappelijke inzichten met betrekking tot de maatschappij te discussiëren,
anderzijds om strategieën te ontwikkelen die tot een kritische om-
gang met deze uitdagingen kunnen leiden.

De grenzen tussen de twee culturen waren altijd al poreus, omdat
wetenschap en kunst vaak op dezelfde wijze opereren. Het denkbeeld
dat kunst en wetenschap tot gescheiden werelden behoren, is ook ach-
terhaald omdat zowel kunst als wetenschap tegenwoordig als culturele praktijk worden gezien. Daarom is het nauwelijks verwonderlijk dat
kunst en wetenschap steeds meer toenadering tot elkaar zoeken en
wel van beide kanten. Echter, om de interactie tussen deze 'twee culturen' verder te stimuleren zijn ambitieuze plekken nodig die een structurele dialoog mogelijk maken. Het interdisciplinaire project CO-
OPs is zo'n plek. CO-OPs is de naam van een ambitieus project, waarin
kunst en wetenschap op verschillende niveaus en in verschillende ui-
tingsvormen worden samengebracht. De leden van CO-OPs houden
zich bezig met de grote uitdagingen waarvoor onze moderne maatschappij zich gesteld ziet: globalisering, de toenemende commercialisering en de technologisering van bijna alle aspecten van het menselijke leven.

CO-OPs bestaat uit zeven teams, waarbij elk team is samengesteld
uit een wetenschapper en een kunstenaar of kunstenaarscollectief.
Het hoofddoel van de samenwerking tussen onderzoekers uit de na-
tuur- en geestenwetenschappen en hedendaagse kunstenaars is de
verbreding van de horizon van de eigen discipline en het begrijpen
van de (kunstzinnige of wetenschappelijke) werkwijze van de partner.
Immers, wanneer je de aanpak en werkwijze van kunst en wetenschap
met elkaar vergelijkt wordt duidelijk dat er veel overeenkomsten bestaan: verzamelen, archiveren, ordenen, observeren, speculeren, experimenteel controleren maar ook het gebruiken van analogieën en metaforen. Maar ondanks deze klaarblijkelijke nabijheid van de kunst-

zinnige en de esthetische werkwijze wordt het kennisideaal van de natuurwetenschappen als empirisch en 'objectief' beschouwd en dat van de kunst als speculatief en 'subjectief'. Men zou hier moeten onderzoeken welke factoren ertoe hebben geleid dat kennis in de kunst, in vergelijking met wetenschappelijke kennis, als gevolg van een groeiende opwaardering van het begrip 'objectiviteit' werd gedegradeerd, terwijl kunstenaars en wetenschappers in de praktijk vaak op een vergelijkbare manier te werk gaan.

In alle zeven projecten van de CO-OPs wordt in kleine eenheden gewerkt en dit maakt een persoonlijke uitwisseling tussen wetenschappers en kunstenaars en het overbruggen van de kloof tussen de twee 'culturen' mogelijk. Essentieel is dat onder 'wetenschap' niet alleen de natuurwetenschappen worden verstaan, maar ook de sociale en geesteswetenschappen. De resultaten van het teamwerk zijn niet per se gericht op het behalen van resultaten die direct in de praktijk kunnen worden omgezet, maar op het begrijpen van de processen van het ontstaan van kennis en inzicht in twee verschillende culturen, die in de loop van hun gescheiden geschiedenis in de laatste 200 jaar een grote verscheidenheid aan methoden hebben ontwikkeld om de wereld om zich heen te ontsluiten. CO-OPs is een plek geworden, waarin deze beide domeinen van gedachten kunnen wisselen en iets nieuws kunnen laten ontstaan dat ieder domein op zich niet had kunnen ontwikkelen.

COMMENTARY

> Voor Nederlands zie p. 327

INGEBORG REICHLE is an art historian who is currently conducting research at the Berlin-Brandenburg Academy of Sciences in Germany. Her main area of interest is in image production in art and science. She is a member of the interdisciplinary research group The World as Image. Her doctoral dissertation, *Kunst aus dem Labor. Zum Verhältnis von Kunst und Wissenschaft im Zeitalter der Technoscience* (Springer, 2005), deals with art, artificial life, and biotechnology in the technological age.

CO-OPs

– Ingeborg Reichle

Art and science are present in our contemporary world as never before, not in the least because of the technologization of everyday life and the increasing aestheticization of nearly all sectors of human life. In the context of this development, it seems, the formerly strictly guarded boundaries between the so-called 'two cultures' have started to shift and, in some cases, even blur. It has been nearly five decades since Charles Percy Snow (1905-1980) gave his lecture on the two cultures that couched art and science as two distinct hemispheres. In the meantime both scientific and artistic disciplines have been faced with major developments in media and technology. The widening of the notion of art, the gargantuan level of image production in today's mass media, and the aestheticization of commercial products have increasingly caused the art world's contours to fade. In a similar vein science is currently understood as part of a seamless web of political and economic interests because of its increasing integration in society. Today, many fields within the natural sciences are embedded in a close entwinement of science, technology and society, as well as in a society that is increasingly embracing a critical attitude regarding the 'accomplishments' of science.

In the context of the gradual transformation of our postindustrial societies into new kinds of society, such as the so-called 'knowledge society', the sciences and the efforts to develop new technologies have begun to occupy key positions in our globalized world.

The worldwide interconnection of highly specialized groups of researchers who collaborate on the systematized production of knowledge within industrial practices has led to a knowledge explosion over the past few decades. The consequence is that on the one hand science is coming ever nearer to deciphering the secrets of nature, while on the other hand this development is accompanied by a growing illegibility of the world for those in other sectors of society. In fact the lack of a clear sense of direction in this respect is increasingly felt in society.

In the past years artists in particular have taken up urgent questions in response to the prevailing worldview of science, and they have also raised these concerns in public debates. They have done so not only to discuss the effects of new scientific knowledge on society, but also to design new strategies that may lead to a critical dealing with this challenge.

The boundaries between the two cultures have always been opaque because the two fields have many processes and approaches in common. Still, the view that art and science exist in separate worlds seems outdated not just for this reason. Today we do not only describe the arts as a cultural practice, but also the sciences. It is hardly surprising, then, that today the rapprochement between art and science is being pursued more than ever, as well as from both sides. To stimulate interaction between the 'two cultures' we need ambitious contexts or frameworks that facilitate and ensure an ongoing dialog. The interdisciplinary CO-OPs project is one such frame: CO-OPs is the name of an important project in which art and science are brought together at various levels and in different forms of expression. The issues with which the participants of CO-OPs are concerned center on the large challenges with which our modern societies are confronted today: globalization, increasing commercialization, and the technologization of nearly all sectors of human life.

The seven CO-OPs teams each consist of a scholar/scientist and an artist (or artists' collective). The key objective of these team collaborations pertains to widening one's particular disciplinary horizon and understanding the (artistic or scientific) approach of the partner involved. Upon closer consideration, the methods and output of both art and science reveal many similarities: collecting, archiving, ordering, observing, speculating, experimental testing, or the exploitation of analogies and metaphors. Yet despite the apparent proximity of artistic and scientific practice, the knowledge ideal of the natural sciences has long been considered to be empirical and 'objective', while artistic knowledge was mostly seen as speculative and 'subjective'. The questions implied here should be geared toward the factors that have led to artistic knowledge's devaluation, as opposed to scientific knowledge's growing valuation in the context of 'objectivity' as a category, even though in practice art and science have frequently operated on the basis of quite similar processes.

The seven CO-OPs projects all function as small units, and this enables individual exchange between scientists and artists as part of the effort to close the gap between the two cultures. It is important to emphasize that the category 'science' does not just include the natural sciences, but also fields from the social sciences and the humanities. The team work efforts are not exclusively geared to new knowledge, which might be used within its specific application context, but also toward the understanding of the processes of knowledge and science production of two very different epistemologies, which in the course of their separate history in the last two hundred years have produced an array of ways and approaches of unveiling the world. CO-OPs serves as a framework in which participants from these two domains can exchange their views in order to generate something new – something that participants from only one of these domains would not be able to deliver on their own.

Medicine as Social Science

TOELICHTINGEN

> Team 7

kunstenaar Mieke Van de Voort
wetenschapper Ab Osterhaus

> Biografieën, p. 362

> *For English see p. 379*

Inleiding

In de context van het CO-OPs-project Geneeskunde als Sociale Wetenschap richten Mieke Van de Voort en Ab Osterhaus zich op het onderwerp pandemie en besmettelijke ziekte. Osterhaus is gespecialiseerd in virussen die door dieren op mensenpopulaties worden overgedragen. Hij wordt gefascineerd door de ingewikkelde onderlinge samenhang van mens- en diergedrag, geografische veranderingen en economische systemen, die het zo moeilijk maakt om epidemieën en hun effecten te begrijpen en voorspellen. Tegelijkertijd is dat ook de grote uitdaging. Osterhaus: 'Besmettelijke ziekten zijn in de hele geschiedenis voor mens en dier een probleem geweest. Grote ziekte-uitbraken hebben een regulerende rol gespeeld... Tegenwoordig zijn veel veranderingen in onze omgeving onomkeerbaar. We moeten onderkennen wanneer ze tot een kritieke situatie leiden en onze huidige kennis gebruiken om onszelf daarop voor te bereiden. In een gemondialiseerde wereld zijn we door de inzet van controlemechanismen ten aanzien van mens en dier en het maken van de juiste plannen mogelijk in staat om te ontsnappen aan de wraak van de natuur, of aan wat in het verleden wel werd uitgelegd als de *toorn van God*.'

Mieke Van de Voort schept kunst die meestal op onderzoek is gebaseerd. Haar onderzoek voor CO-OPs vloeit voort uit haar belangstelling voor de interpretatie en verbeelding van besmettelijke ziekte in de geschiedenis. Zij zegt hierover het volgende: 'De veronderstelde dreiging van een onzichtbaar gevaar heeft maatschappelijke consequenties en oefent druk uit op gezagstructuren. De aanwezigheid van grote pandemieën, zoals de zwarte dood in het Europa van de veertiende eeuw en HIV in het hedendaagse Afrika, verstoort bestaande maatschappelijke structuren en beklemtoont de spanning tussen het belang van het individu en dat van het collectief.'

Als model voor het vinden van wederzijdse inspiratie die hun afzonderlijke werkgebieden overbrugt, stellen Van de Voort en Osterhaus zich ten doel samen een ramp/doemscenario te verzinnen rond de uitbraak van een uiterst besmettelijke ziekte in Nederland. Ze proberen daarbij aspecten van wetenschappelijke, historische en culturele kennis te integreren tegen de achtergrond van de politieke werkelijkheid.

De werksituatie roept verschillende vragen op. In welke mate kan of zal men de vrijheid nemen om zich bezig te houden met een vakgebied dat buiten de eigen discipline ligt? Wat betekent de samenwerking tussen een kunstenaar en een wetenschapper als hun opvatting over onderzoek fundamenteel verschilt? Hoe beïnvloedt het raamwerk van CO-OPs hun werkproces? Fungeert de samenwerking zelf ook als materiaal van een casestudy? En voegt deze dubbelrol iets toe aan het functioneren als team, of staat dit hun functioneren juist in de weg? Als het waar is dat de huidige samenleving wordt bepaald of gedomineerd door visuele cultuur, ten koste van een 'legalistische', hoe is dit besef dan van invloed op hun samenwerking bij de productie van visualiteit, of wordt hun samenwerking er juist door bemoeilijkt?

Het proces van dit CO-OPs project bestaat tot dusver uit drie fasen:
1. orienterings/voorbereidende/introducerende gesprekken tussen beide teamleden die zijn voortgekomen uit correspondentie en diverse bijeenkomsten. De door hen naar voren gebrachte visies zijn samengebracht in een vraag/antwoord dialoog.
2. Op 26 juni 2007 gaf dit team een presentatie over hun onderwerp in de Rijksakademie van beeldende kunsten, Amsterdam. In deze artistieke omgeving verzorgden zij een lezing en een discussie over de onderwerpen uit hun eerdere gesprekken. Om alternatieve manieren van het delen van kennis te stimuleren, werd er geen PowerPoint presentatie gegeven. In plaats hiervan werd in het midden van de zaal een tafel neergezet met diverse willekeurige objecten. Het team

geeft een impressie van deze bijeenkomst door middel van een be-
knopte compilatie van beelden en discussiefragmenten.

3. De formulering van voorlopige vooronderstellingen in 'Het vertoog
van een melaatse'. Dit is een verzameling premissen die voortvloei-
en uit Van de Voorts onderzoek en reflectie op het proces.

Op grond van de ontwikkelde invalshoeken zal dit team het onderwerp nader bestuderen en een experimenteel vervolgtraject opzetten.
Het resultaat hiervan wordt gepresenteerd op de CO-OPs-tentoonstel-
ling in Scheltema in Leiden, waar ook een verslag zal worden gegeven
van het traject volgend op de eerste drie fasen.

Interview

De mens zal altijd te maken hebben met besmetting, en dit zal steeds
diepverborgen angsten aanboren en onze noties van individueel handelen en identiteit ter discussie stellen. In dit verband zal bacteriologische
besmetting – inclusief de metaforen die dit verschijnsel vervormd weergeven of naar andere kennisdomeinen vertalen – ons inzicht blijven sturen tot op het punt waar, in de formulering van Louise Glück, het zelf ein-
digt en 'de nevel van de wereld begint'.[*]

NOOT 1
> Raney, D. 'Plague of the
Century: Thoughts on Crowd,
Conformity and Contagion.'
In Americana, The Journal of
American Popular Culture. Fall
2002, vol. 1, nr. 2. Online ver-
sie.

VRAAG **De politieke kant van uw werk komt niet alleen tot uitdrukking in uw
rol van adviseur van het Nederlandse ministerie van Gezondheid,
maar u speelt ook een actieve rol bij pogingen om de internationale
besluitvorming te beïnvloeden. U maakt gebruik van 'propaganda'
om uw zaak te dienen. U hebt ooit gezegd dat u de angst en het bewustzijn wilt vergroten om zo meer druk op het politieke establishment te zetten. Waarom is in dit opzicht uw adviserende rol in dat-
zelfde establishment niet voldoende?**

ANTWOORD De adviestaak alleen is niet voldoende want men kan vrijwel alleen
verandering of actie door beleidsmakers en politici afdwingen als er
sprake is van druk en begrip bij de achterban of de bevolking. Alleen

als de bevolking het eens is met de veronderstelde dreiging, zullen beleidsmakers en politici reageren. Er bestaat echter de grote verantwoordelijkheid om eerst, voorafgaand aan contact met het lekenpubliek, min of meer overeenstemming te bereiken met andere experts. Zo niet, dan verspreid je geen wetenschappelijke opvattingen die door andere experts worden gedeeld. Het scheppen van een bepaalde mate van angst, een functionele emotie, heeft zeker voordelen bij dit proces.

VRAAG **Hoe bepaalt u de drempel van 'positieve' of constructieve angst in verhouding tot het averechts of destabiliserend zaaien van angst?**

ANTWOORD Die drempel is moeilijk te bepalen. Dat kan alleen op basis van 'intuïtie' of door het uit te proberen.

VRAAG **Door uw vakgebied begeeft u zich op het terrein van onze verbeelding en de verandering ervan; u schept een werkelijkheid en een besef van urgentie. Daarom hebt u minstens enig belang bij het 'besmetten van denkbeelden'. In welke mate is het steekhoudend om uw activiteiten te vergelijken met de strategieën van een virus?**

ANTWOORD De vergelijking van zulke activiteiten met de besmettende wijze waarop een virus zich verspreidt, is een interessante parallel, want bepaalde emoties verspreiden zich mogelijk eveneens op een besmettelijke manier'.

VRAAG **U hebt samen met anderen twee DVD's gemaakt, een over de Chinese griep en de andere over een toekomstige grieppandemie. Wat is het doel van deze DVD's?**

ANTWOORD Die DVD's waren maar een paar voorbeelden. Het idee was in de eerste plaats om beleidsmakers en politici te informeren en beïnvloeden, maar gedeeltes ervan zijn op tv uitgezonden en hebben zo het kijkpubliek bereikt.

VRAAG **De 'verhalen' worden op in een informatieve en wat afstandelijke manier verteld. Ze zijn realistisch en tegelijk niet, want het wordt nooit persoonlijk. Ik heb diverse virusfilms gezien. De meest spectaculaire komen uit Hollywood, zoals** *Outbreak* **en** *28 Days Later.* **In deze films staat het per-**

spectief van een of een paar mensen en hun ervaring van (bijna) besmet raken centraal, en dit wordt gecontrasteerd met de beslissingen van de betrokken gezagsinstantie. Het idee van de ander – het virus, maar ook de geïnfecteerde persoon, of dood en chaos – speelt een belangrijke rol in de verbeelding van het gevaar. Heeft u ooit een vergelijkbare benadering overwogen?

ANTWOORD   Ik heb meegewerkt aan een paar BBC en National Geographic programma's. Het ging echter om documentaires in plaats van de door u genoemde genres. Dit heeft ook te maken met de rol die je als wetenschappelijk expert vervuld en het gezag dat je hebt. Wij zijn overigens geen experts in het communiceren van kennis en hebben op dit vlak nog veel te leren.

VRAAG   Documentaire is een vorm van filmen; het is een manier om een verhaal te vertellen waarbij ook gebruik wordt gemaakt van manipulatie. Er is overigens op uw DVD 'Chinese Griep' sprake van een scène met boze mensen die een Nederlands ziekenhuis aanvallen. U maakt dus gebruik van dramatisering.

ANTWOORD   Ja. Over die scène hebben we veel discussie gevoerd.

VRAAG   Samenzweringstheorieën zijn ook een veelvoorkomend element in deze films. Toen ik u eerder een beetje schertsend vroeg of er nieuwe virussen waren ontstaan en waar u allemaal mee bezig was, antwoordde u dat u me niet alles kon vertellen. Waarom niet? Waarom is geheimzinnigheid van belang?

ANTWOORD   Er zullen altijd samenzweringstheorieën bij allerlei soorten rampen (zoals HIV, influenzapandemie, SARS, branden in Griekenland…) komen bovendrijven, maar in mijn vakgebied zijn ze meestal niet waar. Niet alles kunnen vertellen heeft te maken met de verplichting om je gegevens en ideeën eerst door je vakgenoten te laten controleren voordat ze naar buiten worden gebracht. Dit is de belangrijkste manier om formele goedkeuring van de wetenschappelijke gemeenschap te krijgen. Anders loop je het risico dat je eigen hypothesen naar voren brengt zonder geldigverklaring vooraf.

VRAAG De idee van de verandering van mensen naar een onbekende staat loopt parallel aan de verandering van de structuren van de samenleving waarin ze leven: een transformatie naar chaos of een politiestaat. Een virus bedreigt dus niet alleen het leven van individuen, maar ook de systemen waarin zij functioneren. Dit heeft vooral betrekking op gekoesterde ideeën over individuele rechten en vrijheden, maar ook op de onafgebroken productie en circulatie van kapitaal en consumptiegoederen. Het is mij niet gelukt om een scenario te vinden over hoe de staat zal optreden als zich in Nederland een ernstige uitbraak van een uiterst besmettelijk menselijk virus zou voordoen. Is die informatie geheim?

ANTWOORD Het is niet duidelijk wie de meest fundamentele besluiten neemt. Dit is onlangs opnieuw besproken. Burgemeesters moeten bijvoorbeeld de minister van Binnenlandse Zaken volgen. Hij beslist ook over interventies in de openbare orde, niet de minister van Gezondheid. Er moet een heldere gezagsstructuur zijn. Maar uiteindelijk, als het moment daar is, weet je nooit wat er zal gebeuren. Er zijn niet voldoende antivirussen (we hebben genoeg voor ongeveer 30% van de bevolking) en er is geen vaccin in Nederland. Ten aanzien van dit laatstgenoemde aspect zijn we in de Gezondheidsraad hard aan het werk.

VRAAG Wanneer kan de staat het recht in eigen hand nemen en regels invoeren die het recht op vrijheid van burgers inperken?

ANTWOORD Het opschorten van burgerrechten is een extreme maatregel die alleen in zeer extreme gevallen mag worden overwogen. Zo lag in de Verenigde Staten de terreurdreiging aan de basis van het afschaffen van de burgerrechten die in de afgelopen eeuw zijn verkregen. Dat is volgens mij verkeerd.

VRAAG Het gebeurt ook in Nederland. Waarom is het zo veel eenvoudiger, denkt u, om de wet te veranderen en financiering los te krijgen door de dreiging van terrorisme?

ANTWOORD Dit wordt bepaald door de ernst van de dreiging en de impact van de media. Beelden hebben veel macht.

VRAAG   Maar is de dreiging van een pandemie niet veel concreter? U beschikt over gegevens, onderzoek... u heeft meer bewijs dan Colin Powell had om een invasie in Irak te legitimeren.

ANTWOORD   De kans dat je te maken krijgt met een pandemie is veel groter dan de kans dat je huis zal afbranden, maar toch hebben de meeste mensen een brandblusapparaat. Vermoedelijk is het idee van een pandemie te abstract.

VRAAG   'Metaforen' vervullen een belangrijke functie in het begrijpen van processen, niet alleen tussen mensen onderling maar ook ten aanzien van de grootschalige mechanismen in de wereld. Metaforen worden ook in de wetenschap gebruikt bij het uitleggen van ingewikkelde theorieën. Welke metaforen gebruikt u op het gebied van de virologie?

ANTWOORD   De dreiging van pandemie is als de dreiging van oorlog. Het leger van de VS heeft bijvoorbeeld 'de oorlog verklaard aan de grieppandemie.' Er bestaat een dreiging, zoals in oorlog. Wij analyseren de schaal waarop een dreiging zich voordoet en de mate van waarschijnlijkheid ervan, we houden toezicht. We ontwikkelen de wapens om de mogelijke dreiging te bestrijden: antivirussen, vaccins, plannen ter voorbereiding op een pandemie. We maken ook gebruik van de 'slimheid van een virus'-strategie als metafoor, zoals de strategie om de niches ervan te gebruiken. Dit heeft te maken met de wettelijke mogelijkheden die er zijn om met de beestjes te werken die we willen bestrijden en met de goede ideeën die we ontwikkelen om hun achilleshiel te ontdekken.

VRAAG   Socioloog en wetenschapper Saskia Sassen spreekt van 'perforaties in de natiestaat' met betrekking tot de hedendaagse materiële en politieke werkelijkheid. In plaats van te spreken over de verdwijning van de natiestaat, begrijpt zij het proces van globalisering als een verschijnsel van 'ont-nationalisering'. Dit proces opent de deur voor het opnieuw verbeelden en theoretiseren van de meest fundamentele materiële en politieke elementen van onze wereld, vooral de natiestaat. Wat is uw houding hiertegenover en waar ziet u mogelijkheden binnen de huidige transformatie die ruimte bieden voor constructieve besluitvorming?

Globalisering op zich creëert niches voor nieuwe, opkomende virussen, zoals HIV, griepvirussen, het SARS-virus, het Nipah-virus enz. Anderzijds schept het mogelijkheden om deze virussen op doelmatigere manier te bestrijden: de wetenschappelijke gemeenschap is een mondiale gemeenschap geworden. Communicatietechnologie en andere nieuwe mogelijkheden maken het mogelijk om technieken, materialen en ideeën uit te wisselen. Mondiale besluitvorming is echter vrijwel onmogelijk omdat besluiten worden genomen door natiestaten of regeringen. VN-organisaties, zoals de Wereldgezondheidsorganisatie, brengen adviezen uit, waaraan lidstaten zich al dan niet houden. De dreiging is mondiaal, maar de bestrijding vindt plaats op lagere niveaus, terwijl niet alle landen dezelfde agenda hebben of dezelfde prioriteiten stellen. In het geval van SARS werd echter een internationale denktank in het leven geroepen en toen was het probleem binnen een maand opgelost. Hierbij waren een tiental groepen experts betrokken.

VRAAG **Onlangs is Indonesië gestopt met het leveren van serummonsters van geïnfecteerde mensen zolang dit land geen betaalbare vaccins of antivirussen ontvangt. Men betoogde dat het systeem niet eerlijk is en probeerde daar verandering in te brengen door hun weigering.**

ANTWOORD De situatie met Indonesië is begrijpelijk vanuit hun perspectief, hoewel menigeen vond dat het immoreel was. Ze delen virussen en informatie over sequencing, maar wie zal garanderen dat als een pandemie zich aandient, zij toegang hebben tot de vaccins die op basis van deze virussen en gegevens worden gemaakt? Hier komen de dilemma's duidelijk naar voren en hoewel ik het niet eens ben met hun houding, kan ik die volledig begrijpen. Ik vind eigenlijk dat de Indonesische minister een lintje verdient.

VRAAG **Bij mijn nadere beschouwing van de rol van besmettelijke ziekten in de geschiedenis viel me op dat het idee van 'offer' een voorname rol heeft gespeeld in de interpretatie van ziekte. Dat besef heeft een sterke godsdienstige ondertoon, maar ook een humanistische. Besmettelijke ziekten zoals melaatsheid en de pest zijn vaak opgevat als een straf of een geschenk van God, en deze ziekten konden worden genezen door offers, zowel van de betrokken zieke als van gezonde individuen. De zelfopge-**

legde quarantaine door de inwoners van het stadje Eyam in Derbyshire, na een uitbraak van de pest in 1666, is de geschiedenis ingegaan als een vorm van collectieve opoffering, een gezamenlijk offer. Het is interessant dat in het Duits het woord voor 'offer' ('Opfer') hetzelfde is als het woord voor 'slachtoffer'. Ik weet niet precies wat dit taalkundig betekent, maar het lijkt zo te zijn dat het idee van slachtoffer verweven is met de belangen van een grotere groep, want er werden ook offers gevraagd om Gods toorn tot bedaren te brengen en zo te voorkomen dat het collectief door meer straf, besmetting, getroffen zou worden. Ziet u een hedendaags equivalent? Wie zijn het slachtoffer en wie het offer?

ANTWOORD Het is lastig te voorspellen wie de slachtoffers van een pandemie zullen zijn.

VRAAG Volgen mij zijn we niet bereid 'slachtoffer' te worden en willen we voorkomen dat dit wel gebeurt. We doen dit niet door sommige van ons te offeren, maar door de ontwikkeling van toezichtmechanismen, analysetechnieken, zoals het decoderen van virussen, en genezingstechnieken, zoals antivirussen en vaccins. Hoe is dit van invloed op het concept van een collectief?

ANTWOORD We zijn vandaag inderdaad niet bereid om slachtoffer te worden of iets op te offeren, dat wil zeggen, ervoor te betalen. Sinds de jaren zeventig heeft de gedachte postgevat dat infectieziekten niet langer een echte bedreiging vormen. Als zich nu iets voordoet, zouden we zeggen dat de staat tekort heeft geschoten. Waarom heeft hij ons niet beschermd? We denken dat we een institutie hebben gecreëerd, de staat, die al deze dingen in de hand heeft.

Het concept dat bekend werd als 'sociale geneeskunde' vindt zijn oorsprong in Duitsland, in de geschriften van Rudolph Virchow. In een rapport voor de Franse regering over een tyfusepidemie in Opper-Silezië bracht Virchow de verspreiding van de ziekte voor het eerst in verband met de armoedige en miserabele omstandigheden waaronder de bevolking had geleefd. Hij ontwikkelde de opvatting dat het nut van medische behandeling als zodanig gering was bij het in de hand houden van zulke uitbraken. Politieke actie was wel een goed mechanisme voor het bereiken van medische vooruitgang. 'Mijn medische overtuiging valt samen met mijn politieke en maatschappelijke overtuiging.' Na te hebben deelgenomen aan demonstraties in Berlijn, die waren geïnspireerd op de opstand en de vestiging van de commune in Parijs eerder dat jaar, zou Virchow schrijven, 'Geneeskunde is een sociale wetenschap en politiek is niets anders dan geneeskunde op grote schaal'. ↑

NOOT 2
> Shevory, T. 'Disease,
Criminality, and State Power:
Evolving Legal Rhetorics
and Cultural Constructions'.
Foundations Symposium
on Myth, Rhetoric, and
Symbolism, Annual Meeting
of the American Political
Science Association. Fall 2000.

VRAAG **Heeft u affiniteit met de twee citaten van Virchow?**

ANTWOORD Ik vind dat dit gedateerd is. Het is niet meer van toepassing. Vandaag de dag is onze aan evidence-based medicine ontleende kennis zo veel groter. In die tijd waren zaken als hygiëne en maatschappelijke status van veel meer belang. Wat me verrast, is dat evidence-based medicine nog altijd niet door iedereen (in het Westen) wordt gesteund. Mensen hebben altijd een mythische kant gehad. Ondanks al hun kennis, zijn mensen niet zo rationeel als ze denken.

Een leprozenvertoog

– *Mieke Van de Voort*

Minachting

O, wat een pijn, wat een spleen. O, ik die ween. Angst en rillingen wekten mij – was ik nu eindelijk voorbij? Helaas, mijn lichaam luisterede niet, hoe hard ik ook riep om de genadige dood. Helemaal nat was mijn matras, ik bederf van binnen en bevuil het linnen. Mijn belendende lichaam wordt weggegeten maar blijft steeds leven, koppig naar liefde en voedsel streven. Bevlekt is mijn ziel gepokt is mijn geest, ik word gemeden door iedereen. O, wat een plijn, wat een spleen..Dat poezie iets betekenen kan, iets onsterfelijks, verbeeld ik me dan. Hoe tragisch om ongeschikt en toch hier ter zijn! Zei de geest schamper tegen de ziel en sprak zo verder terwijl ik viel. Als dit de staat is waarin ik mij bevind, hoop ik dat het einde snel begint. Ook m'n klaaglied verveelt me nou, en kans op genezing is er niet. Haal me weg uit de maatschappij, dit experiment en maak me vrij. Vervloek me en begraaf me vlug, verban me in godsnaam, ik kom nooit meer terug. O wat een pijn, wat een spleen..

Pijlen

1. Volgens Al-Manbiji, die getuige was van het verwoestende geweld van de Zwarte Dood in Syrië, 'moet een gelovige moslim een door de pest getroffen land niet binnengaan maar er ook niet uit wegvluchten', want 'de pest is een zegen van God', en 'een moslim moet vroom het handelen van God aanvaarden.' Volgens hem is de pest als een heil en martelaarschap voor de moslim, maar een straf voor de ongelovige. De ziekte is niet afkomstig van besmette mensen, maar van God. Hij stuurt de djinn om het lichaam van een man te doorboren met in pest gedoopte pijlen.[*]

NOOT 3
> Michael Dols over Al-Manbiji's *Verslag van de pest*, zie Dols, M. W. *The Black Death in the Middle East.* Guilford: Princeton University Press, 1977.

2. Op etsen en schilderijen varieert het aantal pijlen dat het lichaam van Sint Sebastiaan doorboort van nul tot veertien en meer.

Grondwet

'Dit is de grondwet van de Verenigde Staten, en ik heb hem van begin tot eind gelezen. Ik ben er niets in tegengekomen over het in rook opgaan van 2600 Amerikaanse burgers. Maar er staat wel diverse malen dat nie-

> Zie fig. 7.01, p. 365

mand zal worden beroofd van het leven, zijn vrijheid of bezittingen zonder rechtvaardig proces.[*]

NOOT 4 ———
> Petersen, W. (regisseur)
Outbreak, 1995.

Verschillende manieren om een leproos te behandelen

In 1320 organiseerden Les Pastoreux, uitgebuite landarbeiders uit het noorden van Frankrijk, zich uit protest tegen hun slechte arbeidsomstandigheden. Al plunderend trokken ze naar het zuiden en groeiden in aantal. Zij staken overheidsgebouwen in brand, zetten de deuren van gevangenissen open en vielen joden en leprozen aan. Door de hele samenleving verspreidde zich het gerucht dat joden en leprozen de waterbronnen vergiftigden. Deze samenzweringstheorie werd al vlug door Philips V omarmd. Hij vaardigde een koninklijk besluit uit op grond waarvan honderden leprozen, en joden, tot de brandstapel werden veroordeeld.

In Duitsland en Engeland waren vergelijkbare maatregelen bekend. Een andere strategie was het inmetselen van leprozen. De Roomse kerk speelde een belangrijke rol bij het beëindigen van de verstoting van leprozen en stimuleerde in plaats daarvan liefdadigheid. Maar toen tegen het eind van de 14de eeuw als gevolg van theorieën over besmetting de angst voor hun nabijheid weer toenam, moesten leprozen zich aanpassen aan regels over bewegingsvrijheid en kledingcode. Zo mochten ze niet langer het openbare domein betreden of zich verplaatsen zonder het dragen van een teken dat hun toestand aangaf. Ze kwamen terecht in speciale huizen voor leprozen of, als ze genoeg geld hadden, in afgelegen landhuizen waar bediendes hen konden verzorgen. In bepaalde regio's was de plaatselijke gemeenschap verplicht een actieve bijdrage te leveren aan het realiseren van een, minimale, architectuur van apartheid.[*]

NOOT 5 ———
> Hecker, J.F.C. The Black Death
and the Dancing Mania. 1832,
Erfuhrt. Seattle: World Wide
School, 1999.

Tot de procedures om vast te stellen of een patiënt de symptomen van lepra of melaatsheid vertoonde, behoorden het beluisteren van de stemkwaliteit van de patiënt, het inspecteren van de urine, het opsporen van bulten op hoofd en ledematen, het ziften van bloedmonsters op vleesachtige kruimels, het testen van de gevoeligheid van de voeten door het gebruik van naalden en het uittrekken van wenkbrauwharen om te kijken of er stukjes huid loslieten.[*]

NOOT 6 ———
> Ebbinge Wubben, S. Leven als
doodverklaarden: leprozenzorg
in Europa (500-1800). Zeist:
Christofoor, 1993.

Het separatio leprosorum ritueel fungeerde als een symbolische begrafenis. De plaatselijke priester en zijn acolieten bezochten de leproos thuis om met hem te spreken en hem te besprenkelen met gezegend water. Vervolgens liep men – de priester, een kruisdrager, de leproos, zijn familie en andere aanwezigen – in processie naar de plaatselijke kerk. Tijdens de mis werd de leproos voor het altaar met een zwarte doek bedekt. Weer buiten groef men wat aarde op om dat op zijn voeten te werpen: 'Wees dood voor de wereld, wees herboren voor God.'*

Ogen van de geest

>

Extern

Sommige mensen gedijen in tijden van rampspoed. Voor degene die tegen zijn wil eenzaam is en vindt dat het leven hem slecht heeft behandeld, kan pestilentie een welkome verandering zijn. Hij is niet langer alleen in zijn lijden; het lot van één is het lot van allen geworden. Zijn innerlijke kwelling wordt overschaduwd door de voldoening die hij voelt bij het aanschouwen van de algehele wanhoop van de mensen in zijn omgeving.*

Smet

'Door ernstig te hebben moeten lijden onder droefheid, ellende, ziekte, lepra en andere wereldse tegenslag, bereikt men het paradijselijke koninkrijk, waar ziekte noch tegenslag heerst, maar alles zuiver en smetteloos is, zonder vuiligheid en zonder ook maar één smet, en met meer schittering dan de zon, waar je heen zult gaan als God het belieft.'*

Flaggelaat

Zweepdiertje, een geselvormig micro-organisme.

Flagellant

1. 'Zij ontblootten het bovenste deel van hun lichaam en trokken hun schoenen uit, en hielden alleen een linnen gewaad aan dat van hun middel tot de enkels reikte. Vervolgens gingen ze in een grote cirkel liggen in verschillende houdingen, al naar gelang de aard van de misdaad: de overspelige met zijn gezicht naar de grond; de meinedige aan een kant met drie vingers omhoog, enzovoort. Hierna werden ze door de Meester gegeseld, sommige meer en andere minder, en gaf hij hen

NOOT 7
> Brody, S. N. The Disease of the Soul: Leprosy in Medieval Literature. Ithaca: Cornell University Press, 1975.

> Zie fig. 7.02, p. 366

NOOT 8
> Vgl. Cottard in Camus, A. De Pest, 1947. Amsterdam: De Bezig Bij, 2004.

NOOT 9
> Toespraak van een geestelijke bij een symbolische begrafenis in St. Albin d'Angers, in: Brody, S. N., Disease of the soul, p. 68, zie noot 7.

> Zie fig. 7.03, p. 367

volgens een vaste formule het bevel op om te staan. Dit was het sein om zichzelf te gaan geselen, onder het zingen van psalmen en luide smeekbedes om de pest af te wenden, knielen en andere rituelen.*

NOOT 10
> Verwijzend naar de Broeders van het Kruis, zie Hecker 1832, noot 5.

2. Geseling verwijst naar de handeling van religieuze zelfkastijding door zweepslagen. Openbare flagellatie in processies werd na 1349 populair in Europa. Mensen van uiteenlopende stand, inclusief vrouwen, priesters, nonnen en kinderen konden deelnemen, en deden dat ook, mits ze bereid waren om de strikte codes voor kleding en gedrag na te leven. Toen de omvang en de strengheid ervan toenamen, werd de praktijk door kerkelijke en koninklijke autoriteiten verboden. Openbare boetedoening werd een misdaad en flagellanten werden vervolgd.

Hulp

Een Heldere en Eenvoudige Methode voor het Behoeden van hen die Gezond zijn tegen de Besmetting van de Pest en voor de Genezing van hen die Besmet zijn.

> Zie fig. 7.04, p. 368

Beeld

In Engeland legde een hele stad zichzelf quarantaine op toen in 1666 de pest zich aankondigde. Om te vermijden dat de ziekte zich verder door het land zou verspreiden, sloten de inwoners zichzelf op in ruil voor een voedselvoorraad waarmee ze de beproeving zouden kunnen doorstaan. Meer dan tweederde van deze vrijwillige gevangenen kwam om. De historische gebeurtenissen in Eyam zijn door de eeuwen heen in diverse verhalen verteld, waarin tragedie en heroïek en opoffering overheersen. Deze hebben de herinnering aan Eyam vorm gegeven en het beeld van de zelfopgelegde quarantaine aan de registers van de geschiedenis toegevoegd.*

NOOT 11
> Wallis, P., *A Dreadful Heritage: Interpreting Epidemic Disease at Eyam*, 1666-2000, Oxford University Press, 2006.

Het succes van een dergelijke overlevering wordt mede bepaald door het samenspel tussen het verlangen werkelijkheid te interpreteren volgens de poëzie van tragedie en de gezamenlijke behoefte aan het bestaan van zulke verhalen. Tragedie biedt de mogelijkheid om de eigen strijd te herkennen als onderdeel van een grotere menselijke, historische constructie en om een besef van zingeving te scheppen die noch waar, noch onwaar is.

Integratie

Virus is de ander die ongezien ons systeem kan binnendringen. Het virus heeft ons nodig omdat het zelf incompleet is. Het beschikt over talrijke strategieën om ons te misleiden of ons metabolisme te gebruiken. Het verleidt ons om zijn dubbelganger te repliceren, want dat is wat het mist. We hebben controlesystemen om onze autonomie te beschermen. Zodra we het virus ontdekken en herkennen, wat feitelijk betekent dat we het bestaan ervan bevestigen, begint het proces van vertrouwd raken (als we elkaar al niet eerder zijn tegengekomen). Door het onbekende bekend te maken, proberen we de ander te neutraliseren. Op basis van zijn identiteit, scheppen we een antilichaam, een anti-dubbelganger, om verdere verspreiding te saboteren. Zelfs als we erin slagen het te elimineren, is het negatief ervan in ons systeem opgenomen. Het huist daar en wordt deel van ons, tenzij we voortijdig doodgaan. Dan blijven er twee opties over: het tragische einde van ons allebei of de overwinning van het virus, hoe kortstondig of glorieus die ook mag zijn.

Intermezzo

Agnes houdt van Heinrich, die van alle ridders de moedigste is. Toch wordt hij door God met lepra getroffen. Heinrich moet namelijk streng worden gestraft want zijn gehechtheid aan het wereldse, vooral aan eer, wordt als een zonde beschouwd. Agnes, die vernomen heeft dat het bloed van een maagd hem genezen zou, besluit om haar leven op te offeren. *Moeder, lieve moeder, ik dank mijn leven aan u, geef me alstublieft ook uw permissie nu.*

In Herman Pfitzners eerste opera (eind 19de eeuw) treedt Heinrich op als de meest glorieuze held van Duitsland. Agnes wordt voorgesteld als een veertienjarig meisje. Haar wil om zich voor hem op te offeren wordt verweven met haar verlangen dichter bij God te zijn. *In ew'ger Liebe Glanz zu schweben, im ew'gen Licht voll klarer Lust, heilig zu glühen, gottbewust.*

Het is voor Agnes van groot belang om het leven van Heinrich te redden. Maar in de oorspronkelijke Nederduitse tekst (het 12de-eeewse gedicht van Hartmann von Aue) haar motivering om te sterven een diepere lading.

Dit is hoe de wereld is:
Over de vuile mist
is een kostbaar kleed gespreid.
Wie het de blik verleidt,
is in de hel geboren
en heeft leven en ziel verloren.

Het leven zal de ziel verderven.
Onbesmet door aards gewen
en rein als ik nu nog ben,
wil ik voor God sterven.
Als ik ouder worden zal,
zo vrees ik,
brengt het aardse mij ten val.

Agnes heeft een dokter ervan overtuigd om haar te helpen bij het sterven. Hij bindt haar vast aan een tafel. Maar op het moment dat de dokter het mes heft, verschijnt Heinrich ten tonele en redt haar van de dood. Hij bewijst daarmee bereid te zijn zelf te sterven: *wat God voor mij bestemd heeft zal geschieden.* Agnes beklaagt haar lot, want haar weg naar de hemel is nu afgesneden. Ze verkettert hem omdat hij zwak en sentimenteel is. Heinrich daarentegen heeft door zijn optreden moreel bewustzijn bereikt en onderwerpt zich volledig aan God's wil. Zijn vervuilde ziel is aldus weer rein en zijn lichaam zal spoedig van lepra verlost zijn. ↑

NOOT 12
> *Der Arme Heinrich*, een muziekdrama in 3 aktes, libretto van James Grun, vrije vertaling MVdV.

Klaagzang

Een poging om Agnes' weeklacht over de wereld in ere te herstellen door een adaptatie van Pfitzner's opera *Der Arme Heinrich*.

Logica van orde en analyse

Foucault beschrijft hoe de pest aanleiding gaf tot disciplinerende projecten door de strenge maatregelen te onderzoeken die in een 17de-eeuwse door de pest getroffen stad werden genomen. 'Ten eerste, een strikte ruimtelijke opdeling: het afsluiten van de stad en de erbuiten gelegen buurten, een verbod om de stad te verlaten (op het risico van de doodstraf), het doden van alle loslopende dieren; de verdeling van de

> Uit notitieboek, Mieke Van de Voort.

stad in afzonderlijke wijken die elk werden geleid door een bestuurder. ... Deze besloten, gesegmenteerde ruimte met overal toezicht, waarin individuen op een vaste plek worden opgesloten, waarin de minste beweging wordt gevolgd, waarin alle gebeurtenissen worden vastgelegd, waarin door de voortdurende verslaglegging het centrum met de periferie wordt verbonden, waarin macht wordt uitgeoefend zonder tweedracht op grond van een bestendige hiërarchische structuur, waarin ieder individu voortdurend wordt gelokaliseerd, onderzocht en ingedeeld onder de levenden, de zieken en de doden.'*

NOOT 13
> Foucault, M. Discipline and Punish: 'Panopticism'. England: Penguin Books, 1991, p. 195,197.

Chiliasme

Flagellanten uit Thüringen en Frankenland geloofden dat er een nieuwe tijd op het punt van beginnen stond, een duizendjarige periode van vrede waarin het goede over het kwade zou regeren, een fase die de mensheid zou voorbereiden op het einde van de wereld.

Moderniteiten

Lepra was de premoderne ziekte bij uitstek. Ze was traag en vormde geen bedreiging voor hele gemeenschappen. Bestaande instellingen, zoals de kerk en haar rituelen, werden niet ondermijnd. De pest, of Zwarte Dood, was de eerste moderne ziekte. Ze ontwrichtte de bestaande maatschappelijke structuren en maakte de transformatie van Europa en de moderne mens mogelijk.´ Aids is de eerste postmoderne pest. Het werd verspreid door een mens in een vliegtuig dat van land naar land vloog.

NOOT 14
> Herlihy, D. The Black Death and the Transformation of the West, 1997.

Schilderkunst en de pest

(Landjonker) *Wat ben je aan het schilderen?*

(Schilder) – *De Dans van de Dood.*

Dat is de Dood?

– Ja, hij danst met iedereen weg.

Waarom schilder je zulke vegen?

– Om mensen eraan te herinneren dat ze zullen sterven.

Dat zal ze niet gelukkiger maken.

– Waarom mensen altijd gelukkig maken? Waarom ze niet een beetje bang maken?

Ze sluiten dan gewoon hun ogen.

– *Geloof me, ze zullen kijken. Een schedel is interessanter dan een naakt wicht.*

En als je ze bang maakt?

– *Dan denken ze na en zijn ze banger.*

En laten ze zich snel inpalmen door de priester.

– *Het is mijn zaak niet.*

Je bent gewoon de Dans van de Dood aan het schilderen.

– *Ik laat allen zien hoe het is.*

Je zult bepaalde mensen boos maken.

– *Dan zal ik wat vrolijks schilderen. Een mens moet te eten hebben. In ieder geval totdat je door de pest wordt opgeëist.*

De pest? Dat is angstaanjagend…

– *Je moet eens kijken naar de steenpuist op de nek van de zieken. En zien hoe het lichaam samentrekt, alle ledematen één waanzinnige verstrengeling.*

Het ziet er niet goed uit.

– *Ja… je hebt gelijk. Hij probeert de steenpuist uit zijn hoofd te trekken. Hij knaagt aan zijn handen, rukt zijn aders eruit met zijn nagels. Zijn schreeuw is overal te horen… Ben je bang?*

Bang? Ik? Je kent me niet. Wat voor nonsens heb je eigenlijk geschilderd?

– *Het rare is dat mensen de plaag zien als een straf van God. Smekelingen trekken door het land en slaan zichzelf omwille van de gunst van God.*

Ze slaan zichzelf?

– *Ja, het is een naar gezicht, je wilt hard weglopen en jezelf verbergen als ze komen.*

Heb je wat schnaps? Ik heb de hele dag water gedronken. Ik ben dorstig als een kameel in de woestijn.[*]

NOOT 15
> Bergman, I. (regisseur, scenario) *Het zevende zegel*, 1957.

Patroonheilge

> •————————————————————

Paroxisme

'Het schuim stond op hun mond, en plotseling opverend begon hun dans vanuit vreemde kronkelingen. … Hand in hand vormden ze cirkels, en terwijl het leek alsof ze alle controle over hun zintuigen kwijt waren, bleven ze samen uren dansen, zich niets aantrekkend van de omstanders, in een wild delirium, totdat ze na lange tijd in een staat van uitputting neervielen. Toen klaagden ze over extreme benauwdheid, en kreunden ze alsof ze in doodstrijd waren, totdat ze in doek werden gezwachteld dat strak rond hun middel werd gebonden, waarna ze weer herstelden en vrij bleven van klachten tot de volgende aanval. Deze zwachtelpraktijk werd gevolgd vanwege de opgeblazenheid die volgde op het spasmodische geraaskal, maar veelvuldig verloste de omstanders patiënten op een minder kunstmatige manier door op de aangetaste delen te stompen en stampen. Onder het dansen zagen ze noch hoorden ze iets omdat hun zintuigen ongevoelig waren voor indrukken van buitenaf. Maar ze werden wel achtervolgd door visioenen, waarbij ze in hun fantasie geesten tot leven riepen van wie ze de namen uitschreeuwden; en sommigen beweerden achteraf dat ze voelden alsof ze in een bloedstroom waren ondergedompeld, wat verklaart waarom ze zo hoog moesten opspringen. Anderen zagen tijdens het paroxisme de hemelen opengaan en de Verlosser op zijn troon met de Maagd Maria.' •

> Zie fig. 7.05, p. 369

NOOT 16
> Hecker, 1832 (zie noot 5) over de epidemie van de spasmodische dans, die begon in Duitsland en Nederland en zich in de tweede helft van de 14de eeuw door heel Europa verspreidde.

Performance

> •————————————————————

Spel

Aan het begin van de 21ste eeuw veroorzaakte Sim City onrust en chaos bij zijn inwoners, toen in het geheim een virus in de omgeving werd gebracht. Duizenden avatars en hun huisdieren werden ziek en gingen dood.

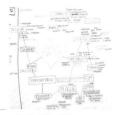

> Zie fig. 7.07, p. 371

Plot

- *(zelfst.nw.) (m.)* Een klein stuk grond, voor specifiek gebruik: *een tuin.* Een afgemeten gebied; een kavel. Een plattegrond, bijvoorbeeld van een gebouw; een diagram. De geordende sequentie van gebeurtenissen of de verwikkeling van een verhaal of drama. Een geheim plan met vijandige of illegale doeleinden; een plan.
- *(ov.ww.)* Grafisch weergeven, bijvoorbeeld in een kaart: de koers van een schip uitzetten. *Wiskunde.* Door middel van coördinaten in een grafiek een punt of ander figuur lokaliseren. De aarde en frequentie van iets vaststellen en ordenen: 'Ik begon met het schematiseren van proza vanaf het moment dat ik leerde lezen'. Beramen; bekonkelen; *een moordaanslag beramen.*

NOOT 17
> Vrij vertaald naar Pearce, C. 'Theory Wars: An Argument Against Arguments in the so-called Ludology/Narratology Debate'. DIGRA Conference, 2005.

Heropvoering

In 2005 hebben de inwoners van Monickendam het spektakel van de pest die 650 jaar geleden hun gemeenschap verscheurde, heropgevoerd. Zij organiseerden processies en begrafenissen en richtten een huis in voor de zieken en pestlijders.

Representatie en opoffering

Er bestaan talloze representaties van Sint Sebastiaan op schilderijen, fresco's, etsen of sculpturen, afkomstig uit de zesde tot de eenentwintigste eeuw. Volgens de legende diende hij in de derde eeuw als soldaat in het Romeinse leger. Toen de keizer ontdekte dat Sebastiaan christen was en mensen wilde bekeren, werd hij ter dood veroordeeld. Hij werd vastgebonden aan een boom en door boogschutters met pijlen doorboord. Eeuwen later, vooral tijdens het eind van de middeleeuwen en in de renaissance, werd hij vereerd als patroonheilige van pestlijders. De manier waarop hij wordt getoond, varieert niet alleen qua stijl maar ook qua betekenisimplicaties. In diverse 15de-eeuwse afbeeldingen uit Duitsland en Italië verschijnt hij samen met de boogschutters die hun pijlen op hem afschieten. Deze afbeeldingen zijn beschrijvend ten aanzien van de handeling: de voltrekking van een vonnis. Andere afbeeldingen tonen Sint Sebastiaan in een bijbelse compositie, samen met Christus en soms begeleid door St. Rochus of ook Maria. Of Sebastiaan nu met of zonder andere heiligen wordt afgebeeld, hij zelf een pijl vasthoudt of door pijlen wordt doorboord, samen met Christus of met zijn moordenaars wordt getoond, kijkend naar een engel of naar niets in het bijzonder (er is een geval waar hij vanaf het doek rechtstreeks de beschouwer aankijkt), de grootste variabele in zijn representatie lijkt de verschuiving te zijn van het 'informatief' vertellen van een verhaal over hem naar het weergeven van emotie in fysieke details. In plaats van een scène over straf en opoffering, wordt de innerlijke emotie van een 'vroom' persoon in de nabijheid van de dood getoond. In de op emotie gerichte schilderijen gaat het met meer of minder sensuele nadruk vooral om het verlangen naar verlossing, gevoelens van onmacht en de behoefte aan bescherming.

Hoe verhouden zich deze en andere variaties op de representatie van de heilige Sebastiaan tot het concept van opoffering en lijden in de loop der geschiedenis? Is er een verschil in de perceptie van lijden? Verschilt de relatie tussen opoffering en straf van die tussen opoffering en slachtofferschap? Hoe ontstaat martelaarschap? Kan dat alleen worden bereikt door een proces van erkenning door anderen of kan een individu dat bereiken door ervaring en op grond van eigen wil?

Omkeerbaarheid

'Terwijl de beelden van de pest, gericht op de gevreesde staat van fysieke disintegratie, de laatste salvo's van een zichzelf uitputtende spirituele kracht zijn, bieden poëtische theaterbeelden een spirituele kracht die begint in de zintuigen en verder in het geheel geen realiteit nodig heeft.'

'Als we dit spirituele beeld van de pest uitbreiden, kunnen we de getroebleerde lichaamsvloeistoffen van het slachtoffer begrijpen als het materiële aspect van een chaos die, in andere contexten, het equivalent is van de conflicten, gevechten, cataclysmen en debacles die deel zijn van ons leven. En precies zoals het niet onmogelijk is dat de vergeefse wanhoop van de gestoorde – die zich in een gesticht de longen uit zijn lijf schreeuwt – de pest kan veroorzaken door een soort omkeerbaarheid van gevoelens en beelden, kan men ook toegeven dat externe gebeurtenissen, politieke conflicten, natuurlijke cataclysmen, de orde van revolutie en de chaos van oorlog – doordat zij plaatsvinden in de context van het theater – zich met alle kracht van een epidemie in de gevoeligheid van een publiek ontladen.'[18]

NOOT 18
> Artaud, Antonin., *The Theater and its Double*, 1938.

Staat

'Wij van onze kant zijn ervan overtuigd dat in de geschiedenis van de wereld de Zwarte Dood een van de belangrijkste gebeurtenissen is geweest die het pad hebben geëffend voor de huidige staat van Europa.'

NOOT 19
> J.F.C. Hecker, 1832, zie noot 5.

Oppervlak

> *

Symptomen

...De kaken in-gedruckt en magerlijck gevoedet.

Den neuse spits en lanck bevreyssemt en bebloedet,

De ogen spalckende, de tanden geel en hol,

De tong' geswollen op, van schuym en sever vol,

De reutelende borst vast hoestede en knuchte,

De longe cort-geamt steeds pijpede en suchte,

Het hooft nu hier nu daer wiert swijmende geschudt,

De kele gaf een damp gelijck een doden-put,

Het herte in een vier scheen lichter-laey te branden,

Noch yselden van cou de voeten en de handen,

De huyt was oversaeyt met vlecken paers en swart,

Met blaren vael en grijs, met bulten dick en hart,...

> Zie fig. 7.06, p. 370

NOOT 20
> Jacobus Revius (1586-1658), *Over-Ysselsche sangen en dichten*. 'De Pest' 1630. editie WAP Smit. Amsterdam: Uitgeversmij Holland, 1935. dbnl erven WAP Smit, 2002.

Theater

'Over de dikke giftige stromen bloed (kleur van doodstrijd en opium) die uit de dode lichamen vloeien, stappen vreemde figuren voorbij, gekleed in was, met neuzen zo lang als worsten en ogen van glas, op een soort Japanse sandaal gemaakt van dubbele houten platen, de ene horizontaal in de vorm van een zool, de andere verticaal om ze uit de besmette vloeistoffen te houden, terwijl ze absurdistische litanieën scanderen die niet kunnen voorkomen dat ze op hun beurt in het vuur belanden. Deze onwetende doktoren verraden enkel hun angst en hun kinderachtigheid. Het uitschot van de bevolking, kennelijk immuun door hun dolle hebzucht, gaat de open huizen binnen en plundert rijkdommen waarvan ze weten dat die geen doel of profijt dienen. En op dat moment wordt het theater geboren. Het theater, dat wil zeggen, het spontane gratuite dat handelingen zonder nut of profijt uitlokt.'

NOOT 21
> Artaud, zie noot 18, p. 23-24.

Themapark

In de 20ste eeuw is Eyam een epidemieën-park voor toeristen geworden.

Transformatie

1. Men kan bewust en gewild overschakelen van de ene identiteit op de andere. Maar de metamorfose heeft niets met wil of bewustzijn te maken, met een keuze uit meerdere aanbiedingen. De gedaanteverwisseling is mogelijk wanneer men op het juiste moment de leegte ingaat om elders als iets anders te verschijnen, terwijl niet vaststaat wat dat is. Het medium van de metamorfose is het lichaam, de materie zelf, en niet alleen maar het beeld daarvan, ofwel de identiteit. Zo verandert het individu bijvoorbeeld in een massamens door een omslag van de aanrakingsvrees, door een plotselinge erkenning en waardering van het eigen en de andere lichamen, door het uitwissen van de wil en de persoonlijke biografie. De wil tot verandering is niet voldoende voor een gedaantewisseling, het proces eenmaal op gang krijgt een eigen tempo, neemt een wending en voert je mee. De metamorfose maakt kortsluiting met de werkelijkheid en geeft haar daardoor een maximale intensiteit.

   De ontmoeting ['tussen vreemdelingen die de stad bevolken'] tijdens de gebeurtenis ['als een menigte zich zonder voorbedachte rade overweldigd ziet door een wil'] is het moment van de wending. [in het vacuum tussen gebeurtenis en beeldverhaal ontstaat het bewegingsgevoel]

   [Maar] door de opeenvolging van beelden en identiteiten in de media [de gemedialiseerde vertaling van de gebeurtenis] als enige werkelijkheid te aksepteren, verloor het aktievoerende deel van de natie de potentie om van het toneel [het spektakel van de virtuele werkelijkheid] te verdwijnen en op te gaan in het proces van onvoorzienbare gedaanteveranderingen.*

   NOOT 22
   > Adilkno, *Cracking the Movement. 'Squatting beyond the media'*. New York: Autonomedia, 1994.

2. Een amoebe, een eencellig micro-organisme met een onbepaalde en veranderlijke vorm, kan veranderen in een flaggelaat.

Paard van Troje

Paard van Troje.

Zichtbaarheid en dwang

'Hij die wordt onderworpen aan een veld van zichtbaarheid, en die dat weet, neemt verantwoordelijkheid voor de dwang van macht; hij betrekt die dwang spontaan op zichzelf; hij internaliseert de machtsrelatie waarin hij beide rollen tegelijk speelt; hij wordt het principe van zijn eigen onderwerping.'

NOOT 23
> Foucault, zie noot 13, p. 202

Foucault beschrijft hoe de pest 'aanleiding gaf tot disciplinerende projecten' door de strenge maatregelen in een 17de-eeuwse, door de pest getroffen stad te vergelijken met de mechanismen van Benthams koepelgevangenis (panopticon), de blauwdruk voor een perfecte gevangenis, uit het begin van de 19de eeuw. Hij beschouwt de beweging van een model van uitzonderlijke disciplinering (d.w.z. de mobilisering van macht tegen een uitzonderlijk kwaad dat quarantaine, opdeling, registratie enz. vereist) naar een model van totaal toezicht, belichaamd door de architectuur van het panopticon, als een historische ontwikkeling naar de vorming van een gedisciplineerde samenleving. Het panopticon is dus niet slechts een architecturaal ontwerp, maar een generaliseerbaar model van functioneren.

> Zie fig. 7.08, p. 372

'De structuur van deze machine is zodanig dat de besloten aard ervan niet een permanente aanwezigheid van de buitenwereld uitsluit: we hebben gezien dat iedereen in de centrale toren mag komen om vanuit daar controlefuncties uit te oefenen, en dat in dit geval de betreffende persoon een helder idee kan krijgen van de manier waarop het toezicht of de controle in praktijk wordt gebracht.'

NOOT 24
> Foucault, zie noot 13, p. 207

VERDERE REFERENTIES

– Aue, H. von, *Der Arme Heinrich*, 1195. Ed. Ernst Schwarz. Darmstadt: Wissenschaftliche Buchgesellschaft, 1967.

– Bentham, J. 'Panopticon. Or the Inspection-house.' Voor een online versie zie: http://cartome.org/panopticon2.htm.

– Bilwet, *Bewegingsleer*. Oorspronkelijke uitgave Uitgeverij Ravijn, 1990.

– Cantor, N.F. *De Zwarte Dood: hoe de pest de wereld veranderde*. Kampen: Agora, 2003. Oorspronkelijke editie: New York: The Free Press, 2001.

– Lerner, R.E. *The Feast of Saint Abraham: Medieval Millenarians and the Jews*. Philadelphia: University of Pennsylvania Press.

– Noordegraaf, L. & Valk, G. *De Gave Gods: de pest in Holland vanaf de late middeleeuwen*. Bergen: Octavio, 1988.

– Pftizner, H. *Der Arme Heinrich: Ein Musikdrama in 3 Akten*. 1891-1893. Leipzig: Max Brockhaus, Bonn: Max Brockhaus Musikverlag.

– Shevory, T. 'Disease, Criminality, and State Power: Evolving Legal Rhetorics and Cultural Constructions.' Foundations Symposium on Myth, Rhetoric, and Symbolism, Annual Meeting of the American Political Science Association. Fall 2000.

Presentatie 26 juni 2007

Rijksakademie van beeldende kunsten, Amsterdam

A. OSTERHAUS Het juiste antwoord op de simpele vraag of een virus leeft, is volgens mij afhankelijk van de definitie van leven, en de mijne luidt: 'in staat zijn zichzelf voort te planten.' Ik ben dus niet van mening dat een virus leeft.

A. OSTERHAUS Een virus bezit een mechanisme waarmee het zich gewoonlijk aan de cel kan vastmaken. Er is een methode van internalisering, zodat het virus in de cel terecht komt, waar het feitelijk het hele metabolisme, het systeem van de cel, gaat gebruiken – wat uniek is – om het op zo'n manier te veranderen dat de cel eiwitten gaat aanmaken in plaats van eigen DNA of RNA, de eiwitten van het virus. En er zijn heel veel verschillende virussen en die gebruiken ook verschillende strategieën om dit te doen.

PUBLIEK Probeert u eigenlijk op dat [soort] denken voort te borduren? Denkt u soms, okay laten we aannemen dat het [Aids] een samenzwering is, of laten we aannemen dat deze dingen [griepvirussen] afkomstig zijn uit het heelal?

A. OSTERHAUS Nee, als wij wetenschap bedrijven, gaan we gewoonlijk uit van de formulering van een stelling waarin we zelf geloven. Het is uiterst onwaarschijnlijk dat er sprake is van een samenzwering of dat ze uit de ruimte komen. Ik zou dat nooit gaan onderzoeken. Het is niet eenvoudig om aan te tonen dat het niet waar is, maar je wilt liever aantonen dat een stelling waar is, als iets waar je in gelooft.

PUBLIEK Je zou aannemen dat een virus wil overleven?

A. OSTERHAUS Nee, virussen willen volgens mij helemaal niets; zij zijn niet in staat om iets te willen. Ik ben altijd gefascineerd door hoe slim virussen zijn, maar ze zijn natuurlijk helemaal niet slim; zij hebben zich op een of andere manier ontwikkeld om allerlei mechanismen te gebruiken waardoor zij binnen het systeem kunnen blijven voortbestaan.

> Zie fig. 7.09-12, p. 374-5

PUBLIEK   Welke boodschap probeert u over te brengen?

A. OSTERHAUS Geen enkele, ik ben geen profeet of iets dergelijks.

PUBLIEK   Probeert u mensen bang te maken voor...

A. OSTERHAUS Zeker, in bepaalde mate maak ik gebruik van angst. Ik word er wel
             van beschuldigd een angstzaaier te zijn. Ik maak echter niet gebruik
             van angst op zich. In bepaalde films, die ik natuurlijk niet serieus
             neem, treft men dit soort scenario's ook aan. Maar een grieppande-
             mie zal zich zeker voordoen, en de vraag is of er twee miljoen men-
             sen zullen omkomen of honderd miljoen.

PUBLIEK   Dit zijn statistische gegevens.

> Zie fig. 7.13-14, p. 376

PUBLIEK   Is dit geen voortdurend gevecht tegen de natuur?

A. OSTERHAUS Uiteraard, en we willen dat gevecht winnen en als we dat doen, dan
             zijn er te veel mensen op deze aarde. Men kan vinden dat al deze
             ziektes er gewoon bijhoren en dat we ze dus niet moeten bestrijden.
             Maar ook ons verstand, ons intellect doet mee en als we ze op de
             juiste wijze kunnen bestrijden, dan moeten we dat ook doen.

Mieke Van de Voort

Mieke Van de Voort (1972, NL) is als beeldend kunstenaar gevestigd in Amsterdam. Zij heeft gestudeerd aan de Universiteit van Witwatersrand in Johannesburg, Zuid-Afrika. In de periode 1991-1994 was zij werkzaam bij diverse politieke organisaties. Vervolgens studeerde ze fotografie aan de Koninklijke Academie van Beeldende Kunsten in Den Haag (1994-1998). Bovendien heeft ze deelgenomen aan residency-programma's van de Rijksakademie van beeldende kunsten in Amsterdam (2004-2005) en Very Real Time in Kaapstad (2006).

In haar werk maakt zij gebruik van diverse media, variërend van fotografie en video tot installatie, schrift en performance. Ze is geïnteresseerd in de ambivalentie van identiteit en de manier waarop dit wordt beïnvloed door maatschappelijke constructies en de last van het verleden. Daarbij heeft ze op speelse wijze oog voor kwesties die te maken hebben met representatie en dislocatie van bestaande beperkingen.

Ab Osterhaus

Professor dr. A.D.M.E. (Ab) Osterhaus begon zijn carrière in Utrecht, waar hij bij de Faculteit der Diergeneeskunde zijn doctoraal diploma cum laude behaalde. In 1978 promoveerde hij (cum laude) bij prof. dr. M.C. Horzinek. Vervolgens kreeg hij een baan bij het RIVM in Bilthoven, waar hij tot 1994 zou blijven. Sindsdien is hij verbonden aan het Erasmus MC in Rotterdam. Dertig jaar ervaring in de virologie van mens en dier hebben geleid tot een bijzondere belangstelling voor virussen die zich gewoonlijk alleen in dieren voordoen, maar die de soortgrens kunnen overschrijden. Osterhaus is tegenwoordig een vooraanstaande autoriteit die in staat is om snel en nauwkeurig gevaarlijke en moeilijk te vinden nieuwe virussen te onderscheiden. Door de uitermate snelle reactie van zijn team op de SARS-uitbraak van 2003 wist men binnen een paar dagen het hiervoor verantwoordelijke coronavirus te identificeren. Als gevolg hiervan kon de WHO op effectieve wijze onmiddellijk verdachte gevallen diagnosticeren en isoleren. Mede als een direct gevolg van Osterhaus' volharding, passie en toewijding werd SARS aldus onder controle gebracht, waardoor talloze levens konden worden gespaard. In 1997 wist Osterhaus met zijn team de sceptici het zwijgen op te leggen toen hij aantoonde dat vogelgriep (H5N1) kon worden overgedragen op mensen.

Op basis van deze ontdekking stelde hij de gezondheidsautoriteiten in staat om zich voor te bereiden op mogelijke uitbraken. Als expert heeft hij steevast aandacht gevraagd voor meer bewustzijn op dit gebied door de noodzaak te onderstrepen van een mondiale *taskforce*, gericht op de planmatige bestrijding van virussen zoals H5N1. Tijdens zijn professionele carrière heeft Osterhaus met zijn team ongeveer twintig 'nieuwe' virussen ontdekt (zoals het menselijke metapneumovirus, hMPV, en een nieuw menselijk coronavirus, HcoV-NL), maar ook talloze nieuwe mogelijke gastheren. Zijn onderzoek omvat studies over virusreservoirs bij dieren in het wild, overdrachtmechanismen en de pathogenese van zoönotische virussen. Bovendien verricht hij innovatief fundamenteel onderzoek naar natuurlijke en door vaccins opgewekte immuniteitsreacties en naar antivirale medicijnen, om aldus de dreiging van (zoönotische) virusinfecties tegen te gaan. Zijn onvermoeibare betrokkenheid bij de volksgezondheid blijkt ook het feit dat hij voor meer dan 40 studenten optrad als mentor, ruim 700 wetenschappelijke artikelen op zijn naam heeft staan, diverse biotechbedrijven heeft opgericht en diverse redacteurschappen heeft vervuld. Het grensverleggende werk van deze 'virusjager' heeft bijgedragen aan de preventie en beheersing van de verspreiding van dodelijke virussen.

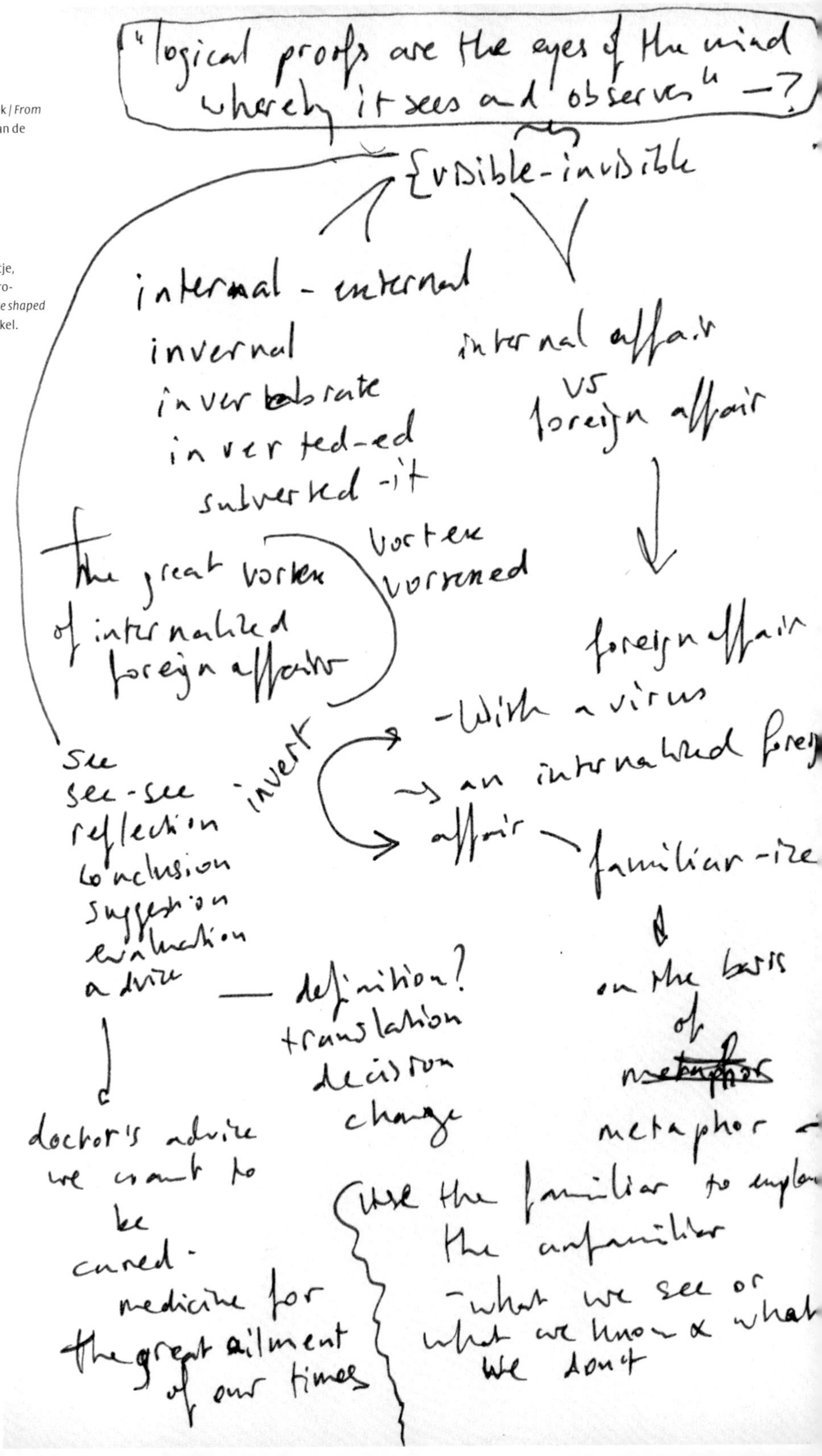
"logical proofs are the eyes of the mind
whereby it sees and observes" —?
{visible-invisible
internal - external
invernal
invertebrate
inverted-ed
subverted-it
vortex
vortexed
The great vortex
of internalized
foreign affairs
internal affair
vs
foreign affair
foreign affair
-With a virus
→ an internalized foreign
affair
familiar-ize
on the basis
of
metaphor
metaphor
invert
see
see-see
reflection
conclusion
suggestion
evaluation
advice
— definition?
translation
decision
change
doctor's advice
we want to
be
cured -
medicine for
the great ailment
of our times
use the familiar to explain
the unfamiliar
-what we see or
what we know & what
we don't

FIG. 7.02
> Uit mijn aantekenboek / *From my notebook*, Mieke Van de Voort

FIG. 7.03
> (p. 367) Flaggelaat/ *Flagellate*: zweepdiertje, een geselvormig micro-organisme / *A whip-like shaped micro-organism*, Haeckel.

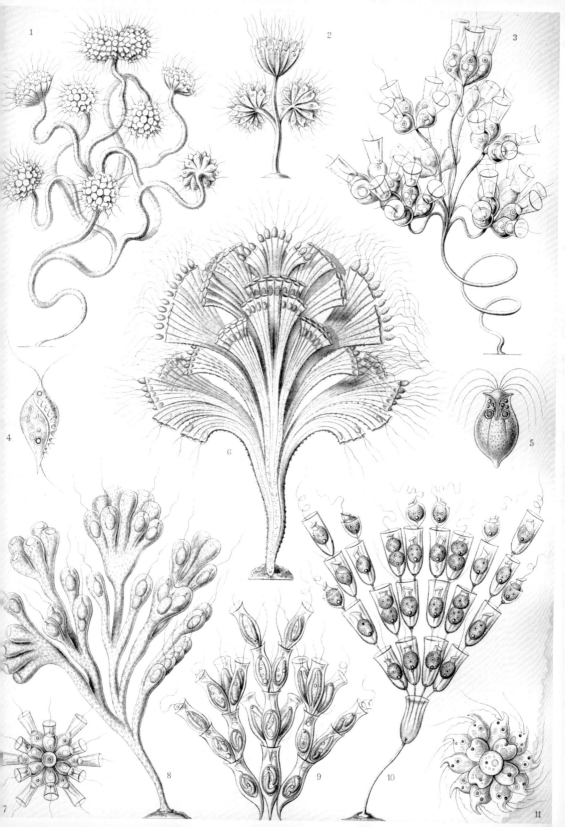

FIG. 7.04
> Voorkant van een medisch
handboek door / *Frontpage
of a medical guide book by*
Thomas Willes, 1666.

FIG. 7.05

> Sint Rochus met een bubo
op zijn dijbeen en een engel,
15de eeuw / *Saint Rochus with
a bubo on his thigh and an angel, 15th century*

·S·Rochus·

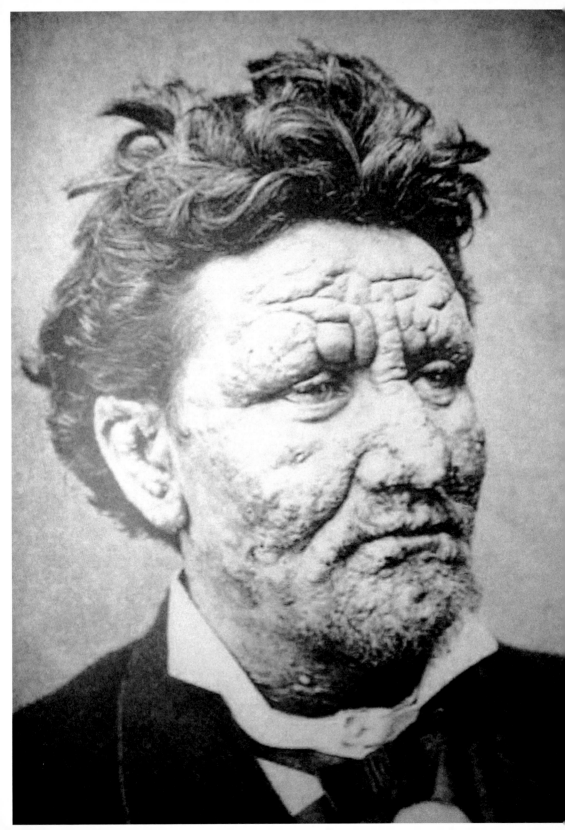

FIG. 7.06
> (p. 370) Arents, Noorwegen /
Norway, 1886, Wikicommons

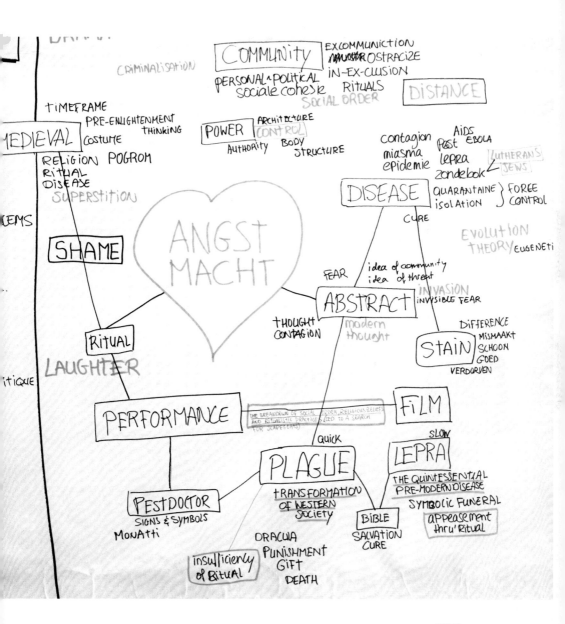

FIG. 7.07
> Tekening uit aantekenboek /
Notebook drawings, Mieke Van
de Voort

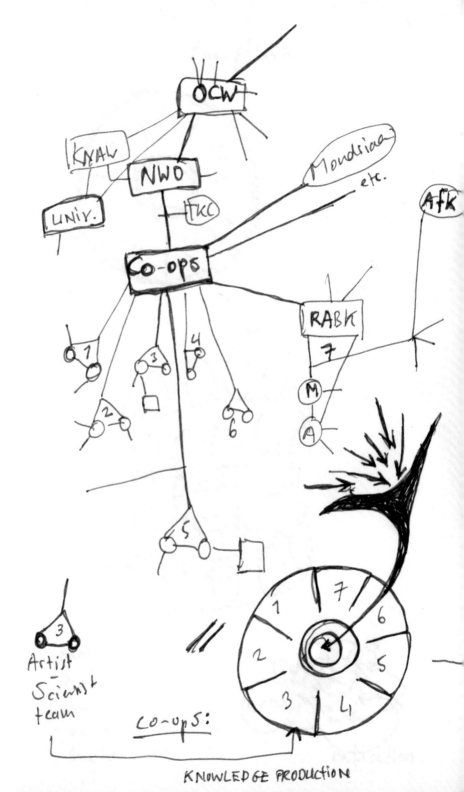

Bentham: a sentiment of invisible omni-science

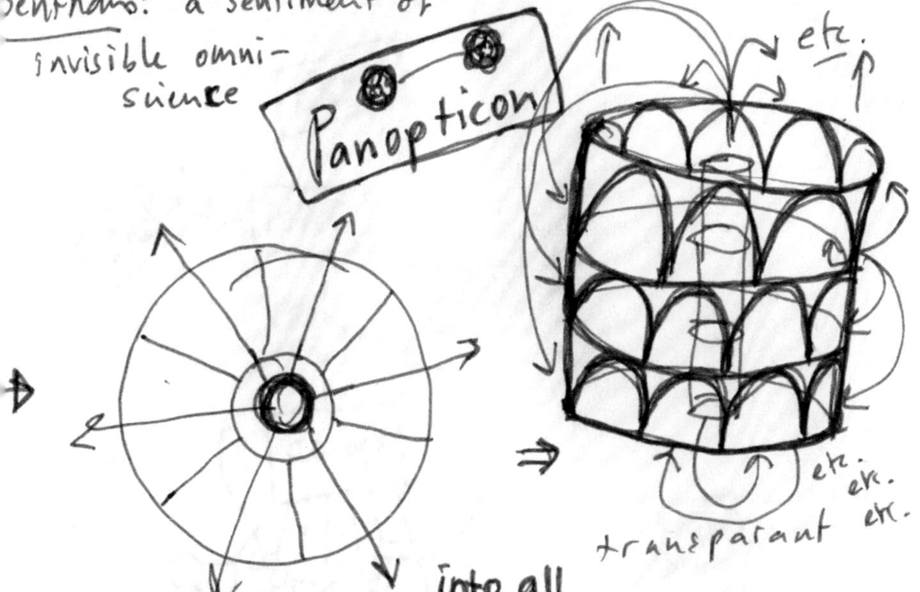

Panopticon

into all

observe from center partitions

"the seeing machine was once a sort of dark room into which individuals spied; it has become more a transparent building' in which the exercise of power may be 'supervised by society as a whole'. p.207

"a privileged place for experiments on men ... the panopticon may even provide an apparatus 'for supervising its own mechanisms"

ALTHOUGH it is true that, in becoming a technique for the empirical sciences, the investigation has detached itself from the inquisitorial procedure, in which it was historically rooted, the examination has remained extremely close to the disciplinary powers that shaped it.

FIG. 7.09-12
> Presentatie 26 juni 2007 /
Presentation 26 June 2007
Rijksakademie van
beeldende kunsten,
Amsterdam. Fotografie/
Photography: Roy Taylor

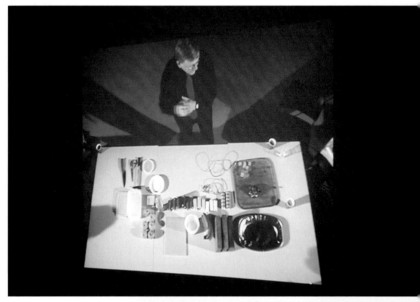

FIG. 7.13-14
> Presentatie 26 juni 2007 /
Presentation 26 June 2007
Rijksakademie van
beeldende kunsten,
Amsterdam. Fotografie/
Photography: Roy Taylor

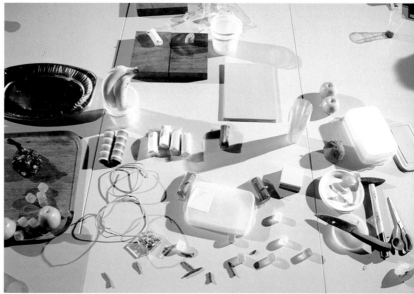

FIG. 7.15

> Een deel van het onderzoek
van Mieke Van de Voort bestond uit het schematiseren
van films die 'virus' tot thema
hebben. Tijdens de presentatie werd een hieruit resul-
terende compilatie van film-
fragmenten vertoond. Deze
sequentie van filmbeeldjes
geeft de transformatie van
Frank weer, kort nadat hij is
geïnfecteerd. (Uit: '28 Days
Later', Danny Boyle, 2002) | As
part of her research Mieke Van
de Voort plotted several movies
that centered around the theme
of 'virus'. The resulting compilation of movie fragments was
screened during the presentation. The sequence of stills shows
Frank's transformation shortly
after he is infected. (From: '28
Days Later', Danny Boyle, 2002)

Medicine as Social Science

COMMENTARY

> Team 7

> Biographies, p. 405

> Voor Nederlands zie p. 335

artist Mieke Van de Voort
scientist Ab Osterhaus

Introduction

– *Mieke Van de Voort and Ab Osterhaus*

In the context of the CO-OPs-project Medicine as a Social Science, Mieke Van de Voort and Ab Osterhaus explore the subject of pandemics of infectious disease. Ab Osterhaus is specialized in viruses that transmit from animal to human populations. He is fascinated by the complex interconnectedness of animal and human behavior, geographical changes, and economic systems that make it difficult and challenging to grasp and predict epidemics and their effects. Ab Osterhaus: 'Throughout history infectious diseases have troubled men and animals. Big outbreaks of disease played a regulatory role… Today many changes in our environment are irreversible. We must recognize when these become critical and use our contemporary knowledge to prepare ourselves. In a globalized world the employment of human and animal surveillance systems and preparedness plans may enable us to escape nature's revenge or what was in the past explained as the "wrath of God".'

Mieke Van de Voort practices art that is generally research based. Her research for CO-OPs is motivated by her interest in the interpretation and imagination of contagious disease at different moments in history. As she explains: 'The perceived threat of an invisible danger has social consequences and puts pressure on the organization of power. The presence of severe pandemics, such as the Black Death that ravaged Europe in the fourteenth century and HIV in contemporary Africa, disrupts existing social structures and challenges the tension between the interest of the individual and that of the collective.'

As a model for finding mutual inspiration that bridges their respective fields of interest, Van de Voort and Osterhaus collaborate on the conception of a doom scenario involving the outbreak of a highly contagious disease in the Netherlands. They aim to integrate aspects of scientific, historical, and cultural knowledge against the background of a specific political reality.

Several questions arise. To which extent can or will one take the liberty to engage in a field beyond one's own discipline? What does collaboration between an artist and a scientist mean when their understanding of research is fundamentally different? How does the CO-OPs structure influence their interpretation of the process? Is their cooperation in studying a case, a case-study in itself? And does this double role increase the value of their functioning as a team, or does it rather obstruct such functioning?

If it is true that contemporary society is dominated or driven by visual culture, at the detriment of 'the legalistic', how does this awareness affect or complicate their collaboration in the production of visuality?

The process of this CO-OPs-project has so far consisted of three stages:
1. Preliminary discussions between the two team members in the form of correspondence and several meetings. The views they advanced are integrated in a question-answer dialogue.
2. On 26 June 2007, the team members organized a presentation of their subject material in the Rijksakademie van beeldende kunsten, Amsterdam. In an artistic environment they engaged in a lecture and conversation on the topics that surfaced in their previous discussions. To stimulate alternative modes of sharing knowledge, no PowerPoint presentations were shown. Instead, a table with various, random objects to be used was placed in the center of the room. The team provides an impression of this event through a compilation of images and discussion fragments.
3. The formulation of provisional premises in 'A Leper's Discourse'. This is a collection of premises that result from Mieke Van de Voort's research and reflection on the process.

Based on these perspectives, the team members will more closely examine their subject and develop an experimental follow-up trajectory. The results of these trials are presented at the CO-OPs-exhibition at Scheltema in Leiden, where an account of the subsequent research process, following the first three stages, will be provided as well.

Interview

Contagion will always be with us, tapping deep fears and questioning our notions of individual agency and identity. In this way, microbial contagion, and the metaphors which deform or translate it into other realms of understanding, will continue to shape our conception to the point where, in Louise Glück's phrase, self ends and 'the blur of the world begins' •

NOTE 1
> Raney, D. 'Plague of the Century: Thoughts on Crowd, Conformity and Contagion.' In Americana, The Journal of American Popular Culture. Fall 2002, vol. 1, nr. 2. Online versie.

QUESTION The political side of your work is not only expressed in the advisory role you play for the Dutch Ministry of health, but you also play an active role in attempting to influence international decision-making. You make use of 'propaganda' to serve your cause. You once mentioned that you aim at increasing fear and awareness in order to generate more pressure on the political establishment. Why does your advisory role to the same establishment not suffice?

ANSWER The advisory role alone does not suffice, since change or action by policymakers and politicians is virtually only created if there is pressure and understanding in the constituency or public-at-large. Only if the general public agrees with the perceived threat, policymakers and politicians will react. There is however the major responsibility that in addressing the lay public, you must have largely reached consensus among your peers. If not, your are not disseminating scientific opinions, that are shared with other experts. Creating a certain level of fear, a functional emotion, is quite helpful in this process.

QUESTION How do you determine the threshold of 'positive' or constructive fear as opposed to contra-productive or destabilizing scaremongering?

ANSWER That is difficult to determine. This can only be done on the basis of 'intuition' or by trial and error.

QUESTION You operate in the field of transforming imagination, creating reality and a sense of urgency. Therefore you have an interest in 'thought contagion'. To which extent is the comparison of your activities to the strategies of a virus a valid one?

ANSWER Comparison of such activities with the contagious way a virus spreads is an interesting parallel, since certain emotions may also spread in a 'contagious way'.

QUESTION You made two dvd's in collaboration with others, one about the Chinese flu and the other about a future influenza pandemic. What is the purpose of these dvd's?

ANSWER These dvd's were just some examples. The idea was primarily to inform and influence policymakers and politicians, but parts have been used for the public at large in TV broadcasting.

QUESTION The 'stories' are told in an informative and somewhat distant way. It is realistic and at the same time it isn't because it never becomes personal. I watched a number of virus-movies. The most spectacular ones come from Hollywood, such as *Outbreak* and *28 Days Later*. Very important in these is the perspective from one or a few human beings and their experience of (almost) being contaminated, which is contrasted with the decisions made by a formal authority. The idea of the other – the virus, but also the infected person, or death and chaos – plays an important role in the imagination of the danger. Have you ever considered using a similar approach?

ANSWER I have participated in some BBC and National Geographic programs. These were however documentaries rather than the approaches you mentioned. This also has to do with the role you play as an expert-scientist and your credibility. Furthermore, we are not professional communicators and have to learn a lot in this field.

QUESTION Documentary is an aesthetic in filmmaking, it is a way of telling a story that also uses manipulation. Actually, in your DVD 'Chinese Flu' there is a scene of angry people who attack a Dutch hospital. You do use dramatization.

ANSWER Yes. That scene was a point of intense discussion.

QUESTION Conspiracy theories are also a frequent element in these movies. When I asked you before, half-jokingly, whether new viruses had appeared and which missions you were on you said you cannot tell me everything. Why not? Why is secrecy important?

ANSWER Conspiracy theories will always surface with any disaster (like HIV, pandemic flu, SARS, fires in Greece …) and are usually not true in my field. Not being able to tell everything has to do with obligations to have your data and ideas checked by your peers first and then have it published. This is the most important way to obtain the 'seal of approval' from the scientific community. Otherwise, you run the risk of pushing your own hypotheses without prior validation.

QUESTION The idea of transformation of humans into an unknown state runs parallel to the transformation of the structures of the society they live in. Transformation into either chaos or a policestate. So not only does a virus threaten the life of singular persons, it also threatens the systems they function in, especially regarding highly valued ideas of individual rights and liberties, but also the ongoing production and circulation of capital and consumer goods. I could not find a scenario of what the state will do when a severe outbreak of a highly contagious human virus occurs in the Netherlands. Is that classified?

ANSWER It isn't clear who makes the most fundamental decisions. This was under discussion recently again. Mayors for instance, must follow the minister of Internal Affairs. He also decides over interventions in the public order, not the minister of Health. There needs to be a clear commanding structure. But in the end, when the moment is there you never know what will happen.

There are not enough antivirals (we have enough for about 30% of the population) and there is no vaccine yet in The Netherlands. We are working hard on the latter in the Health Council.

QUESTION When can the state take over and implement regulations that limit citizens' rights of freedom?

ANSWER The banning of civil rights is an extreme measure that may only be considered in very exceptional cases. For example, the terrorist threat motivated the banning of civil rights that have been acquired in the United States over the last century, I think that's wrong.

QUESTION It happens in the Netherlands too. Why do you think is it so much easier to change law and mobilize money because of the threat of terrorism?

ANSWER The level of the threat and the impact from media determine that. Images have a lot of power.

QUESTION But isn't the threat of a pandemic is so much more concrete? You have statistics, research ...you have more evidence than Colin Powell had to legitimize an invasion in Irak.

ANSWER The chances you will have to deal with a pandemic are far bigger than the chances your house will burn, yet the majority of people have a fire extinguisher. Probably the idea of a pandemic is too abstract.

QUESTION 'Metaphors' have an important function in the process of understanding each other and the larger mechanisms in the world. Metaphors are also used to help explain complex theories in science. Which metaphors do you use in the field of virology?

ANSWER A pandemic threat is like a war threat. For example, the USA military has 'declared war on the pandemic flu'. There is a threat, like in war. We analyse the level and likelihood for it to happen, we use surveillance. We develop the weapons to combat the possible threat; antivirals, vaccines, pandemic preparedness plans.

We also use the 'smartness' of a virus' strategy as a metaphor. For example its strategy to use niches. This relates to the legal possibilities we can find to work with the bugs we want to fight, and to the bright ideas that we develop to detect their Achilles' heel.

Sociologist and scholar Saskia Sassen speaks of 'perforations in the nation-state' in regard to contemporary physical and political reality. Rather than speaking of the disappearance of the nation-state she understands the process of globalisation as a phenomenon of 'denationalisation' that opens the door to re-imagining and re-theorizing some of the most fundamental physical and political elements of our world, in particular the nationstate. How do you relate to this and where do you see possibilities within the present transformation that offer space for constructive decision-making?

ANSWER Globalisation as such creates niches for newly emerging viruses, for example HIV, flu viruses, SARS virus, Nipah virus etc. On the other hand, it creates opportunities to combat these viruses more efficiently: the scientific community has become global. Communication technology and other new possibilities enable us to exchange techniques, materials and ideas. Global decision-making is virtually impossible, since decisions are made by nation-states or governments. UN bodies like WHO may issue advisors that may be adhered to by the member state, or not. The threat is global, the combat is dispersed and not all countries have the same agenda or priorities. However, with SARS, we created an international thinktank and solved the problem within a month, involving a dozen expert groups.

QUESTION Recently, Indonesia stopped providing serum samples of infected people if they would not receive affordable vaccines or anti-virals. They claimed the system is not right and tried to force a change by their inaction.

ANSWER The situation with Indonesia is understandable from their point of view, although it was considered to be immoral by many. They share viruses and information from sequencing, but who will guarantee that if a pandemic emerges, they will have access to the vaccines that are made on the basis of these viruses and data? It clearly illustrates the dilemmas and although I do not agree with their attitude, it is completely understandable to me. Actually, I believe the Indonesian minister deserves a medal.

When I looked into history's rendering of contagious diseases, I noticed that the idea of sacrifice played an important role in the interpretation of disease. It has a strongly religious motivation, but also a humanistic one. Contagious diseases such as leprosy and the plague were often regarded as punishment or a gift from God which could be cured by sacrifices, made by the sick person himself or by a healthy person. The self-imposed quarantine by the entire town of Eyam [in Derbyshire], following an outbreak of the plague in 1666, has become a legacy of collective sacrifice.

QUESTION Interestingly, the word for 'sacrifice' in German, 'Opfer', is the same word that is used for 'victim'. I'm not sure what that means linguistically, but it seems to me that the idea of being a victim is intertwined with the interest of a larger group, since sacrifices were also made to appease God's wrath in order to prevent more punishment, contagion, from striking the collective.
Do you see a contemporary equivalent? Who would be victims and who would be sacrifices?

ANSWER It is hard to predict who will be the victims of a pandemic.

QUESTION It seems to me that we are not prepared to become 'victims' and that we want to prevent this from happening not by sacrificing some of us but by devicing systems of surveillance, techniques of analysis, such as decoding viruses, and of cure, like anti-virals and vaccines. How does this influence the concept of a collective?

ANSWER Today we are indeed not prepared to become victims and not prepared to make sacrifice, i.e. to pay. Since the seventies the idea exists that infection diseases are no longer a real threat. If something now happens, we would say the state fell short, why did it not protect us? We believe we have created an institution, the state, that can control all these things.

'The concept of what came to be called "social medicine" can be traced to Germany, to the writings of Rudolph Virchow. It was in a report to the French government on a typhus epidemic in Upper Silesia that Virchow first associated the spread of the disease to the impoverished and miserable conditions under which the population had lived. He began to believe that medical treatments per se were of little usefulness for attempting to control such outbreaks. Political action was the mechanism for making medical progress. "My medical creed merges with my political and social creed". After participating in the March Days in Berlin, which had been inspired by the uprising and establishment of the commune in Paris earlier that same year, Virchow would write, "Medicine is a social science, and politics nothing but medicine on a grand scale".' *

NOTE 2
> Shevory, T. 'Disease, Criminality, and State Power: Evolving Legal Rhetorics and Cultural Constructions'. Foundations Symposium on Myth, Rhetoric, and Symbolism, Annual Meeting of the American Political Science Association. Fall 2000.

QUESTION **Do you have affinity with the two quotes from Virchow?**

ANSWER I think this is dated. It doesn't apply anymore. Today our knowledge from evidence-based medicine is so much bigger. In those days matters such as hygiene and social status were a lot more critical.

What surprises me, is that evidence-based medicine is still not supported by everyone (in the west). People have always had a mythical side. In spite of everything they know, people are not as rational as they think they are.

A Leper's Discourse

– Mieke Van de Voort

Arrogance

Oh, how I suffer, and oh, how it resembles the world. As I woke up, only to be struck by fear, my body shivered – the rigor of death? But alas, weak is the flesh. To wish upon it a sudden death is not enough for the end to start. The mattress was wet and underneath the bed, a fluid dripped, it formed a pool. My interior rots and stains the sheets. It's eaten away, yet remains alive, my burdened body, still stubborn enough to crave for the obvious, for food and for love. Stained is my soul, so is my mind, thus am I avoided by my kind. If only a poem could do some good, something immortal, I imagine it would. How dreadful it is to be alive and insufficient for what I strive. With arrogance the mind treats the soul. What a waste when I am about to fall. If this is the state, I am living in, please let the end soon begin. O, my thinking bores me so, there is no cure, by now I know. Please bar me from this project that, we call society, and wish me bad. Condemn me to be buried soon, and have me ostracized by noon.

> See fig. 7.01, p. 365

Arrows

1. According to Al-Manbiji, who witnessed the raging violence of the Black Death in Syria, 'a faithful muslim should not enter nor flee from a plague-stricken land', since 'the plague is a blessing from God', 'a muslim should devoutly accept the divine act'. He considers the plague as a mercy and martyrdom for the muslim and a punishment for the infidel. The disease does not come from contaminated humans but from God. He sends the Jinn to pierce man's body with plague-infected arrows.[*]

NOTE 3
> Dols, M.W. *The Black Death in the Middle East.* Guilford: Princeton University Press, 1977.

2. In paintings and engravings, the number of arrows, piercing Saint Sebastian's body from zero up to fourteen and more.

Constitution

'This is the Constitution of the United States, I've read it cover to cover. I don't find anything in it about vaporizing 2600 American citizens. But it does say, several times, that no person shall be deprived of life liberty or property without due process.'[**]

NOTE 4
> Petersen, W. (director) *Outbreak.* 1995.

Different ways to treat a leper

In 1320, exploited farm labourers from the north of France, Les Pastoreux, organized themselves in a protest and moved southwards. Their loitering crowds were joined by many impoverished on their way. They burnt administration offices, unlocked prisons and attacked Jews and lepers. A rumour that jews and lepers were poisoning wells spread quickly throughout society. This conspiracy theory was soon embraced by Phillip V. He issued a royal decree by which hundreds of lepers, and jews, were condemned to die at the stake.

In Germany and England similar measures were known. Another strategy was to brick up lepers. The Roman church played an important role in calling a halt to the ostracizating of lepers and promoting charity instead. But when, by the end of the 14th century, theories of contagion increased the fear of proximity, lepers had to conform to rules of separation and a uniform dresscode. They were no longer allowed to enter the public domain or go about without wearing signs to indicate their condition. Depending on their economic status, lepers would either end up living in special leper houses, or, if they were wealthy enough, in isolated countryhouses where servants could take care of them. In certain areas the local community was obliged to play an active role in facilitating the, minimal, architecture of separation.

NOTE 5
> Hecker, J.F.C. *The Black Death and the Dancing Mania*. 1832, Erfuhrt. Seattle: World Wide School, 1999.

Procedures to establish whether a patient had the symptoms of leprosy involved listening to the quality of the patient's voice, inspecting urine, detecting bumps on the head and limbs, sifting blood samples in order to find meaty crumbs, testing the sensitivity of the feet by using needles, and pulling hairs from the eyebrows to inspect them on releasing skin.

NOTE 6
> Ebbinge Wubben, S. *Leven als doodverklaarden: leprozenzorg in Europa (500-1800)*. Zeist: Christofoor, 1993.

The ceremony called *separatio leprosorum* involved a symbolic funeral. The local priest and his acolytes would visit the leper at his house, speak to him, and sprinkle holy water. In procession the priest and a crossbearer, the leper and his family, and other attendants, would then walk to the local church. The leper was covered with a black cloth in front of the altar during mass. Once outside, soil would be dug up and thrown at his feet. *'Be dead to the world, be reborn to God.'*

NOTE 7
> Brody, S.N. *The disease of the soul: leprosy in medieval literature*. Ithaca: Cornell University Press, 1975.

Eyes of the mind

> See fig. 7.02, p. 366

NOTE 8
> Cf. Cottard in Camus, A. *La Peste*, 1947. Amsterdam: De Bezig Bij, 2004.

NOTE 9
> A cleric's speech at a symbolic funeral in St. Albin d'Angers, in: Brody, S. N., *Disease of the soul*, p. 68, see note 7.

> See fig. 7.03, p. 367

NOTE 10
> Referring to the Brothers of the Cross, see Hecker 1832, note 5.

External

Some thrive in times of disaster. To him who has been lonely against his will and feels that life has ill-treated him, pestilence can be a welcome change. He is no longer alone in his suffering; the fate of one has become the fate of all. The level of his internal agony is overshadowed by an overall desperation of those surrounding him.

Filth

'Because of greatly having to suffer sadness, tribulation, disease, leprosy, and other wordly adversity, one reaches the kingdom of paradise, where there is neither disease nor adversity, but all are pure and spotless, without filth and without any stain of filth, more resplendent than the sun, where you will go, if it pleases God.'

Flagellate

A whip-like shaped micro-organism.

Flagellant

1. 'They stripped the upper part of their bodies and put off their shoes, keeping on only a linen dress, reaching from the waist to the ankles. They then lay down in a large circle, in different positions, according to the nature of the crime: the adulterer with his face to the ground; the perjurer on one side, holding up three of his fingers, etcetera, and were then castigated, some more and some less, by the Master, who ordered them to rise in the words of a prescribed form. Upon this they scourged themselves, amid the singing of psalms and loud supplications for the averting of the plague, with genuflexions and other ceremonies.'

2. Flagellation refers to an act of religious self-chastisement by whipping. Public flagellation in processions became very popular in Europe after 1349. People of different standing, including women, priests, nuns and children could and did participate if they were prepared to adhere to the strict codes of uniform and behaviour. When it grew in scale and

radicalism, ecclesiastical and regal authorities banned the practice. Public penitence became a crime and flagellants were persecuted.

Help

A Plain and Easy Method for Preserving those that are Well from the Infection of the Plague, and for Curing such as are Infected.

Image

> See fig. 7.04, p. 368

An entire town in England quarantined itself when the plague announced its presence in 1666. To prevent the disease from spreading further into the land, the inhabitants isolated themselves in exchange for sufficient foodsupplies to last them through the ordeal. More than two third of these voluntary prisoners died. The historic events of Eyam have been narrated in various stories throughout the centuries. Tragedy and heroic sacrifice dominate these accounts. They have shaped the memory of Eyam and turned it into a legacy of self-imposed quarantine.

NOTE 11
> Wallis, P., *A Dreadful Heritage: Interpreting Epidemic Disease at Eyam*, 1666-2000, Oxford University Press, 2006.

The success of legacy involves the interplay between the desire to create the poetics of tragedy and a shared desire for such stories to exist. Tragedy offers the potential to recognize one's own struggle as part of a larger man-time construct and give a sense of meaning that is neither false nor true.

Integration

Virus is the other that is able to enter into our system invisibly. It needs us because it is incomplete. It has many strategies by which it may mislead and use our metabolism. It tricks us into replicating its double, which is what it lacks. We have systems of surveillance to protect our autonomy. Once we detect and recognize it, which really means confirm its existence, unless we have already met before, the process of familiarization starts. By making the unknown known we try to neutralize the other. On the basis of its identity, we create an antibody, an anti-double, to sabotage it in the act of futher dissimination. Yet even if we succeed, we have incorporated its negative into our system. It remains there and becomes part of us, unless we die an untimely death. Then two options remain: the tragic end of both of us, or the virus' victory, however shortlived or glorious it may be.

Intermezzo

Agnes loves Heinrich, who is the bravest of knights. God cast upon Heinrich leprosy. God has to chastize him. Heinrich's attachment to worldliness, in particular to honour, is considered a sin. Agnes has heard that the blood of a virgin would certainly cure him. She wants to sacrifice her life. *Mother, dear mother, I owe my life to you, please give me your permission too.*

In Herman Pfitzner's first opera (late 19th century) Heinrich features as Germany's most glorious hero. Agnes is introduced as a fourteen year old girl. Her will to sacrifice herself for him is intertwined with her desire to be closer to God. *In ew'ger Liebe Glanz zu schweben, im ew'gen Licht voll klarer Lust, heilig zu glühen, gottbewust.*

Saving the life of Heinrich is very important to Agnes. Though in the original text, Hartmann Von Aue's twelfth-century poem, her motivation to die appears to be more profound.

For us the world is like this
Around the foul mist
a precious cloth is knit.
When it leads one's gaze astray,
his life and soul
into hell will fall.

life is lived at the cost of the soul.
As I am yet still very pure,
untouched by worldly win,
let me sacrifice myself
before I sin
so I may find salvation.

Agnes has persuaded a doctor to help her die. She is strapped to a table. When the doctor is about to use his knife, Heinrich arrives at the scene and saves her life. He is thus prepared to sacrifice his own: *what God wants for me must come to pass*. Agnes laments her fate for her way to heaven has been cut short. She scolds Heinrich for being weak and pathetic. Now he has achieved moral awareness and total submission to God. His defiled soul is pure again and his body soon will be clean of leprosy.

NOTE 12
> *Der Arme Heinrich*, is a music drama in three acts, libretto by James Grun, free translation by MVdV.

Lamentation

An attempt to restore Agnes' lamentation of the world by an adaptation of Pfitzner's opera *Der Arme Heinrich*.

Logic of order and analysis

Foucault describes how the plague gave rise to disciplinary projects by enquiring the rigid measures taken in a 17th century plague-stricken town. 'First, a strict spatial partitioning: the closing of the town and its outlying districts, a prohibition to leave the town on the pain of death, the killing of all stray animals; the division of the town into distinct quarters, each governed by an intendant.' ... This enclosed, segmented space, observed at every point, in which the individuals are inserted in a fixed place, in which the slightest movements are supervised, in which all events are recorded, in which an uninterrupted work of writing links the centre and the periphery, in which power is excercised without division, according to a continuous hierarchical figure, in which each individual is constantly located, examined and distributed among the living beings, the sick and the dead.'

> From notebook, Mieke Van de Voort.

NOTE 13
> Foucault, M. *Discipline and Punish: 'Panopticism'*. England: Penguin Books, 1991, p. 195,197.

Millenialism

Flagellants from Thuringia and Franconia believed a new era was about to start, that of the preparation for the end of the world. Millenialism involves an apocalyptic vision of the world

Modernities

Leprosy was the quintessential premodern disease, as it was slow and did not threaten entire communities. It allowed the existing structures, such as the church and its rituals to remain in place. The plague, Black Death,

NOTE 14
> Herlihy, D. The *Black Death and the Transformation of the West*, 1997.

was the first modern disease, as it destabilized existing social structures and enabled the transformation of Europe and modern man.[14] Aids must be the first postmodern plague, as it was spread by a human being on an airplane flying from country to country.

Painting and the plague

(Squire) *'What are you painting?'*

(Painter) – *'The Dance of Death.'*

'That's Death?'

– *'Yes, he dances away with them all.'*

'Why paint such daubings?'

– *'To remind people they will die.'*

'That won't make them happier.'

– *'Why always make them happy? Why not frighten them a bit?'*

'They'll just close their eyes then.'

– *'Believe me they'll look. A skull is more interesting than a naked wench.'*

'And if you frighten them?'

– *'They'll think and be more frightened.'*

'And rush to the priest's embrace.'

– *'None of my business.'*

'You're just painting Death's Dance.'

– *'I'm only showing how it is.'*

'You'll anger certain people.'

– *'Then I'll paint something cheerful. One has to make a living. At least until the plague claims you.'*

'The plague? That's horrifying...'

– *'You should see the boil on the neck of the sick. See how the body contracts, until his limbs become a rope of madness.'*

'It doesn't look good.'

– *'Yes... It doesn't look good. He's trying to tear the boil out of his head. He gnaws at his hands, rips out his veins with his nails. His scream is heard everywhere... Are you scared?'*

'Scared? Me? You don't know me. What nonsense is that you've painted?'

– *'The strange thing is that people see the plague as a punishment from God. Supplicants trail through the land and whip themselves into God's favor.'*

'They beat themselves?'

– 'Yes, it's an awful sight; you want to run and hide when they come.'

'Have you got any snaps? I've been drinking water all day. I'm thirsty as a camel in the desert.' *

NOTE 15
> Bergman, I. (director, scenario) *The Seventh Seal*, 1957.

Patron Saint

> •

Paroxysm

'They foamed at the mouth, and suddenly springing up began their dance amidst strange contortions… They formed circles hand in hand, and appearing to have lost all control over their senses, continued dancing, regardless of the bystanders, for hours together, in wild delirium, until at length they fell to the ground in a state of exhaustion. They then complained of extreme oppression, and groaned as if in the agonies of death, until they were swathed in cloths bound tightly round their waists, upon which they again recovered, and remained free from complaint until the next attack. This practice of swathing was resorted to on account of the tympany which followed these spasmodic ravings, but the bystanders frequently relieved patients in a less artificial manner, by thumping and trampling upon the parts affected. While dancing they neither saw nor heard, being insensible to external impressions through the senses, but were haunted by visions, their fancies conjuring up spirits whose names they shrieked out; and some of them afterwards asserted that they felt as if they had been immersed in a stream of blood, which obliged them to leap so high. Others, during the paroxysm, saw the heavens open and the Saviour enthroned with the Virgin Mary.' *

> See fig. 7.06, p. 369

NOTE 16
> Hecker, 1832 (see note 5) on the epidemic of convulsive dance that started in Germany and the Netherlands and spread throughout Europe in the second half of the fourteenth century)

Performance

> •

Play

At the beginning of the twentyfirst century Sim City caused havoc among its inhabitants when a virus was secretly released. Thousands of avatars and their pets fell sick and died.

> See fig. 7.07, p. 371

Plot

Plot *n*. A small piece of ground, generally used for a specific purpose: *a garden plot*. A measured area of land; a lot. A ground plan, as for a building; a diagram. The pattern of events or main story in a narrative or drama. A secret plan to accomplish a hostile or illegal purpose; a scheme.

Plot *v*. To represent graphically, as on a chart: *plot a ship's course*. *Mathematics*. To locate (points or other figures) on a graph by means of coordinates. To draw (a curve) connecting points on a graph. To conceive and arrange the actions and incidents of: "I began plotting novels about the time I learned to read" (James Baldwin). To form a plot for; prearrange secretly or deviously: *plot an assassination.*

NOTE 17
> Pearce, C. 'Theory Wars: An Argument Against Arguments in the so-called Ludology/Narratology Debate'. DIGRA Conference, 2005. Free translation, MVdV.

Reenactment

In 2005 the inhabitants of Monickendam reenacted the spectacle of the plague that troubled their community 650 years ago. They organized processions, funerals, and a house for the sick and suffering.

Representation and sacrifice

Saint Sebastian exists in countless representations, ranging from sixth to twenty-first century paintings, frescoes, engravings and sculptures. According to legend Sebastian served the Roman army as a soldier in the third century. When the emperor discovered that he was a Christian, and seeking converts, he was sentenced to death. He was tied to a tree and shot by archers. In later ages, in particular during the late Middle Ages and the Renaissance period, he was worshipped as a patron saint to plague sufferers. The way in which he is depicted varies not only in style but also in implication. In a number of fifteenth-century depictions from Germany and Italy he appears together with the archers that are shooting their arrows at him. These are descriptive of the act; the performance of a verdict. Other depictions show Saint Sebastian in a biblical composition, together with Christ and sometimes accompanied by St. Rochus or Mary as well. While in the company of other holy figures, or without, while holding an arrow, or being pierced by arrows, while in the presence of Christ, or of his assassins, while looking at an angel or nothing in particular (there is a case where he actually looks from the canvas to the viewer), the biggest variable in the representation of St Sebastian seems to be the shift from 'informative' story-telling to the expression of emotion in physical details: the accounting of a scene of punishment and sacrifice versus the inner emotions of a 'pious' person in the face of death. With sometimes more or less sensual emphasis, the desire for salvation, feelings of powerlessness, and the need for protection alternate in a range of emotions evoked by the paintings where the focus is on the latter.

How do these and other variations on the representation of Saint Sebastian relate to the concept of sacrifice and suffering over the course of history? Is there a difference in the perception of suffering and in the connection between sacrifice and punishment as compared to sacrifice and victimhood? How is martyrdom established? Can it only be arrived at through the process of acknowledgement by others or can it be achieved by the will (or experience) of a single individual?

Reversibility

'Whereas the images of the plague, occurring in relation to a powerful state of physical disorganization, are like the last volleys of a spiritual force that is exhausting itself, the images of poetry in the theater are a spiritual force that begins its trajectory in the senses and does without reality altogether.'

'Extending this spiritual image of the plague, we can comprehend the troubled body fluids of the victim as the material aspect of a disorder which, in other contexts, is equivalent to the conflicts, struggles, cataclysms and debacles our lives afford us. And just as it is not impossible that the unavailing despair of the lunatic screaming in an asylum can cause the plague by a sort of reversibility of feelings and images, one can similarly admit that the external events, political conflicts, natural cataclysms, the order of revolution and the disorder of war, by occurring in the context of the theater, discharge themselves into the sensibility of an audience with all the force of an epidemic.'*

NOTE 18
> Artaud, Antonin, *The Theater and its Double*, 1938.

State

'We, for our parts, are convinced that in the history of the world the Black Death is one of the most important events which have prepared the way for the present state of Europe.'*

NOTE 19
> J.F.C. Hecker, 1832, see note 5

Surface

> See fig. 7.06, p. 306

>

Symptoms

...De kaken in-gedruckt en magerlijck gevoedet.

Den neuse spits en lanck bevreyssemt en bebloedet,

De ogen spalckende, de tanden geel en hol,

De tong' geswollen op, van schuym en sever vol,

De reutelende borst vast hoestede en knuchte,

De longe cort-geamt steeds pijpede en suchte,

Het hooft nu hier nu daer wiert swijmende geschudt,

De kele gaf een damp gelijck een doden-put,

Het herte in een vier scheen lichter-laey te branden,

Noch yselden van cou de voeten en de handen,

De huyt was oversaeyt met vlecken paers en swart,

Met blaren vael en grijs, met bulten dick en hart,...

NOTE 20
> Jacobus Revius (1586-1658),
*Over-Ysselsche sangen en
dichten.* 'De Pest' 1630. editie WAP Smit. Amsterdam:
Uitgeversmij Holland, 1935.
dbnl erven WAP Smit, 2002.

Theater

'Over the poisonous, thick, bloody streams (colour of agony and opium) which gush out on the corpses, strange personages pass, dressed in wax, with noses long as sausages and eyes of glass, mounted on a kind of Japanese sandal made of double wooden tablets, one horizontal, in the form of a sole the other vertical, to keep them from the contaminated fluids, chanting absurd litanies that cannot prevent them from sinking into the furnace in their turn. These ignorant doctors betray only their fear and their childishness.'

'The dregs of the population, apparently immunized by their frenzied greed, enter the open houses and pillage riches they know will serve no purpose or profit. And at that moment the theater is born. The theater, i.e., an immediate gratuitousness provoking acts without use or profit.'

NOTE 21
> Artaud, see note 18: p. 23-24.

Themepark

In the twentieth century Eyam has become an epidemic-themepark for tourists.

Transformation

1. 'One can consciously and at will switch over from one identity to the other. But metamorphosis has nothing to do with desire or consciousness, with choosing from a myriad of options. The transformation is possible when one enters the emptiness at the right moment in order to appear elsewhere as someting different, without it being established what. The medium of the metamorphosis is the body, the matter itself, and not only its image, or identity. Thus the individual changes into, for example, a crowdperson through breaking with the fear of touch, through a sudden acknowledgement and appreciation of his own and others' bodies, hrough wiping out the will and the personal biography. The desire for change is not enough for a transformation; once underway the process acquires its own tempo, takes a turn and carries you along. The metamorphosis short-circuits with reality and thus maximizes its intensity. The meeting ['of strangers who populate the city'] during the event ['when a crowd without premeditated counsil becomes overwhelmed by a desire'] is the moment of the turn.'

   '[In the vacuum between event and picture-story the feeling of the movement arises]

   [But] by accepting the succession of images and identites in the media [the mediatized translation of the events] as some kind of reality, the activist segment of the nation lost the potential to disappear from the stage [the spectacle of virtual reality] and lose itself in the process of the unforeseeable transformations.' *

2. An amoeba, a one cellular micro-organism of undefined and changeable form, may turn into a flagellate.

NOTE 22
> Adilkno, *Cracking the Movement. 'Squatting beyond the media'*. New York: Autonomedia, 1994.

Trojan horse

A Trojan horse.

Visibility and constraint

'He who is subjected to a field of visibility, and who knows it, assumes responsibility for the constraints of power; he makes them play spontaneously upon himself; he inscribes in himself the powerrelation in which he simultaneously plays both roles; he becomes the principle of his own subjection.'*

NOTE 23
> Foucault, see note 13, p. 202

Foucault describes how the plague 'gave rise to disciplinary projects' by comparing the rigid measures taken in a 17th century plague-stricken town to the mechanisms of Bentham's panopticon, the blueprint for a perfect prison, from the early 19th century. He considers the movement from a schema of exceptional discipline (ie. the mobilization of power against an extraordinary evil involving quarantine, partitioning, registration etc) to one of generalized surveillance, epitomized by the architecture of the panopticon, as an historical development to the formation of the disciplinary society. The panopticon, then, is not merely an architectural design, but a generalizable model of functioning.

> See fig. 7.08, p. 372

'The arrangement of this machine is such that its enclosed nature does not preclude a permanent presence from the outside: we have seen that anyone may come and excercise in the central tower the functions of surveillance, and that, this being the case, he can gain a clear idea of the way in which the surveillance is practised.'*

NOTE 24
> Foucault, see note 13, p. 207

FURTHER REFERENCES

– Aue, H. von, *Der Arme Heinrich*, 1195. Ed. Ernst Schwarz. Darmstadt:
  Wissenschaftliche Buchgesellschaft, 1967.

– Bentham, J. 'Panopticon. Or the Inspection-house.' Voor een online versie zie:
  http://cartome.org/panopticon2.htm.

– Bilwet, *Bewegingsleer.* Oorspronkelijke uitgave Uitgeverij Ravijn, 1990.

– Cantor, N.F. *De Zwarte Dood: hoe de pest de wereld veranderde.* Kampen: Agora,
  2003. Oorspronkelijke editie: New York: The Free Press, 2001.

– Lerner, R.E. *The Feast of Saint Abraham: Medieval Millenarians and the Jews.*
  Philadelphia: University of Pennsylvania Press.

– Noordegraaf, L. & Valk, G. *De Gave Gods: de pest in Holland vanaf de late middeleeuwen.* Bergen: Octavio, 1988.

– Pftizner, H. *Der Arme Heinrich: Ein Musikdrama in 3 Akten.* 1891-1893. Leipzig: Max
  Brockhaus, Bonn: Max Brockhaus Musikverlag.

– Shevory, T. 'Disease, Criminality, and State Power: Evolving Legal Rhetorics
  and Cultural Constructions.' Foundations Symposium on Myth, Rhetoric, and
  Symbolism, Annual Meeting of the American Political Science Association. Fall
  2000.

Presentation June 26th, 2007

Rijksakademie van beeldende kunsten, Amsterdam

A. OSTERHAUS To the simple question whether a virus is alive I think the proper answer [depends on the] definition of life, [which] would be: 'being able to replicate itself.' So I think a virus is not alive.

A. OSTERHAUS A virus has a mechanism by which it can usually attach itself to the cell. There's a method of internalization, so it gets into the cell, where it – and this is a unique thing to do – actually starts to use the whole metabolism, the system of the cell, and change it in such a way that the cell starts to produce proteins instead of its own DNA or RNA, the proteins of the virus. And there are a great many different viruses, and they use different strategies to do this kind of thing.

AUDIENCE Do you actually try to follow that [kind of] thought through? Do you sometimes think, okay let's assume it [AIDS] is a conspiracy, or let's assume these things [influenza viruses] do come from outer space?

A. OSTERHAUS No, when we do science, basically what we do is formulate a hypothesis that we believe in ourselves. It is very unlikely that there is a conspiracy or that they come from space. I would never pursue it. It is difficult to prove it wrong, but you would rather want to prove a thesis right, as something you believe in.

AUDIENCE You would assume a virus wants to survive?

A. OSTERHAUS No, I don't think viruses want anything; they cannot want anything. I am always fascinated how smart viruses are, but of course they are not smart at all; they have evolved in some way or another to use all kinds of mechanisms that allow them to persist in the system.

AUDIENCE What is the message you are trying to get across?

A. OSTERHAUS No message, I am not a prophet or anything.

> See fig. 7.09-12, p. 374-5

AUDIENCE   Are you trying to scare people into...

A. OSTERHAUS   To a certain extent yes, I use fear, I am blamed for being a scaremonger. I am not using fear proper, though. If you see movies, I don't take them seriously of course, but you find it in those kinds of scenarios as well. But a flu-pandemic will be there, for sure, and the question is will it be two million people who die or 100 million...

AUDIENCE   These are statistics.

AUDIENCE   Is this not an ongoing fight with nature?

A. OSTERHAUS   Of course, and we want to win the fight and if we win the fight we have too many people on this earth.
You may say that all these diseases are part of the deal so we should not combat. But also our brain, our intellect is part of the deal and if we can combat them in a proper way, we should do so.

> See fig. 7.13-14, p. 376

Mieke Van de Voort

Mieke Van de Voort (1972, NL) is a visual artist based in Amsterdam. She studied at the University of Witwatersrand in Johannesburg, South Africa, and worked for various political organizations during the period 1991-1994. She studied photography at the Royal Academy of Visual Arts in The Hague from 1994-1998, and she participated in residency programs of the Rijksakademie van beeldende kunsten in Amsterdam (2004-2005) and Very Real Time in Cape Town (2006).

   Her work is expressed in different media, ranging from photography and video to installation, writing and performance. She is interested in the ambivalence of identity and the way this is influenced by social constructs and the burden of history. She plays with the representation and relocation of existing constraints.

Ab Osterhaus

Professor Dr. A.D.M.E. (Ab) Osterhaus started his career in Utrecht (The Netherlands) where he graduated with distinction from the faculty of veterinary sciences. In 1978 he received his PhD degree (with distinction) with Prof. Dr. M.C. Horzinek. He then moved to the RIVM in Bilthoven, where he would stay until 1994. Since then, he has been working at Erasmus MC in Rotterdam. His thirty years of experience in animal and human virology has resulted in a specific interest in viruses that ordinarily affect only animals but that can cross the species barrier. Today Osterhaus is a leading authority in his field; he is capable of identifying dangerous and elusive new viruses with speed and precision. His team swiftly reacted to the SARS outbreak of 2003 and managed to identify the responsible coronavirus within days. This allowed the WHO to effectively diagnose and isolate suspected cases immediately, and in part as a direct result of Osterhaus' determination, passion, and commitment SARS was brought under control and countless lives were saved. In 1997 Osterhaus and his team silenced skeptics when they proved that Avian Influenza (H5N1) could be transmitted to humans. On the basis of this discovery he has made it possible for health authorities to prepare for potential outbreaks. As an individual expert he has campaigned determinedly for awareness, calling for a global taskforce to prepare for and combat viruses such as H5N1. Throughout his professional career

Osterhaus and his team have identified around twenty 'new' viruses (such as the human metapneumovirus, hMPV, and a novel human coronavirus, HcoV-NL) as well as countless new possible hosts. His research includes studies on virus reservoirs in wildlife, mechanisms of transmission, and pathogenesis of zoonotic viruses. In addition, he performs innovative fundamental research on the natural and vaccine-induced immune response and on antiviral drugs, in order to combat the threat posed by (zoonotic) virus infections. As part of his tireless and active interest in public health, Osterhaus has acted as PhD mentor for forty students, written over 700 academic articles, created biotech companies, and held several editorial positions. The continuous and groundbreaking effort of this so-called 'virus hunter' has helped prevent and control the spread of deadly viruses.

Productieve infecties

– *Miriam van Rijsingen*

TOELICHTING

> *For English see p. 409*

MIRIAM VAN RIJSINGEN is
kunsthistorica en als universitair
docent verbonden aan het
Kunsthistorisch Instituut van
de Universiteit van Amsterdam.
Ze is tevens co-directeur van
The Arts & Genomics Centre
in Leiden, initiator en senior
onderzoeker van het NWO
onderzoeksprogramma
*New Representational Spaces:
Investigations of interactions
between and intersections of Art
and Genomics.* Haar onderzoek
beweegt zich in het veld
van kunst & wetenschap en
theorieën van de representatie.
Zij neemt regelmatig deel aan
internationale conferenties
en expert meetings over deze
onderwerpen. Momenteel
werkt zij aan een boek getiteld
*What is the Matter in ArtScience?
Representation and embodiment
in ArtScience encounters.*

Eén van de projecten van CO-OPs heeft als thema 'Toekomstige scenario's voor de dreiging van een acute epidemie'. Het betreft hier een samenwerking tussen een viroloog en een kunstenaar. Ik kijk uit naar de
resultaten van die samenwerking, waar tot nu toe weinig publiekelijk
over bekend is. Wat dat betreft heeft het project zelf wel wat weg van een
virale infectie, waarvan gaandeweg en pas na enige tijd duidelijk wordt
wat het precies is en hoe het zich zal uitdrukken.

Een virus is een drager van (genetische) informatie die zich in een 'gastheer' nestelt en daar veranderingen teweeg brengt. Een virale infectie
kan de migratie van informatie zijn van één soort naar een andere soort.
Filosoof Gilles Deleuze en psycho-analyticus Felix Guattari gebruiken
het beeld van het virus om zowel de samenhang tussen de organismen
en als wat zij 'nomadisch denken' noemen te duiden. Het virus is misschien een vruchtbare metafoor om de relatie tussen kunst en wetenschap opnieuw te interpreteren.

NOOT 1

> Deleuze, G. and F. Guattari. *A
Thousand Plateaus.* London &
New York: Continuum, 2004.
Original: *Mille Plateaux.* Paris:
Les Edition Minuit, 1980.

De virusmetafoor is overigens niet nieuw in dat opzicht. Kunstenares
Helen Chadwick ontwikkelde bijvoorbeeld in de jaren tachtig een 'virale esthetiek' om de futiliteit van grenzen en de latente excessen van
systemen zichtbaar te maken tegenover het aura van de autonomie. Zij
beschouwde dat als een perspectief van potentiele veranderlijkheid en
spreiding. Voor Chadwick was dit 'virale' niet zomaar een stijl, of een
formele strategie zoals dat nu inmiddels in toenemende mate te vinden
is in games, marketing en culturele events. Met haar *Viral Landscapes*
(1988/89) en *Unnatural Selection* (1996) onderzocht Chadwick de openheid en relatie van lichaam en wereld, maar ook de grenzen van de me-
disch-wetenschappelijke praktijk om de potentiele veranderlijkheid en
deterritorialisering van identiteit, schoonheid en kennis zichtbaar te
maken. Daarvoor ging zij ook daadwerkelijk het laboratorium in.

NOOT 2

> Chadwick, Helen. *Enfleshings.*
London: Martin Secker &
Warburg Limited, 1989.

Ook kunstenaar Mel Chin zocht samenwerking en beschouwde dat
expliciet in termen van virus en gastheer. Hij vraagt zich af of het schep-

NOTE 3
> Sladen, Mark (ed.). *Helen Chadwick*. London: Hatje Cantz Verlag, 2004. Zie ook: Sontag, Susan. *AIDS and its Metaphors*. London: Allan Lane, 1989; Sparer, Glen. *Art as creative Virus and Host in the Work of Mel Chin*, http://switch.sjsu.edu/web/v7n1/articles/glen02.html.

pen van voorwaarden waarmee anderen hun ideeën kunnen realiseren niet belangrijker is dan zijn eigen ideeën. 'Virussen dringen binnen en vermenigvuldigen zich, niet per se om de gastheer te doden, maar om ideeën te vermenigvuldigen, of hun eigen vorm – ze muteren altijd een beetje, zijn niet exact. Ik dacht als ik dat naar de wereld van de ideeën zou kunnen overbrengen, dan zou dat een methode kunnen zijn (…) het zou iemand kunnen helpen te overleven.' Chin's *Revival Field* (1990-1993) – een project waarin hyperaccumulerende planten gif uit de grond halen – is niet alleen een voorbeeld van migrerende en veranderende ideeën en realiteiten, maar ook van de overleving en realisering van een wetenschappelijk idee, en de heropleving van een nagenoeg dood stuk grond.

De voorbeelden van Chadwick en Chin geven genoeg aanleiding om de CO-OPs tussen kunst en wetenschap eens te proberen te zien in termen van een productieve virale infectie. Dat vraagt nogal wat van de betrokken partijen. Radicale openheid in plaats van angst voor de ander, toegeven aan transformaties, verlies van 'ego', een meer nomadisch besef van informatie en kennis. Maar daar zit misschien ook juist de potentie.

Is CO-OPs het begin van een epidemie?

Productive Infections

– *Miriam van Rijsingen*

COMMETARY

> *Voor Nederlands zie p. 407*

MIRIAM VAN RIJSINGEN is an art historian working at the Institute for Art History of the University of Amsterdam. She is also co-director of The Arts & Genomics Centre in Leiden, and initiator and senior researcher of the NWO research program *New Representational Spaces: Investigations of interactions between and intersections of Art and Genomics.* Her field of research includes Art & Science issues as well as Representational Theory. She participates regularly in international conferences and expert meetings, and is now working on a book titled: *What is the Matter in ArtScience? Representation and embodiment in ArtScience encounters.*

The subject of one of the CO-OPs projects is 'Future scenarios for the threat of an acute epidemic.' It involves a collaboration of a virologist and an artist. I am looking forward in particular to the results of this project, about which so far little has been made public. In this respect, the project itself has some similarity with a viral infection, of which only gradually and after some time it becomes clear what exactly it is and how it will express itself.

A virus is a carrier of (genetic) information that nestles in a 'host', where it brings about changes. A viral infection can also involve the migration of information from one species to another. Philosopher Gilles Deleuze and psychoanalyst Felix Guattari have used the image of the virus to refer to an ensemble of interrelated organisms as well as to what they call 'nomadic thinking'. Likewise, the virus may be viewed as a productive metaphor for re-interpreting the relationship between art and science.

NOTE 1
> Deleuze, G. and F. Guattari. *A Thousand Plateaus.* London & New York: Continuum, 2004. Original: *Mille Plateaux.* Paris: Les Edition Minuit, 1980.

In this context the virus metaphor is not a novelty, however. Artist Helen Chadwick, for example, developed a 'viral aesthetic' in the 1980s to render visible the futility of the boundaries and the latent excesses of systems, as opposed to the aura of autonomy. She considered it as a perspective of potential changeability and spread. To Chadwick, however, this *viral* aesthetic was not simply a style, or a formal strategy, as today is increasingly found in games, marketing, and cultural events. In her *Viral Landscapes* (1988/89) and *Unnatural Selection* (1996), she explored the openness and interrelationship of body and world, but also the limitations of medical-scientific practice in rendering visible the potential changeability and deterritorialization of identity, beauty, and knowledge. To do so, she actually did go into the laboratory herself.

NOTE 2
> Chadwick, Helen. *Enfleshings.* London: Martin Secker & Warburg Limited, 1989.

Artist Mel Chin was also looking for cooperation and he explicitly conceived of it in terms of virus and host. He wondered whether the creation of the conditions with which others can realize their ideas was not more important than his own ideas. 'Viruses invade and multiply, not necessarily to kill the host, but to multiply ideas or their own form – they always slightly mutate and are never entirely identical. This made me think: if I would be able to transfer this to the world of ideas, it could be a method ..., it might help someone to survive'.[3] Chin's *Revival Field* (1990-1993) – a project in which hyperaccumulating plants extract poison from the soil – is an example not only of migrating and changing ideas and realities, but also of the survival and realization of a scientific idea, and the revitalization of a portion of soil that was almost dead.

The examples of Chadwick and Chin provide sufficient reason to try and consider the CO-OPs projects between art and science in terms of a productive viral infection. But doing so still requires a lot from the parties involved, such as radical openness instead of fear of the other, acceptance of specific transformations, loss of 'ego', and a more nomadic understanding of information and knowledge. But this is precisely its potential of course.

Does CO-OPs perhaps represent the outbreak of a new epidemic?

NOTE 3
> Sladen, Mark (ed.). *Helen Chadwick*. London: Hatje Cantz Verlag, 2004. See also: Sontag, Susan. *AIDS and its Metaphors*. London: Allan Lane, 1989; Sparer, Glen. *Art as creative Virus and Host in the Work of Mel Chin*, http://switch.sjsu.edu/web/v7n1/articles/glen02.html.

Colofon / Colophon

CO-OPs

Interterritoriale verkenningen in kunst en wetenschap /
Exploring new territories in art and science
Work in progress

Realisatie / *Realization*: NWO Geesteswetenschappen

Redactie / *Editors*: Kitty Zijlmans, Robert Zwijnenberg (tekst / *text*),
Krien Clevis (beeld / *image*)

Ontwerp / *Design*: Hansje van Halem, Amsterdam

Vertaling / *Translation*: Ton Brouwers, Maastricht

Uitgever / *Publisher*: De Buitenkant, Amsterdam

Letter / *Set in*: Big Vesta en Capitolum, ontworpen door Gerard Unger /
Big Vesta and Capitolum designed by Gerard Unger.

Druk / *Printed by*: Lenoirschuring, Amstelveen, Nederland / *The Netherlands*

Bindwerk / *Bound by*: Binderij Meeuwis, Amsterdam, Nederland / *The Netherlands*

Oplage / *print run*: 1.250

ISBN: 978 9076452 09 8

CO-OPs Interterritoriale verkenningen in kunst en wetenschap - *Work in progress*
verschijnt bij de gelijknamige expositie in De Lakenhal in Scheltema, Leiden
(30 november 2007 t/m 20 januari 2008). / *CO-OPs Exploring new territories in*
art and science - Work in progress is published in the context of the exhibition
of that same title, on view in De Lakenhal in Scheltema, Leiden, 30 November 2007 -
20 January 2008.

Colofon / Colophon CO-OPs PROJECT

Het onderzoeksproject *CO-OPs Interterritoriale verkenningen in kunst en wetenschap* maakt deel uit van het door NWO geïnitieerde thematische onderzoeksprogramma 'Transformaties in Kunst en Cultuur'. / The research project *CO-OPs Exploring new territories in art and science* is part of the NWO initiated thematic research program 'Transformations in Art and Culture'.

Inhoudelijke organisatie en projectleiding /
Project coordination and direction
- prof. dr. Robert Zwijnenberg, dr. Elske Gerritsen, Krien Clevis

Communicatie / *Communications*
- Antje Melissen, Amsterdam

Financieel advies / *Financial advice*
- Clemens Kahmann, Amsterdam

Productie en contentmanagement website /
Production and content management website
- Antje Melissen, Amsterdam

Ontwerp website / *Design website*
- Luna Maurer, Amsterdam

Technische realisatie website / *Technical realization website*
- Enilno, Etten-Leur/Abcoude

Reizende reporters / *Traveling reporters*
- Annejet Riedijk en Femke Stokkel
  (stagiaires / *interns, Free University*, Vrije Universiteit, Amsterdam)

Films en geluid / *Films and sound*
- Tim Rutten en Imro Moonen, Maastricht
- **Website:** www.co-ops.nl

CO-OPs-projectteams / CO-OPs Project teams

Team 1   The Observatory Observed: dr. Geert Somsen, Jeroen Werner
Team 2   In Principio Erat Verbum: prof. dr. Peter Hagoort, Krien Clevis
Team 3   Laboratory on the Move: prof. dr. Kitty Zijlmans, Ni Haifeng
Team 4   NomadicMILK: drs. Michiel de Lange, Esther Polak
Team 5   Something's Brewing: dr. Judith Thissen, Edith Abeyta
Team 6   Back to the Roots: prof. dr. Alex van Stipriaan, Marcel Pinas, Jetty Mathurin e.a.
Team 7   Medicine as a Social Science: prof. dr. Ab Osterhaus, Mieke Van de Voort

Participerende instellingen / Participating institutions

BAK, basis voor actuele kunst, Utrecht

Centraal Museum, Utrecht

Discovery '07, Amsterdam

Erasmus Universiteit Rotterdam

F.C. Donders Centre, Nijmegen

Hotel Mariakapel, Hoorn

Imagine IC, Amsterdam

KIT Tropenmuseum, Amsterdam

LUX, Nijmegen

Melkweg, Amsterdam

Museum Het Domein, Sittard

Radboud Universiteit, Nijmegen

Rijksakademie van beeldende kunsten, Amsterdam

Sonnenborgh, museum & sterrenwacht, Utrecht

Stedelijk Museum De Lakenhal, Leiden

Universiteit Leiden

Universiteit Maastricht

Universiteit Utrecht

CO-OPs Interterritoriale verkenningen in kunst en wetenschap / *Exploring new territories in Art and Science* kwam mede tot stand dankzij bijdragen van / *was made possible in part by contributions from:*

NWO Geesteswetenschappen*

Mondriaan stichting / Mondriaan Foundation*

Amsterdams Fonds voor de Kunst*

SNS REAAL Fonds*

VSB Fonds*

Pauwhof Fonds

Van Bijleveltstichting

Gemeente Utrecht / City of Utrecht*

Gemeente Nijmegen / City of Nijmegen

Provincie Gelderland / Province of Gelderland*

Gemeente Leiden / City of Leiden

Stedelijk Museum de Lakenhal, Leiden*

Provincie Zuid-Holland / Provence of Zuid-Holland

Enilno

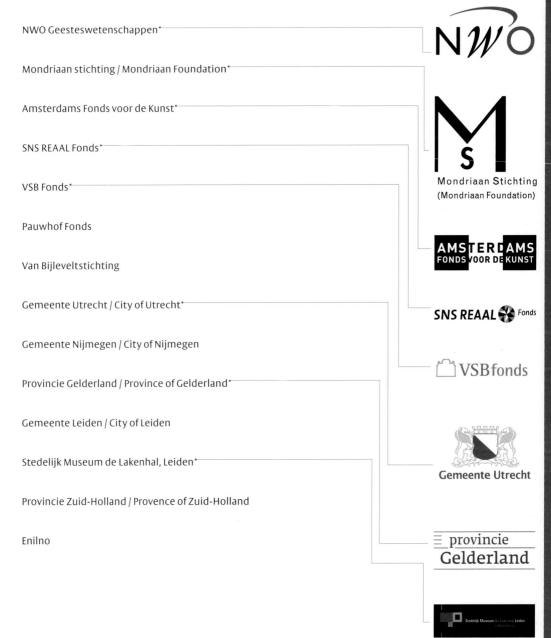